图书在版编目（CIP）数据

系统重要性金融机构的识别与监管研究/钟震著．—北京：经济管理出版社，2014.11

ISBN 978－7－5096－3389－2

Ⅰ．①系…　Ⅱ．①钟…　Ⅲ．①金融机构—监督管理—研究—中国　Ⅳ．①F832.3

中国版本图书馆CIP数据核字（2014）第217602号

组稿编辑：宋　娜
责任编辑：张　马
责任印制：黄章平
责任校对：超　凡

出版发行：经济管理出版社
（北京市海淀区北蜂窝8号中雅大厦A座11层　100038）
网　　址：www.E－mp.com.cn
电　　话：（010）51915602
印　　刷：三河市延风印装厂
经　　销：新华书店
开　　本：720mm×1000mm/16
印　　张：19.25
字　　数：315千字
版　　次：2014年11月第1版　2014年11月第1次印刷
书　　号：ISBN 978－7－5096－3389－2
定　　价：98.00元

系统重要性金融机构的识别与监管研究

Identification and Supervision of Systemically Important Financial Institutions

钟 震 著

经济管理出版社
ECONOMY & MANAGEMENT PUBLISHING HOUSE

编委会及编辑部成员名单

本书获中国博士后科学基金会第55批面上资助项目
（项目编号：2014M550923）的资助

序　一

博士后制度是19世纪下半叶首先在若干发达国家逐渐形成的一种培养高级优秀专业人才的制度，至今已有一百多年历史。

20世纪80年代初，由著名物理学家李政道先生积极倡导，在邓小平同志大力支持下，中国开始酝酿实施博士后制度。1985年，首批博士后研究人员进站。

中国的博士后制度最初仅覆盖了自然科学诸领域。经过若干年实践，为了适应国家加快改革开放和建设社会主义市场经济制度的需要，全国博士后管理委员会决定，将设站领域拓展至社会科学。1992年，首批社会科学博士后人员进站，至今已整整20年。

20世纪90年代初期，正是中国经济社会发展和改革开放突飞猛进之时。理论突破和实践跨越的双重需求，使中国的社会科学工作者们获得了前所未有的发展空间。毋庸讳言，与发达国家相比，中国的社会科学在理论体系、研究方法乃至研究手段上均存在较大的差距。正是这种差距，激励中国的社会科学界正视国外，大量引进，兼收并蓄，同时，不忘植根本土，深究国情，开拓创新，从而开创了中国社会科学发展历史上最为繁荣的时期。在短短20余年内，随着学术交流渠道的拓宽、交流方式的创新和交流频率的提高，中国的社会科学不仅基本完成了理论上从传统体制向社会主义市场经济体制的转换，而且在中国丰富实践的基础上展开了自己的伟大创造。中国的社会科学和社会科学工作者们在改革开放和现代化建设事业中发挥了不可替代的重要作用。在这个波澜壮阔的历史进程中，中国社会科学博士后制度功不可没。

值此中国实施社会科学博士后制度20周年之际，为了充分展示中国社会科学博士后的研究成果，推动中国社会科学博士后制度进一步发展，全国博士后管理委员会和中国社会科学院经反复磋商，并征求了多家设站单位的意见，决定推出《中国社会科学博士后文库》（以下简称《文库》）。作为一个集中、系统、全面展示社会科学领域博士后优秀成果的学术平台，《文库》将成为展示中国社会科学博士后学术风采、扩大博士后群体的学术影响力和社会影响力的园地，成为调动广大博士后科研人员的积极性和创造力的加速器，成为培养中国社会科学领域各学科领军人才的孵化器。

创新、影响和规范，是《文库》的基本追求。

我们提倡创新，首先就是要求，入选的著作应能提供经过严密论证的新结论，或者提供有助于对所述论题进一步深入研究的新材料、新方法和新思路。与当前社会上一些机构对学术成果的要求不同，我们不提倡在一部著作中提出多少观点，一般地，我们甚至也不追求观点之“新”。我们需要的是有翔实的资料支撑，经过科学论证，而且能够被证实或证伪的论点。对于那些缺少严格的前提设定，没有充分的资料支撑，缺乏合乎逻辑的推理过程，仅仅凭借少数来路模糊的资料和数据，便一下子导出几个很“强”的结论的论著，我们概不收录。因为，在我们看来，提出一种观点和论证一种观点相比较，后者可能更为重要：观点未经论证，至多只是天才的猜测；经过论证的观点，才能成为科学。

我们提倡创新，还表现在研究方法之新上。这里所说的方法，显然不是指那种在时下的课题论证书中常见的老调重弹，诸如“历史与逻辑并重”、“演绎与归纳统一”之类；也不是我们在很多论文中见到的那种敷衍塞责的表述，诸如“理论研究与实证分析的统一”等等。我们所说的方法，就理论研究而论，指的是在某一研究领域中确定或建立基本事实以及这些事实之间关系的假设、模型、推论及其检验；就应用研究而言，则指的是根据某一理论假设，为了完成一个既定目标，所使用的具体模型、技术、工具或程序。众所周知，在方法上求新如同在理论上创新一样，殊非易事。因此，我们亦不强求提出全新的理论方法，我们的最低要求，是要按照现代社会科学的研究规范来展开研究并构造论著。

我们支持那些有影响力的著述入选。这里说的影响力，既包括学术影响力，也包括社会影响力和国际影响力。就学术影响力而言，入选的成果应达到公认的学科高水平，要在本学科领域得到学术界的普遍认可，还要经得起历史和时间的检验，若干年后仍然能够为学者引用或参考。就社会影响力而言，入选的成果应能向正在进行着的社会经济进程转化。哲学社会科学与自然科学一样，也有一个转化问题。其研究成果要向现实生产力转化，要向现实政策转化，要向和谐社会建设转化，要向文化产业转化，要向人才培养转化。就国际影响力而言，中国哲学社会科学要想发挥巨大影响，就要瞄准国际一流水平，站在学术高峰，为世界文明的发展作出贡献。

我们尊奉严谨治学、实事求是的学风。我们强调恪守学术规范，尊重知识产权，坚决抵制各种学术不端之风，自觉维护哲学社会科学工作者的良好形象。当此学术界世风日下之时，我们希望本《文库》能通过自己良好的学术形象，为整肃不良学风贡献力量。

中国社会科学院副院长

中国社会科学院博士后管理委员会主任

2012 年 9 月

序 二

在21世纪的全球化时代，人才已成为国家的核心竞争力之一。从人才培养和学科发展的历史来看，哲学社会科学的发展水平体现着一个国家或民族的思维能力、精神状况和文明素质。

培养优秀的哲学社会科学人才，是我国可持续发展战略的重要内容之一。哲学社会科学的人才队伍、科研能力和研究成果作为国家的“软实力”，在综合国力体系中占据越来越重要的地位。在全面建设小康社会、加快推进社会主义现代化、实现中华民族伟大复兴的历史进程中，哲学社会科学具有不可替代的重大作用。胡锦涛同志强调，一定要从党和国家事业发展全局的战略高度，把繁荣发展哲学社会科学作为一项重大而紧迫的战略任务切实抓紧抓好，推动我国哲学社会科学新的更大的发展，为中国特色社会主义事业提供强有力的思想保证、精神动力和智力支持。因此，国家与社会要实现可持续健康发展，必须切实重视哲学社会科学，“努力建设具有中国特色、中国风格、中国气派的哲学社会科学”，充分展示当代中国哲学社会科学的本土情怀与世界眼光，力争在当代世界思想与学术的舞台上赢得应有的尊严与地位。

在培养和造就哲学社会科学人才的战略与实践上，博士后制度发挥了重要作用。我国的博士后制度是在世界著名物理学家、诺贝尔奖获得者李政道先生的建议下，由邓小平同志亲自决策，经国务院批准于1985年开始实施的。这也是我国有计划、有目的地培养高层次青年人才的一项重要制度。二十多年来，在党中央、国务院的领导下，经过各方共同努力，我国已建立了科学、完备的博士后制度体系，同时，形成了培养和使用相结合，产学研相结合，政府调控和社会参与相结合，服务物质文明与精神文明建设的鲜明特色。通过实施博士后制度，我国培养了一支优秀的高素质哲学社会科学人才队伍。他们在科研机构或高等院校依托自身优势和兴趣，自主从事开拓性、创新性研究工作，从而具有宽广的学术视野、突出的研究能力和强烈的探索精神。其中，一些出站博士后已成为哲学社会科学领域的科研骨干和学术带头人，在“长江学者”、“新世纪百千万人才工程”等国家重大科研人才梯队中占据越来越大的比重。可以说，博士后制度已成为国家培养哲学社会科学拔尖人才的重要途径，而且为哲学社会科学的发展造就了一支新的生力军。

哲学社会科学领域部分博士后的优秀研究成果不仅具有重要的学术价值，而且具有解决当前社会问题的现实意义，但往往因为一些客观因素，这些成果不能尽快问世，不能发挥其应有的现实作用，着实令人痛惜。

可喜的是，今天我们在支持哲学社会科学领域博士后研究成果出版方面迈出了坚实的一步。全国博士后管理委员会与中国社会科学院共同设立了《中国社会科学博士后文库》，每年在全国范围内择优出版哲学社会科学博士后的科研成果，并为其提供出版资助。这一举措不仅在建立以质量为导向的人才培养机制上具有积极的示范作用，而且有益于提升博士后青年科研人才的学术地位，扩大其学术影响力和社会影响力，更有益于人才强国战略的实施。

今天，借《中国社会科学博士后文库》出版之际，我衷心地希望更多的人、更多的部门与机构能够了解和关心哲学社会科学领域博士后及其研究成果，积极支持博士后工作。可以预见，我国的博士后事业也将取得新的更大的发展。让我们携起手来，共同努力，推动实现社会主义现代化事业的可持续发展与中华民族的伟大复兴。

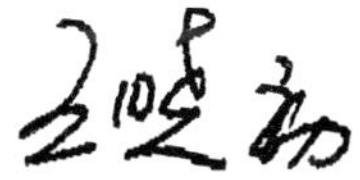

人力资源和社会保障部副部长
全国博士后管理委员会主任
2012 年 9 月

摘　要

系统重要性金融机构的概念引起广泛关注是从 2007 年爆发的国际金融危机以后。危机后，如何加强其监管已成为各国监管改革的核心环节。与历次金融危机不同，系统重要性金融机构在本轮国际金融危机发生、蔓延、深化过程中扮演着重要角色，而系统重要性金融机构作为专用名词，其提出、应用、推广也与本轮国际金融危机息息相关。无论是旨在有效破解系统重要性金融机构“大而不能倒”的难题、防范系统性风险、避免金融危机重演的美国《多德—弗兰克法案》，还是意图强调同时履行宏观审慎管理和微观审慎监管两大职责的泛欧金融监管机制，欧美国家对系统重要性金融机构监管重点从个体监测转向整体监测、从微观监管转向宏微观监管并举、从事后救助转向事前预防和建立处置和清算机制、从银行监管为主转向整个金融机构的系统监管。但是对于我国理论界乃至监管者而言，系统重要性金融机构从概念到方法、从理念到政策，还是一个金融监管中的新生事物，仍在接受和吸收的阶段。

本书系统地梳理、吸收了国内外理论成果，借助文献分析和案例分析，针对目前系统重要性金融机构定义并不统一、基本特征的相关研究不够系统、实施监管的原因缺乏逻辑起点等问题，全方位、多视角地研究了系统重要性金融机构识别与监管理论框架，同时结合危机前后各主要国家金融改革背景，探寻各国实践经验与教训。基于我国实际，对我国系统重要性金融机构识别与监管框架设计提出建设性观点和意见。

本书的研究思路主要从以下五个维度展开。一是以“是什么”（What）为切入点，通过文献综述和案例分析，研究系统重要性金融机构的定义和基本特征，为识别与监管提供理论基础。二是以“为什么”（Why）为切入点，结合系统重要性金融机构的基本特征，深入研究进行监管的原因。三是以“在哪里”（Where）为切入点，辨析识别系统重要性金融机构的关键因素，参考现有识别方法，研究并设计识别体系。四是以“什么情况下”（When）为切入点，分析危机前后主要国家金融监管体系改革背景，探讨各国系统重要性金融机构监管实践经验与挑战。五是以“怎么样”（How）为切入点，借鉴国际实践经验，研究我国系统重要性金融机构系统性风险的诱发机制，提出构建后危机时代我国系统重要性金融机构识别与监管框架的政策建议。

本书认为，系统重要性金融机构有别于其他金融机构，因此从研究视角、研究内容、研究方法上注重与以往研究的区别：首先，在研究视角上，将识别与监管“捆绑”研究。针对目前学界大多将系统重要性金融机构的识别、监管分开研究的现状，提出将二者置于同一框架下，即将系统重要性金融机构的识别、系统性风险防范、宏观审慎监管作为一个整体的、系统的研究对象。其次，在研究内容上，着力构建系统重要性金融机构识别与监管的理论体系。对系统重要性金融机构识别与监管进行系统性的梳理和总结，厘清相关概念，结合现有的国际监管实践经验和识别与监管的基本理论，提出了系统重要性金融机构识别与监管框架的理论构想。同时推进理论纵深，根据中国系统重要性金融机构的独特性，提出构建中国系统重要性金融机构识别与监管框架的相关政策建议，注重理论与实践相结合，确保研究上的针对性、政策上的时效性和工具选择上的可操作性，为中国系统重要性金融机构识别与监管实践提供了理论支持。最后，在研究方法上，尝试从横向和纵向对比研究如何建立系统重要性金融机构识别与监管框架。采用横向对比分析的方法深入分析国际金融监管最新改革的实践经验以及政策启示，探讨现有识别与监管体系的制度缺陷和理念局限，奠定系统重要性金融机构识别与监管框架的理论基础。采用纵向对比分析的方法，在回顾危机前后国际金融监管机构政策变化的基础上，分析异同点，进一步探究适合我国系统重要性金融机构的识别与监管模式。

目前我国系统重要性金融机构监管任务艰巨。相比于其他国家，我国系统重要性金融机构的研究尚处于起步阶段，尚未公布相关定义、识别标准和名单、相关监管细则等。

本书主要成果在于从识别和监管两个方面入手，得到了一些有益的结论。一是创造性地总结归纳出系统重要性金融机构的五大基本特征，从冲击力度、诱发维度、国际影响三个角度出发探讨对系统重要性金融机构实施监管的原因，并基于五大基本特征提出五大监管重点。二是结合实证分析，对现有系统重要性金融机构的识别体系提出建议，包括识别方法不宜过于简单或复杂、识别指标应体现动态性和实践性、指标权重应体现客观性、识别结果披露应更全面等。三是提出系统重要性金融机构监管是一个全新概念，通过案例分析和国际比较分析，认为监管实践应结合本国金融结构和监管环境。四是从事前、事中、事后监管过程的角度出发，提出对系统重要性金融机构的监管应当寻求三大监管的有效结合。五是针对我国系统重要性金融机构的特殊性，探索性研究设计适合我国的识别与监管框架，认为该框架设计应从方法、体系、技术、机制四个方面入手，体现对银行业、证券业、保险业的全覆盖。

关键词：系统重要性金融机构　审慎监管　系统性风险

Abstract

Presented with the concept of systemically important financial institutions (SIFIs) is closely related to the outbreak of the international financial crisis since 2007. Strengthening macro – prudential supervision of systemically important financial institutions is to become one of the core issues of the international community and financial reforms. Unlike the previous financial crisis, systemically important financial institutions in the current round of international financial crisis occurs, have played an important role in the spread of the process of deepening. Systemically important financial institutions as a technical term, which was raised, applied, promoted and is closely related to the current round of international financial crisis. Whether it is aimed at the effective crack systemically important financial institutions "too big to fail" problem, to prevent systemic risks, to avoid a repeat of the financial crisis in the United States, "Dodd – Frank Act", intent or stressed at the same time fulfill the two duties of prudent macro – prudential management and micro – prudential supervision of pan – European financial supervision mechanism. Europe and the United States turned to the overall monitoring of systemically important financial institutions regulatory focus from individual monitoring, shifted from micro – regulation to macro – and micro – supervision simultaneously, engaged in relief turned to advance the prevention and the establishment of the disposal and liquidation mechanism for turning the entire financial institutions, mainly from the banking supervision system supervision. For our theoretical circles and even regulators, systemically important financial institutions, from the concept to the method, from the concept to the policy, or a financial regulatory novelty is still at the receiving and absorption stage.

This book has systematically combined domestic and foreign theoretical results with the literature analysis and case analysis, in case that systemically important financial institutions definitions are not uniform, less systematic study of the basic characteristics of the implementation of the supervision of the reasons for the lack of a logical starting point problem. All – round, muti – angle study of systemically important financial institutions regulatory theoretical framework. Meanwhile, major crisis around the reform of the country's financial background, based on full international best practice and combined with the actual situation in China, and finally put forward constructive views and opinions of systemically important financial institutions, regulatory framework designed.

This book studies the main idea to start from the following five dimensions. Firstly, "What" as the starting point, through a literature review and case studies, studying the definitions and basic features of systemically important financial institutions is to provide the theoretical basis for the recognition of systemically important financial institutions. Secondly, "Why" as the starting point, combined with the basic characteristics of systemically important financial institutions, in – depth study of the reasons, provide a theoretical basis of the regulation of systemically important financial institutions. Thirdly, "Where" as the starting point, referring to the existing identification methods, has researched and designed the recognition system of systemically important financial institutions by analyzing and identifying the key factors. Fourthly, "When" as the starting point, by analyzing the the financial regulatory reform of major countries before and after the crisis, this book has explored the supervisory practices and challenges of the systemically important financial institutions regulation over the countries. Finally, "How" as the starting point, drawing on international experience, this book has studied the induced mechanism of systemic risk from systemically important financial institutions, and made recommendations on the regulatory framework of systemically important financial institutions after the crisis era.

This book has considered the differences between systemically important financial institutions and other financial institutions, thus paid more attention on the research perspective, content and method. Firstly, from the research perspective, it should be combined research on the identification and regulation together. Most of the current academic studies had separated those two aspects. However, this book has placed the identification of systemically important financial institutions, the prevention of systemic risk and macro – prudential regulation as a whole under the same framework. Secondly, from the research content, focused on building the theoretical system of the identification and supervision of systemically important financial institutions. This book has summarized the basic theory, combined with the existing international regulatory practices, and then proposed the conceptual framework of the identification and regulation of systemically important financial institutions. Meanwhile, by promoting the theoretical depth, according to the uniqueness features of systemically important financial institutions in China, this book has proposed relevant policy recommendations on the framework of the identification and regulation of systemically important financial institutions in China. This framework has focused on the combination of theory and practice, to ensure the pertinency, timeliness and operability of tools. Finally, from the research method, this book attempts from the transverse and longitudinal comparative study on creating the identification and regulation framework of systemically important financial institutions. Using transverse comparative analysis method is to study the practical experience and policy implications of the latest reform of international financial regulation, to explore the concept limitations and system defects of the existing systems, and to lay the theoretical foundation on the identification and regulation of systemically important financial institutions. Using longitudinal comparative analysis method is to review the fundamental change on the the international financial regulatory policies before and after the crisis, to analyze the similarities and differences, and to further explore the appropriate mode of the identification and regulation of systemically important financial institutions in China.

Obliviously, the issue of regulation of systemically important financial institutions in China is an arduous task. However, it is at an early stage in China, not mentioned to the definition, the recognition criteria and the lists compared to other countries. This book has started from the identification and regulation and draw some useful conclusions. Firstly, creatively summarized five basic characteristics of systemically important financial institutions, explored the reasons of the implementation on regulation of systemically important financial institutions from three dimensions, such as impact strength, induced perspective and international influence, and pointed out five regulatory focus based on five basic characteristics. Secondly, combined with the empirical analysis, proposed the recommendations on the existing identification on systemically important financial institutions, such as the identifying method should not be too simple or too complex, the identifying indicators should be dynamic and practical, the index weights should be objective, and the identifying results should be disclosed more comprehensively and so on. Thirdly, since the regulation of systemically important financial institutions is a new concept, the regulatory practice should be combined with the country's financial regulatory structure and the regulatory environment through case studies and international comparative analysis. Fourthly, the regulation of systemically important financial institutions should seek effective combination of the three dimensions, such as Ex-ante regulation, in-process regulation, and Ex-post regulation. Fifthly, considering the particularity of systemically important financial institutions in China, explored the framework of the identification and regulation from four aspects. To sum up, this framework should be designed to methods, systems, technology, mechanism and reflected on the full coverage on the banking, securities and insurance industry in China.

Key Words: Systemically Important Financial Institutions; Prudential Supervision; Systemic Risk

目　录

Contents

第一章　导　论

系统重要性金融机构概念的提出与2007年以来爆发的国际金融危机息息相关，可以说对系统重要性金融机构内涵的界定是国际社会对本轮危机反思的重要成果之一，加强对系统重要性金融机构的审慎监管也成为国际社会和金融改革的核心议题之一。

第一节　研究简介

一、研究背景及意义

1. 研究背景

本轮国际金融危机打破了以往人们对于金融危机的认识，与历次金融危机有着实质性不同的是，系统重要性金融机构成为了系统性风险和金融危机的制造者、传递者和受害者。过去被视为"金融创新"同义词的"系统重要性金融机构"，在本轮国际金融危机中并没有起到金融稳定器的作用，其稳健性也没有优于中小金融机构。相反地，因其风险的传染性和负外部性，单体系统重要性金融机构的经营失败易引发系统性风险，带来系统性冲击，最终演变成系统性危机。为了避免上述情形发生，各国政府不得不对陷入困境中的系统重要性金融机构施以援手，无形之中提供了隐性政府担保，道德风险不可避免地发生了。系统重要性金融机构在利用"太大而不能倒"或"太重要而不能倒"地位享受政府的潜在担保和市场红利的同时，"转嫁"其高风险行为的成本给政府和纳税人，危机时"倒逼"和"挟持"整体经济，这些行为都是对市场公平竞争和金融体系稳定的巨大破坏。

2. 研究意义

本书基于后危机时代加强金融监管改革背景，充分借鉴国内外理论成果，结合各国金融监管改革方案，批判性吸收国际实践经验，探索适合我国系统重要性金融机构识别与监管的基本框架设计方案，具有较强的理论意义和现实意义。

（1）从理论上看，系统重要性金融机构作为危机后国际组织和各国监管当局加强金融监管的重要命题之一，具有以下几个方面的理论意义。

第一，对经济学基本假说的质疑。美国经济学家尤金·法玛于1970年提出“有效市场假说”，长期以来被主流经济学，特别是主流金融学奉为圭臬。然而，本轮国际金融危机中该假说所描述的“理性投资者和市场”荡然无存，取而代之的是由“贪婪的金融家、非理性的盲目投资者、松懈的监管者、失察的政府”组成的“疯狂世界”，而打开“疯狂世界”之门的正是以美国五大投行为首的系统重要性金融机构。更为匪夷所思的是，“有效市场假说”非但没有像英国女王想象中那样预测和防范金融危机[①]，反而沦为了这些系统重要性金融机构与监管当局谈判的筹码，成为金融衍生产品、私募基金等金融创新工具规避监管的“护身符”。

第二，对传统金融监管理论的反思。传统金融监管理论基于新古典经济学理论，从政治经济学和公共选择学说出发，认为只要单体金融机构健康，那么整体金融体系就稳健。危机前主要发达国家金融监管体系所实行的制度和措施大多来源于这一理论基础，但是本轮由次贷危机引发的国际金融危机对传统意义上较为微观的金融监管理论提出了挑战。与其说导致金融危机的根本原因是金融业和金融监管措施的重大失误，不如说长期以来以主要发达国家为首所奉行的微观金融监管理论，是导致金融监管缺失的根本原因和未能成功防范金融危机发生的深层次原因。因此，后危机时代各国金融监管当局加强了宏观审慎监管理论研究，并将其与微观审慎监

① 本轮国际金融危机爆发后，英国女王在2008年11月视察伦敦经济学院期间，向经济学家们提出“为什么当初就没有人预见到它（危机）?”这一问题。英国学者蒂姆·贝斯利、彼得·亨尼西于2009年7月22日给女王上书并做出回答。但英国的雪拉·唐、彼得·厄尔斯蒂、约翰·福斯特、杰弗里·哈科特等10位知名学者不满意这一回答，并于同年8月10日联名给女王上书，指出贝斯利、亨尼西的回答的缺陷之一是“其没有提到主流经济学家广泛宣传的广遭质疑的‘理性’和‘有效市场假说’”。

管有机结合，成为各国金融监管改革的发展趋势。

第三，对审慎监管理论维度的补充。系统重要性金融机构作为审慎监管的空间维度，一直以来没有像审慎监管的时间维度——顺周期性研究的起点早、范围大、内容广。这与危机前国际和国内监管者较为注重单体金融机构的风险有关系，加强对系统重要性金融机构的监管是审慎监管的有力补充。由于系统重要性金融机构概念的提出既不是完全基于功能进行的分类，也不是完全基于机构类型的分类，这就使对系统重要性金融机构的监管理论不能直接套用功能型监管或机构型监管的理念，从而成为金融监管理论中的新生事物。目前无论是国际还是国内，系统重要性金融机构的理论研究、监管框架、政策工具等多方面研究还处于探讨的阶段。

（2）从现实意义来看，系统重要性金融机构是各国金融业的“领头羊”，在支持本国实体经济和金融发展方面起到了不可替代的作用，其在本国乃至国际金融体系中的地位远非包括中小金融机构在内的其他非系统重要性金融机构可以替代。同时，系统重要性金融机构的跨境服务和产品使得系统性风险从本国金融体系向国际金融体系蔓延成为可能。因此，系统重要性金融机构是摆在国际组织和各国监管当局面前的不可回避的命题。

第一，对于系统重要性金融机构自身的现实意义。被列入监管名单的系统重要性金融机构应加强自身风险管理，避免在未来金融危机中首当其冲遭受损失。回顾本轮国际金融危机，那些曾经风光一时的系统重要性金融机构风光不再，贝尔斯登被收购、两房国有化、美林被兼并、雷曼兄弟破产、美国国际集团被接管、花旗等知名金融机构损失惨重。根据不完全统计，截至2008年末，全球金融机构因本轮国际金融危机带来的损失已高达1.2万亿美元，以欧美发达国家的金融机构为主，其中美洲约0.81万亿美元，欧洲约0.35万亿美元。而美联银行损失最严重，近0.1万亿美元，花旗、美林、瑞士银行、华盛顿互惠银行、汇丰控股等金融机构紧随其后。

第二，对于国际组织和各国金融监管当局的现实意义。危机后，加强对系统重要性金融机构的监管已形成共识，并成为各国金融监管改革方案中的关键环节。对各国来说，这个关键环节可谓是“牵一发而动全身”，即如何在国际金融危机洗牌后，率先成功对系统重要性金融机构监管进行改革，寻求金融监管和金融创新的均衡点，对内发挥系统重要性金融机构支持本国金融和经济体系的重要作用，对外发挥其代表本国金融业参与国际竞争的引领作用，成为关键。换而言之，谁在新的一轮国际金融改革中率先完成对系统重要性金融机构改革，谁就会率先在国际竞争中抢占先机。

第三，对于我国的现实意义。随着我国银行类和非银行类金融机构的实力日益增强，我国系统重要性金融机构在服务国民经济和社会发展中起到了不可替代的作用，因此，如何提高系统重要性金融机构的抗风险能力和降低系统重要性金融机构的道德风险成为未来我国金融监管改革中重大挑战之一。然而，对我国系统重要性金融机构的监管研究尚处在起步阶段，系统重要性金融机构定义尚未明确、名单尚未确定、评估尚未开展、方法尚未改进、政策尚未跟进，这些问题造成了我国系统重要性金融机构的识别与监管“有名无实”、“有心无力”的局面。究其原因，系统重要性金融机构从概念到方法、从理念到政策，对于我国监管者乃至理论界而言，还是一个较新的事物，仍处在接受和吸收的阶段。

二、研究思路与框架结构

识别是监管的基础，有效识别系统重要性金融机构是防范系统性风险的难点和关键，也是对其加强监管的前提和基础。本书的研究思路和框架结构均围绕识别和监管两个方面来展开。

1. 研究思路

（1）以“什么是”（What）为切入点，通过文献综述和案例分析，研究系统重要性金融机构的定义和基本特征，为识别与监管系统重要性金融机构提供理论基础。

（2）以“为什么”（Why）为切入点，结合系统重要性金融机构的基本特征，深入研究对系统重要性金融机构进行监管的原因。

（3）以“在哪里”（Where）为切入点，辨析识别系统重要性金融机构的关键因素，参考现有识别方法，研究并设计系统重要性金融机构识别体系。

（4）以“什么情况下”（When）为切入点，分析危机前后主要国家金融监管体系改革背景，探讨各国系统重要性金融机构监管实践经验与挑战。

（5）以“怎么样”（How）为切入点，借鉴国际实践经验，研究我国系统重要性金融机构系统性风险的诱发机制，提出构建后危机时代我国系统重要性金融机构监管框架的建议。

2. 框架结构

本书按照金融监管的一般程序，即“定义⟶识别⟶监管”的顺序展开研究，研究路线如图1-1所示。

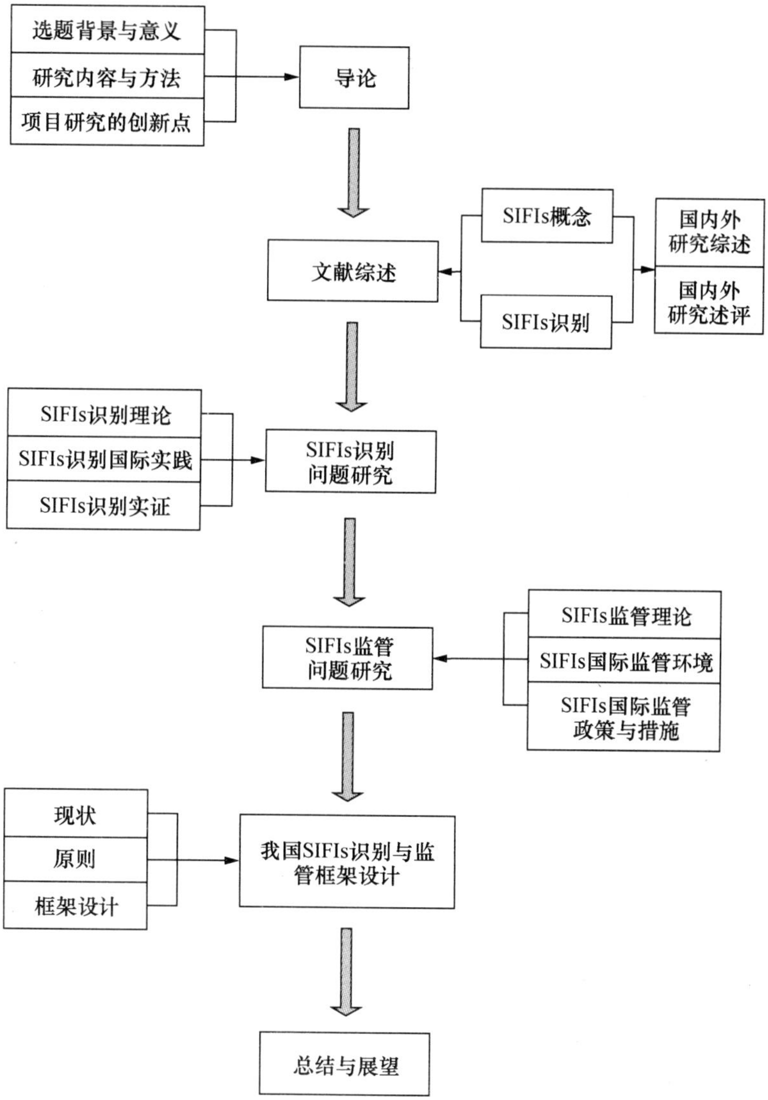

图1-1 本书的研究路线

全书共分十章，具体框架结构安排如下：

第一章：导论。对于系统重要性金融机构识别和监管的研究背景进行了阐述，从理论和实践的角度探索研究意义，在明确研究思路和内容的基础上，指出可能的创新点和不足点，并提出本书所采用的研究方法等。同时本章在第二节“现有文献综述与评析”中全面梳理了国内外现有的系统重要性金融机构相关研究文献，指出目前国外学者的研究可以分为萌芽时期、提升时期和爆发时期三个阶段。国内学者关于本领域研究则关注对金融体系和实体经济稳定影响、系统性风险以及负外部性特征三个方面的监管。同时，对现有文献中不同的系统重要性金融机构识别标准进行梳理。

第二章：系统重要性金融机构危机案例分析。通过对本轮国际金融危机中典型系统重要性金融机构危机的案例分析，归纳识别与监管系统重要性金融机构的相关启示，进一步验证系统重要性金融机构的基本特征，从而为加强监管和构建系统重要性金融机构识别体系提供现实依据。

第三章：系统重要性金融机构的识别理论。试图从现有国际实践的不同视角出发，分别阐述识别系统重要性金融机构的关键因素和现有识别方法，最终探索性地提出本书关于系统重要性金融机构的识别因素与识别方法。

第四章：识别系统重要性金融机构的国际实践。依次对国际上系统重要性金融机构、系统重要性银行、系统重要性保险机构、系统重要性非银非保金融机构、其他系统重要性金融机构的识别实践进行总结归纳。

第五章：识别系统重要性金融机构的实证研究。收集国际主要金融机构的年报，并抽取关键因素的相关数据，针对现有测量方法的优缺点，采用熵值法，初步设计了一套系统重要性金融机构的综合识别指标体系。

第六章：系统重要性金融机构的监管理论。系统重要性金融机构的基本特征是监管系统重要性金融机构的理论起点。归纳总结出系统重要性金融机构的五大基本特征：巨大的负外部性、普遍的道德风险、竞争不公平性、成本收益不对称、动态变化性；结合五大基本特征，从冲击力度、诱发维度、国际影响三个角度出发探讨对系统重要性金融机构实施监管的原因，并分析五大监管重点。

第七章：系统重要性金融机构的监管环境。逐一论述和归纳了以美国、英国为代表的间接融资和以澳大利亚、荷兰为代表的直接融资的金融业结构，然后以本次金融危机为节点分析其监管模式的变化及系统重要性金融机构监管主体，系统重要性金融机构需要监管协调配合，对危机前后主要经济体的监管协调机制变革进行分析，并总结出国际监管在法律协调、体制协调、目标协调、信息协调、执行协调五个层面上的协调经验，并得出对实施系统重要性金融机构的监管环境的启示与未来面临的挑战。

第八章：系统重要性金融机构的监管政策与措施。从事前、事中、事后三大监管过程出发，详细介绍各国在系统重要性金融机构监管实践中的具体做法，并得出对系统重要性金融机构的监管需要寻求事前、事中、事后三大监管的有效结合。

第九章：我国系统重要性金融机构的识别与监管框架设计。重点对我国系统重要性金融机构识别与监管框架进行设计。本书认为我国系统重要性金融机构监管框架设计要在充分借鉴国外经验的基础上，结合我国国情因地制宜地进行，总体框架设计方案要在以下几个方面进行重点建设：一是方法上建立评估体系；二是体系上引入行为监管；三是技术上完善监管工具；四是机制上注重监管协调。

第十章：结论及展望。总结全书，并对下一步研究工作进行展望。

相比以往的文献，本书在如下几个方面有所突破：

1. 研究视角：识别与监管“捆绑”研究

针对目前学界大多将系统重要性金融机构的识别、监管分开研究的现状，本书试图将二者置于同一框架下，即将系统重要性金融机构的识别、系统性风险防范、宏观审慎监管作为一个整体的、系统的研究对象。

2. 研究内容：创造性地提出了系统重要性金融机构识别与监管框架的理论构想

本书首次对系统重要性金融机构识别与监管进行系统性的梳理和总结，厘清相关概念，结合现有的国际监管实践经验和审慎监管的基本理论，创造性地提出了系统重要性金融机构识别与监管框架的理论构想。同时推进理论纵深研究，根据中国系统重要性金融机构的独特性，提出构建中国系统重要性金融机构识别与监管框架的相关政策建议，注重理论与实践相结合，确保研究上的针对性、政策上的时效性和工具选择上的可操作性，为中国系统重要性金融机构识别与监管实践提供了理论支持。

3. 研究方法：从横、纵两个维度进行对比分析

本书首次尝试从横向和纵向对比研究如何建立系统重要性金融机构识别与监管框架。采用横向对比分析的方法深入分析国际金融监管最新改革

的实践经验以及政策启示，探讨现有监管体系的制度缺陷和理念局限，奠定系统重要性金融机构识别与监管框架的理论基础。采用纵向对比分析的方法，在回顾危机前后国际金融监管机构政策变化的基础上，分析异同点，进一步探究适合我国的监管模式。

本书的不足之处主要体现在：

（1）我国金融机构数据披露时期较短、关键数据不全、早期数据缺失、计量口径不统一等，这些因素可能会影响本书运用计量经济学方法分析结论的准确性。

（2）本书主要对银行类系统重要性金融机构进行了定量的实证分析，尚未对非银行类系统重要性金融机构进行定量实证分析。未来将重点对此进行研究。

三、研究方法

本书综合运用货币银行学、经济学、金融学等多学科理论，坚持实证分析和规范分析、定性分析和定量分析、微观分析和宏观分析、归纳分析和演绎分析、比较分析和案例分析相结合，做到研究过程和结论的科学性与可靠性。

1. 实证分析和规范分析相结合

本书采用实证分析方法，在借鉴相关识别方法理论的基础上，从公开数据源选取系统重要性金融机构识别指标，为构建系统重要性金融机构识别体系提供参考依据，对于目前公布的全球名单提出建议。同时，对于系统重要性金融机构的定义、基本特征、监管原因等采用规范分析，得出具有一般规律性的结论。

2. 定性分析和定量分析相结合

本书在研究系统重要性金融机构识别与监管问题时，注重掌握第一手材料，广泛收集数据，从 Bloomberg、Bankscope、Banker、ECB、各国监管当局、各金融机构等权威数据库或官方网站上获取相关信息，量化分析各国金融业现状和系统重要性金融机构识别因素，并将其与定性分析结果相结合，提出构建系统重要性金融机构识别与监管体系的思路与建议。

3. 案例分析和比较分析相结合

本书选取本轮国际金融危机中系统重要性金融机构相关典型案例，在回顾事件从发生到引发危机过程的基础上，有针对性地分析案例中相关金融监管机构在识别与监管系统重要性金融机构中的问题以及未来监管重点。同时没有孤立地研究问题，而是将其置于金融监管改革背景下，比较分析危机前后各国改革的侧重点，再以此为理论基点，辨析各国系统重要性金融机构识别与监管实践的差异。

4. 归纳分析和演绎分析相结合

本书从金融监管一般理论出发，总结归纳系统重要性金融机构监管理论，从国际金融危机前后对系统重要性金融机构监管的改革政策和措施中，进一步探索和演绎出适合我国系统重要性金融机构的监管之路。

第二节 现有文献综述与评析

一、关于系统重要性金融机构概念界定的研究综述

“系统重要性金融机构”顾名思义特指那些在金融体系中具有系统重要性的机构，英文全名为“Systemically Important Financial Institutions”，简称“SIFIs”。回顾以往文献，该词可追溯到 2001 年 1 月由国际货币基金组织（IMF）、国际清算银行（BIS）和经合组织（OECD）联合发布的《关于金融业的综合报告》（Report on Consolidation in the Financial Sector），该报告对“系统重要性金融机构”的定义为“太大而不能倒”的金融机构，并指出应视这些机构的健康状况来实施有效干预，以在第一时间纠正错误以避免系统重要性金融机构面临清算。在危机爆发前，“系统重要性金融机构”这一概念只是零星出现在一些文章之中，并没有形成完整的体系（Saugata Bhattacharya，Urjit R. Patel，2003；Mathisen J.，Pellechio A. J.，2006）。

本轮国际金融危机之后，加强对系统重要性金融机构的监管成为各国金融改革的核心议题之一，而“系统重要性金融机构”一词逐渐出现在相关金融监管改革的研究文献中，其概念的内涵逐步提升和拓展（Brewer E.，Jagtiani J.，2007；Remsperger H.，2007；Allen F.，Babus A.，2008；Hildebrand P. M.，2008；Bernanke B.，2008）。虽然对系统重要性金融机构的

定义是识别和监管的前提，也是监管改革关注的焦点，但至今，系统重要性金融机构的概念并不统一。

针对这一问题，国际相关组织和各国监管机构最先做出统一定义的尝试。本次危机中，系统重要性金融机构的跨境服务和产品，使得系统性风险从本国金融体系向国际金融体系迅速蔓延。在深刻反思之后，加强国际监管合作和共同推进监管政策成为了国际共识。作为监管缘起，规范系统重要性金融机构的定义成为了从国际层面上推动监管合作尝试的第一步。总体来看，这些定义侧重点可以分为以下几个方面：

（1）侧重于描述系统重要性金融机构的负外部性。根据 G20 峰会的要求，IMF、BIS 和金融稳定理事会（FSB）于 2009 年 10 月联合出台文件“Guidance to Assess the Systemic Importance of Financial Institutions, Markets and Instruments”（《系统重要性金融机构、市场和工具评估指引》）认为，“系统重要性金融机构承担金融市场的关键功能，它的倒闭将会对金融体系和实体经济造成严重损害和负面影响”。巴塞尔银行监管委员会（BCBS，2009）认为负外部性是重要性金融机构的本质特性，这些机构的倒闭有引发系统性风险的可能性，给其他金融机构乃至金融体系带来负面影响。FSB（2010）指出，这些机构因其特征，即规模较大、复杂度与系统相关度较高等，导致这些机构一旦无序破产将更大范围地对金融体系造成破坏，给经济活动带来影响。

（2）侧重于描述系统重要性金融机构的规模。此类文献对系统重要性金融机构的定义几乎是与“大而不能倒”(Too Big To Fail)相等同。比如时任 IMF 主席卡恩于2009 年 11 月在法国的演讲中，较为完整地阐述了相关定义、问题和措施，显而易见的是，他对系统重要性金融机构的定义突出在“大而不能倒”上。

（3）侧重于描述系统重要性金融机构的关联性。这类文献以欧美监管机构为主。以美国为例，2010 年出台的《多德—弗兰克法案》(Dodd - Frank Act,全称为《多德—弗兰克华尔街改革与消费者保护法案》）为代表的监管文件没有直接援引重要性金融机构的概念，但是取而代之的是大型关联性的金融机构（Large, Interconnected)。而美联储（FED，2011）则在《系统重要性金融机构、市场和工具评估指引》的基础上，针对《多德—弗兰克法案》过于倾向于银行层面的问题，认为对系统重要性金融机构的定义应当突出关联性，并且应将范围扩大到整个金融机构。

国内学者对概念界定的研究集中在国际监管文件出台之后，大多数国内文献偏重于从对金融体系以及实体经济的影响这个层面来对系统重要性金融机构进行定义。一些学者在定义中较为详细地描述了这些影响。如王胜邦（2010）和潘林伟、吴娅玲（2011）从对金融体系和实际经济的影响来定义，认为前者主要指中断核心金融功能和增加金融服务成本等，后者主要指对信贷供给和需求的影响，而系统重要性金融机构正是那些因倒闭对于上述稳定性和运行造成重大负面冲击的机构。张显球（2011）在定义系统重要性金融机构时，认为这些机构倒闭首先是对金融体系带来系统性风险，接下来才会引发金融危机和损害实体经济。贾彦东（2011）认为，无论是直接影响还是间接引发，这些机构的倒闭损害的是整个金融系统的运行以及其提供金融服务的能力。

一些学者基本沿用了国际组织的定义。比如李文泓、吴祖鸿（2011）同样从承担金融市场中的关键功能和对金融体系与实体经济造成负面影响的可能性角度进行定义。张娜娜（2011）认为，如果一家金融机构的倒闭会给经济带来明显的溢出效应，使整个金融系统变得极不稳定，并对实体经济造成较大的负面影响，那么该机构就具有系统重要性。周小川（2010）与IMF前主席卡恩持有同样观点，在北大演讲时谈到了"'大而不能倒'的金融机构就是所谓系统重要性金融机构"，"一旦这类机构出现倒闭清盘,可能牵涉到很多机构"。

部分学者结合上述两个方面对系统重要性金融机构进行定义。吴敏、张强（2011）提出，系统重要性金融机构是指那些具有负外部性特征，且因规模、复杂度与系统相关度，承担金融市场中的关键功能的金融机构，其无序破产可能导致金融体系核心金融功能的中断和金融服务成本的增加等，对金融体系带来系统性冲击，从而进一步诱发金融危机和损害实体经济。有个别的学者突出强调系统重要性金融机构的概念区别于过去"大而不能倒"的概念，认为前者内涵更广泛，包括后者，特别是大型复杂的金融机构、市场和工具，故定义时应关注其在产生和积累系统性风险、触发和演进升级金融危机中所扮演的角色。如郑联盛（2011）指出，系统重要性金融机构是指那些"破产或基本职能丧失会导致系统性风险、对金融体系稳定性和实体经济平稳发展造成巨大负向冲击的机构"。

综上分析，本书认为系统重要性金融机构不能简单地视同为"大而不能倒"机构，无论其破产可能带来的影响是直接的还是间接的，定义概念时应当突出此类机构的关键因素和负面影响。故本书尝试对系统重要性金融机构定义为“那些具有一定规模、市场重要性以及相关度，以至于破产或出现问题时会对全球或本国金融体系造成严重紊乱和经济后果的金融机构”。

二、关于系统重要性金融机构识别标准的研究综述

目前国内外学术界和监管界基于各自视角提出了识别系统重要性金融机构的不同标准，总体来看，这些识别标准相异的根本原因在于这些研究者和监管当局所处的金融环境和研究立场不同，对于系统重要性这一问题上的认识差异，自然导致了系统重要性金融机构的识别标准上的区别。

1. 学术界相关研究综述

大部分学者认为，金融机构的系统重要性的识别标准需要包括规模、传染性和集中度等。但在具体的临界值和指标选择方面持有不同观点。

Thomson（2010）研究认为，识别系统重要性应关注以下三个方面：一是规模，对于银行来说，系统重要性的标准是相对规模，如在全国银行业总资产中的占比超过10%的，或占比超过5%且在全国银行业贷款总额中的占比超过15%；对于保险公司，系统重要性标准为该公司保单数量超过全国的10%；而对于非银行类金融机构，系统重要性标准为其总资产在全国位列前10位，或在全国证券承销占比过去5年超过20%。二是传染性方面，系统重要性标准为其破产“在资产上对其他机构的实质性损失为金融体系的30%”，或“能够让重要支付交易清算体系因其破产而陷入绝境”。三是集中度方面，“其交易清算份额在特定市场内达到25%”，或在特定重要支付体系中“对重大信贷活动承担责任超过30%以上”或“其日均交易量超过总量的25%”。

Herring和Carmassi（2010）在识别出16家全球系统重要性金融机构时，采取控股分支机构的数量作为关联性和复杂性的变量。

吴敏、张强（2011）认为，规模、可替代性、关联性和复杂性是关键识别因素，通过对16家上市商业银行在2006~2010年的数据，分析出关联性最重要，权重高达64.12%，其中交易性金融资产与负债为关键指标；复杂性次之，权重为22.74%，其中衍生金融资产与负债为关键指标；规模的权重仅为5.78%。在此基础上，吴敏、张强（2011）提出，识别系统重要

性固然应当关注规模，但是更为重要的是关注以银行间的资产负债关联度为代表的关联性，如果仅以规模为识别标准，则可能引发系统重要性金融机构在控制规模下采取扩大银行间负债等行为以规避监管，从而导致道德风险行为。

范小云、王道平、刘澜飚（2011）采用该领域研究国内外常采用和可取的最大熵方法，选取我国2007～2009年公开披露的银行间市场同业拆放数据，模拟了我国各银行作为系统性危机的诱导因素，在各种可能的损失率条件下，导致的银行破产数量以及银行部门的资本损失，认为与银行资产规模相比，银行间负债关联程度是决定银行系统重要性的更为重要的因素。

2. 国际组织相关研究综述

由于监管对象为全部金融机构，国际组织按照金融机构自身属性，将系统重要性金融机构进一步细分为系统重要性银行（Systemically Important Banks，SIBs）、系统重要性保险机构（Systemically Important Insurers，SIIs）、系统重要性证券金融机构等。同时根据各自职责分工，规定分别由巴塞尔银行监管委员会（BCBS）、国际保险监管者协会（International Association of Insurance Supervisors，IAIS）和国际证监会组织（International Organization of Securities Commissions，IOSCO）负责制定其具体识别标准和监管要求，并确定相应的金融机构名单。而FSB作为G20的委托机构，负责统筹安排，定期发布政策建议和时间表要求以及最终名单，因此FSB在2010年10月20日出台《降低系统重要性金融机构的道德风险的政策建议及时间表》的报告，针对如何降低系统重要性金融机构的道德风险问题，从国际监管层面提出了监管政策框架，同时明确了相关实施步骤的时间表要求。目前，全球系统重要性银行（G－SIBs）和全球系统重要性保险机构（G－SIIs）的评估方法和相关要求已经发布，全球系统重要性非银非保金融机构相关监管文件将随后出台。

同时，根据国际监管实践的需要，系统重要性金融机构根据各自影响范围的不同又进一步分为全球和国内系统重要性金融机构，英文简称为G－SIFIs和D－SIFIs。前者是指其破产或出现问题时会对全球金融体系造成影响的金融机构，后者是指其破产或出现问题时会对本国金融体系造成影响的金融机构，分别应由相关国际金融监管当局和各国金融监管当局确定各自的识别标准。同时允许系统重要性金融机构的母国和东道国监管机构运用

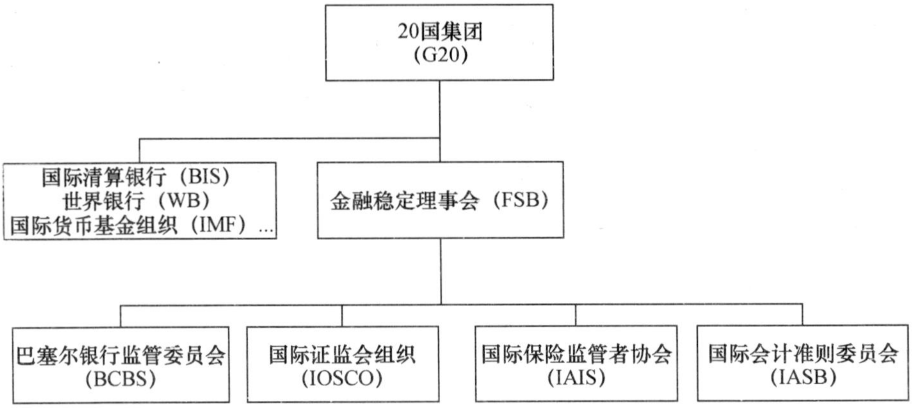

图1－2　国际组织关于系统重要性金融机构监管分工

判断调整，可对其国内系统重要性金融机构的初步排名结果，加以定性或辅助判断最终确定顺序。

国际组织对于系统重要性金融机构的识别标准的认识也在逐步完善中。早期提出的识别标准并没有体现系统重要性金融机构的全球性，如 IMF、BIS、FSB 三大国际组织应2009 年4 月 G20 峰会的要求，于2009 年10 月28 日联合发布 "Guidance to Assess the Systemic Importance of Financial Institutions, Markets and Instruments"（《系统重要性金融机构、市场和工具评估指引》），首次较为全面完整地阐述了系统重要性金融机构的定义、总体原则、评估方法和指标等问题，指出对系统重要性问题应侧重机构、产品和市场的考量，认为应从单家金融机构对金融体系和实体经济的直接和间接影响这两个方面对系统重要性进行识别。

表1－1　2009 年 IMF、BIS 和 FSB 联合报告中的识别标准

	识别指标	定义
直接影响	规模（Size）	特定金融机构提供金融服务的总量
	可替代性（Substitubility）	该机构倒闭后，其他金融机构能够在多大程度上提供相同或类似的服务
间接影响	关联性（Interconnectedness）	其与金融体系其他要素的关联程度

资料来源：IMF、BIS、FSB 于2009 年10 月28 日联合发布《系统重要性金融机构、市场和工具评估指引》。

2009 年 10 月，巴塞尔银行监管委员会（BCBS）成立宏观审慎工作组（MPG），专门研究全球系统重要性金融机构（G – SIFIs）的识别工作。同时，BCBS 认为识别标准应充分反映系统重要性金融机构另外两个方面的特征：一是复杂性，以反映其组织结构和业务复杂程度；二是全球活跃性，以反映其跨境经营的资产和负债规模。

根据这一原则，MPG 于 2010 年 12 月公布了对系统重要性金融机构的详细识别指标体系，包括基础性和辅助性指标。基础性指标主要为规模类指标，如资产总额、金融体系内资产或负债。辅助性指标有：①可替代性指标，如支付结算业务、托管、做市商、代理银行托管和清算、承销服务等情况；②关联性指标，如批发性融资依赖程度、场外衍生品暴露、回购、债券发行；③复杂性指标；④全球活跃性指标，如跨境资产占比等。MPG 也提供了两种识别方法，即区段衡量法（Bucketing Approach）和连续衡量法（Continuous Measure），这两种方法各有利弊，从最终 FSB 两次公布全球系统重要性金融机构的情况来看，目前采用的是区段衡量法。

BCBS 于 2011 年 11 月发布的《全球系统重要性银行：评估方法与额外损失吸收能力要求》（Global Systemically Important Banks：Assessment Methodology and the Additional Loss Absorbency Requirement）提出了全球系统重要性银行 5 个识别维度，即全球活跃程度、规模、关联度、可替代性和复杂性，并对全球系统重要性银行进行分组和按组别进行差异化附加资本要求。同时，BCBS 指出系统重要性银行的识别不等同于对其风险评级，识别的实质在于评估其破产或倒闭对金融稳定和经济发展产生的负面影响，而不是其破产或倒闭概率，也不是评估银行的内在风险。在此基础上，FSB 于同年 11 月公布了首批 29 家全球系统重要性银行的名单。

3. 典型国家或地区相关研究综述

一些国家或地区提出了各自关于系统重要性金融机构的识别标准。G20 从原则上认同这些国际的识别框架（Nolle D.，2011），并认为应基于相对、全面和动态等原则，立足于监管需要以及普适性特征来识别系统重要性金融机构，比如该评估的标准不管是在一个地区、一个国家还是全球都应该具有相应的适用性。

（1）欧洲。欧洲国家普遍将对系统重要性金融机构的识别重点放在大型复杂银行集团上，同时注重针对金融创新的发展而提出新的识别标准并修正其识别体系。这是因为主要欧洲国家（除英国以外）的金融结构以银

表 1-2　巴塞尔银行监管委员会（BCBS）发布的识别标准及附加资本要求（2011 年版）

要素	权重（%）	内涵	指标	权重（%）
跨境活动	20	跨越司法管辖权的业务活动	跨境的债权	10
			跨境的债务	10
规模	20	单个金融机构提供金融服务的总水平	BaselⅢ中计算杠杆率所使用的整体敞口	20
关联性	20	与其他金融机构的联系	银行间资产	6.67
			银行间负债	6.67
			批发融资比率	6.67
可替代性	20	如该机构倒闭，其他机构能否提供相同服务	托管金融机构资产余额	6.67
			支付结算系统发生额	6.67
			承销各类股票与债券价值	6.67
复杂性	20	业务、结构和运营的复杂程度	OTC 衍生品名义值	6.67
			Level 3 资产	6.67
			交易账户和可供销售资产	6.67

资料来源：BCBS 于 2011 年 11 月发布的《全球系统重要性银行：评估方法与额外损失吸收能力要求》。

行为主，区别于以资本市场为主的英美金融体系。欧洲早在 2006 年就针对银行集团订立了较为全面的多维度的识别指标体系，共有 13 个指标，主要为资产类（管理资产规模、同业资产、消费信贷）、负债类（或有负债、同业负债、存款）、收入类（净利息收入、股票发行收入、非利息收入、银团贷款收入、债券发行收入、抵押品以及其他收入等）的指标；2007 年因表外业务迅速发展，银行资产负债表规模无法真正地揭示其重要内部关联性，在原有指标基础上又增加了一些能够反映表外业务特征的指标，共有 6 个，主要为规模类（营业收入、次级债规模、分支机构数量、境外资产）和市场化水平类（市场证券化水平、隔夜拆借资金比例），危机前欧洲一直沿用上述识别体系并据此认定了 36 家大型复杂银行集团。金融危机后，欧洲央行于 2010 年 6 月发布《金融稳定报告》，进一步反思原有识别体系，认为对系统重要性金融机构的识别是一个前瞻性的且相对动态的过程，需要关注金融部门特定结构和金融市场特定状况，比如增加能够反映金融机构的杠杆特征、流动性状况、资产负债集中度和期限错配程度的指标，同时对于金融机构的组织架构和法律结构也要进行评估，并指出评估标准应当定量指标和相关监管部门的定性判断和认知相结合。

（2）英国。原英国金融服务局（FSA）于2009年10月发布《金融银行业危机的监管对策：系统重要性银行及其影响评估》，提出识别系统重要性的三大维度：一是规模，建议采用的是单家金融机构的规模或者在特定市场中其相对规模或市场份额的连续函数；二是关联性，建议采用的是银行间风险暴露情况，或者银行间信用或资产保证金渠道情况；三是金融机构种类。同时结合危机中北岩银行等案例，提出一些可能不具备系统重要性的单体机构也有可能在特定情形下被金融市场视为有系统重要性影响力。

（3）美国。虽然危机前美国伊利诺伊大陆银行以及长期资本管理公司等出现的危机或多或少呈现出系统重要性问题，但是，长期以来，尤其是20世纪90年代末以后，美国没有针对大型或系统重要性金融机构的识别标准出台相关政策，监管措施和政策处于空白，主要原因是历史上没有遇到此类机构的破产问题，危机前关于这部分的讨论主要集中在美国学术界。2010年7月，美国颁布《多德—弗兰克法案》，提出美联储（FED）对总资产超过500亿美元的银行实施监管，并提出11项系统重要性金融机构的识别指标。据此美国金融稳定监督委员会（FSOC）于2011年10月提出了6项系统重要性金融机构的识别指标，除了常见的规模、关联性、可替代性、杠杆率4项指标以外，还加入了两项比较特殊的识别指标：一个是流动性风险和期限错配，侧重于反映用于支持系统重要性金融机构的经营行为活动的资金债务性质与规模，尤其依赖于短期融资的程度；另一个是监管现状，侧重于反映其所受一个或多个监管机构的监管程度，同时FSOC声称将运用监管判断对评估结果进行调整。

（4）德国。德意志银行（Deutsche Bank）于2011年8月发布了《识别系统重要性金融机构》，指出识别标准包括规模、关联度、复杂性、可替代性等，同时提出了包括边际预期差额法（MES）、沙普利值法（Shapley Value）、在险值协方差法（CoVaR）等基于市场的评估方法。

表 1-3　国际组织及各国监管当局关于系统重要性的识别标准

发布机构	发布时间	报告	识别标准
IMF、BIS、FSB	2009 年 10 月	《系统重要性金融机构、市场和工具评估指引》	直接影响取决于规模和可替代性，间接影响取决于关联性
巴塞尔银行监管委员会（BCBS）	2011 年 11 月	《全球系统重要性银行：评估方法与额外损失吸收能力要求》	全球活跃程度、规模、关联度、可替代性、复杂性，并允许各国根据实际情况调整
欧洲央行	2010 年 6 月	《金融稳定报告》	加入能够反映金融机构的杠杆特征、流动性状况、资产负债集中度和期限错配程度的指标，及其组织和法律结构等
原英国金融服务管理局	2009 年 10 月	《金融银行业危机的监管对策：系统重要性银行及其影响评估》	规模、关联度、金融机构种类
美国金融稳定监督委员会	2011 年 10 月	《规划制定和解释性指南的提案》	规模、杠杆率、可替代性、流动性风险和期限错配、监管现状六类
德意志银行	2011 年 8 月	《识别系统重要性金融机构》	规模、关联度、复杂性、可替代性等

资料来源：根据国际组织和各国网站整理。

三、对现有系统重要性金融机构研究综述的评析

系统重要性金融机构是一个新的监管概念，因为这个概念并非是基于功能或是机构类型进行的分类，所以对其监管理念不能直接借用传统的功能型或机构型监管（郭宏宇，2011）。但是，这并不意味着其是一个全新的监管领域，相反地，危机后国际和各国监管机构在原有监管框架上加入了一些新的改进政策和概念，一并纳入了“系统重要性金融机构监管”的框架之内，成为各国理论和政策界的共识。系统重要性金融机构监管框架是一个动态发展的框架，其主要目标是确保所有系统重要性金融机构、市场和工具受到适度的监管以减轻系统性风险，同时防止监管套利。其主要内容包括：界定监管边界、对不同机构和市场采取相适应的监督力度和监督

范围、应对金融危机政策的设计和操作等。

通过上述文献梳理，我们不难发现：一是有关系统重要性金融机构还是一个较为新鲜的事物，但在本轮金融危机后已经引起了世界各国越来越多的重视；二是虽然在具体的评估和监管上，各国存在着不同的做法，但如何对其进行识别与监管，已成为各国实践的主要着力点；三是目前有关系统重要性金融机构的关注点主要在具体的实践和操作上，有学者也对其某一方面进行了研究，但较为全面、系统、深入的研究还不多，这也为今后的研究留下了空间。

第二章　系统重要性金融机构危机案例分析

本章通过对本轮国际金融危机中典型系统重要性金融机构相关危机的案例分析，归纳识别与监管系统重要性金融机构的相关启示，为阐述系统重要性金融机构的基本特征对引发系统性风险甚至金融危机的影响，以及加强对其进行监管的原因的理论分析，从而为构建系统重要性金融机构识别与监管体系提供现实依据。

第一节　北岩银行挤兑事件

2007年9月14日，北岩银行挤兑危机爆发，成为英国1866年以来首次大规模银行挤兑事件，也是美国次贷危机向欧洲蔓延最终演变成全球金融危机过程中的标志性事件。

一、相关背景及事件回顾

英国北岩银行（Northern Rock）位于英国北部，其前身是成立于1865年的北岩住房协会（Northern Rock Building Society）。1965年吸收北部郡永久住房协会，成立北岩住房协会。1997年根据《1983年英国银行法》申请改制成为北岩银行，并于伦敦交易所上市。上市10年来北岩银行以年均21%的资产增速和18%的利润增速快速扩张，北岩银行2007年上半年新增抵押贷款额排名英国第一，成为英国第五大按揭贷款银行，危机前北岩银行约有储户150万个，存款约240亿英镑，向80万名购房者提供房贷。从这个角度来看，北岩银行可以算是英国抵押贷款市场中具备系统重要性的银行之一。

2007 年 7 月前，北岩银行没有面临任何重大风险的明显迹象。反观 2006 年的北岩银行，财务数据依然光鲜照人：一是增长势头良好，资产增长率为 23.9%，股权利润为 3.67 亿英镑，增长率为 19.1%；二是资本状况良好，资本充足率为 16%；三是回报和分红情况良好，股权回报率达到 21.9%，资本回报率为 20%，分红增长率为 20.3%；四是业务状况良好，住房抵押信贷市场份额为 8.3%，信贷增长率为 22.7%；五是信贷质量良好，3 个月内抵押信贷拖欠率低于同行业平均一半水平，仅为 0.42%。

然而在骄人业绩的背后却难掩危机潜伏。为追求快速高增长，北岩银行于 1999 年转变经营战略，转而依赖一种新的模式，即向其他银行借款，并在市场上以出售抵押贷款证券的方式进行筹款。这与大多数银行提供抵押贷款的资金来源主要依靠储户存款截然不同。恰恰这种模式正是本轮金融危机诱因之一，即发放与转移模式（Originate to Distribute Model），又被称为证券化模式。危机前，北岩银行资金来源中短期资金比重严重偏高，传统的零售存款只占 1/4，其证券化资金来源占比在 50% 以上，远高于英国主要银行 20% 的比例。

2007 年 9 月 13 日，北岩银行爆发流动性危机，并向英格兰银行求援。次日，英格兰银行公布了对其实施流动性支持计划。当日储户蜂拥提款，银行网站和电话线陷入瘫痪。这场英国 140 年以来的首次银行挤兑事件整整持续了 4 天，零售存款流失了 20%，截至 9 月 15 日该行就被取走 20 亿英镑存款，北岩银行股价更是应声下跌了将近 70%。鉴于形势的严峻性，财政大臣达林（Alistair Darling）于 9 月 17 日下午 5 点对外公告声称政府保证北岩银行小储户的全部存款①。随后，英格兰银行于 9 月 19 日宣布同意为北岩银行提供应急贷款②。英国财政部于 10 月 10 日声明全额担保 9 月 19 日以后存入北岩银行的全部存款，至此北岩银行挤兑危机得以纾缓。次年，即 2008 年 2 月 21 日英国议会宣布通过议案，对北岩银行进行政府国有化，这是自 20 世纪 70 年代以来，英国历史上首起企业国有化的案例。

① 英国自 2001 年制定《存款补偿计划》，规定存款 2000 英镑以下的储户在银行破产时可收回全部存款，2000 ~ 33000 英镑的储户能够收回 90%。

② 据英格兰银行披露，截至 2007 年 10 月底，对北岩银行的贷款已高达 230 亿英镑。

二、对识别与监管系统重要性金融机构的启示

1. 对系统重要性机构的识别不能仅依赖规模指标

北岩银行的案例说明系统重要性机构并不一定是“大而不能倒”，而是“重要而不能倒”。单从规模这一指标来看，北岩银行截至2006年末总资产仅占英国银行业的不到2%，股票市值也仅占英国股票市场的0.3%。但这并不影响北岩银行因为过度依赖特定金融产品导致流动性困难，并进一步引发英国金融市场流动性恐慌和挤兑的传染速度。可见，在系统重要性金融机构识别体系构建过程中，应当注重机构在某类业务或某类产品上的资金投入集中度，因为这种持有类似资产或从事类似业务的机构所带来的潜在传染效应与该机构规模无关。换而言之，当市场认为危机事件揭示了一类或多类资产的未发现问题时，任何金融机构无论规模大小，都有可能带来系统性危机，特别是在这部分资产与杠杆率和到期转换相关之时。因此，FSB于2011年10月6日发布《全球系统重要性银行数据收集模板（征求意见稿）》，重点征集对改进全球系统重要性银行间联系及风险与资本依赖关系的意见和建议。该文件认为，新的数据模板有助于解决十大问题，其中一个就是哪些全球系统重要性银行在失败的金融工具上存在相似的资金投入状况（如雷曼兄弟和北岩银行）并且因此而遭受声誉损失。

2. 识别的目的在于采取相配套的监管措施

原英国金融服务局（FSA）对所监管的金融机构采用“ARROW”（Advanced Risk - Responsive Operating Framework）风险评估体系①。与美国的“CAMELS”不同，英国“ARROW”不是就经营结果得到的量化评级结果实施差别化监管，而是根据监管目标，对被监管机构的风险过程进行评估的过程。该体系利用风险关注程度（Priority）来表示对被监管机构可能产生的风险的大小。基本等式为Priority（风险关注程度）＝Impact（风险影响程度）×Probability（风险发生的可能性）。FSA将风险关注程度（Priority）与监管目标相关度分成几个等级，如表2－1所示，并明确了相应监管

① “ARROW”风险评估体系是根据英国金融服务局在2000年1月《新千年的新监管者》（A New Regulator For The New Millennium）中的有关要求，研究开发的一整套监管体系，该体系以风险监管理念为基础，兼收美国和德国等监管机构的先进经验，最终于2003年2月在《金融机构风险评估框架》中发布。

要求，通过实行过程控制，防止风险恶化和最终产生危机。

表2-1 英国"ARROW"风险评估体系

	风险关注程度	与监管目标风险相关度	监管措施
1	高度风险	高	必须采取行动
2	中高度风险	显著	可以采取行动
3	中低度风险	确定	可以或无须采取行动
4	低度风险	低	一般无须采取行动
5	D/K	信息不足，了解不充分，无法判断是否相关	需要进一步调查
6	N/A	无关，不会影响监管目标	无

资料来源：FSA于2003年2月发布的《金融机构风险评估框架》。

北岩银行的"ARROW"评估结果为"高度风险"且"需要密切持续监管"（详见英国议会于2008年1月24日发布的《北岩银行挤兑研究报告》第23页），FSA认为北岩银行是具有重大影响的银行（High - impact Bank）。但是FSA作为拥有高度自由裁量权的监管机构，没有对北岩银行重大风险信号采取措施，仅对其股价下跌表示关注。北岩银行国有化后，英国议会于2008年1月24日发布《北岩银行挤兑研究报告》，认为FSA监管宽容是导致监管失败的直接原因。即便是在FSA在2007年6月对北岩银行压力测试结果非常不满意时，也没有要求北岩银行董事会采取相应的补救措施，报告批评FSA对流动性监管远不如资本监管。更匪夷所思的是，FSA不但无视北岩银行超乎寻常的扩张速度，而且仍然于2007年6月29日对其实施豁免权（Basel Ⅱ Waiver），使其可以在资本不足时继续扩张业务。所以，FSA的监管失败并不是在于不能准确识别系统重要性金融机构，而是在于识别之后却没有迅速采取措施，一味监管宽容，致使事态进一步恶化。

3. 问题银行处置机制不够健全

一是缺乏法律保障。英国是G8国家中唯一一个只能依赖于《公司破产法》，而非专门以《银行破产清偿法》来处置问题银行的国家。二是处置机构主导权不明确。英格兰银行、金融服务局和财政部的三方共治模式并没有明确谁是主导机构，监管机构缺乏足够的授权对危机进行及时干预，如不能主动接管银行管理权，不能跨越银行股东强制将银行资产进行出售等。而美国对问题银行进行处置的主导机构明确为联邦存款保险公司（Federal

Deposit Insurance Corporation，FDIC）。三是问题处置权滞后。FDIC 有权在一周内完成问题银行存款业务向另一个银行机构的转移，从而减少问题银行对金融市场的冲击。相比之下，英国监管当局所拥有的处置手段都只能被运用在风险处置的后期，处理北岩银行时无法对银行的存款控制权进行迅速移交，因为在英国接管法案下，这些都必须经过一个冗长的过程。四是隐性担保问题。在英国，除非银行清偿力出现明显问题，否则监管机构不能让其倒闭，这相当于为银行提供了隐性担保。然而在美国，只要触发机制一旦被触动，相关监管机构将有权采取行动，比如冻结问题银行所有存款、接管或者由过桥银行接管问题银行等。

第二节　苏格兰皇家银行被注资事件

一、相关背景及事件回顾

苏格兰皇家银行集团有限公司（The Royal Bank of Scotland Group PLC）成立于 1727 年，总部位于英国爱丁堡，是英国最古老的银行之一。以市场资金计，该行为苏格兰最大银行，英国第二大银行（仅次于汇丰银行），全欧洲第三大银行，也是苏格兰其中一家发钞银行，也是一家多品牌经营的金融服务集团，其零售银行业务和私人汽车保险业务名列英国第二。除一般银行理财服务之外，苏格兰皇家银行还设有保险、公司财务等业务。在 2000 年前，该行仅仅是一个名不见经传的地区性银行，世界排名 200 名开外。然而在 2000 年 2 月成功收购和整合国民西敏寺银行（National Westminster Bank）之后，苏格兰皇家银行一跃成为国际著名银行。这场"蛇吞象"式的并购无疑是成功的，210 亿英镑价格，收购了相当于自身 3 倍资产规模的银行（当时苏格兰皇家银行的资产仅 889 亿英镑）。据《银行家》杂志披露，2003 年和 2004 年苏格兰皇家银行按一级资本排名分别为世界第 8 位和第 6 位。

可以说，自 2000 年后，苏格兰皇家银行发展史就是一部并购史，仅 2000 ~ 2004 年就进行了 15 场并购。然而并购经验如此丰富的银行，其前董事长汤姆·麦基洛普爵士（Tom McKillop）在英国国会议员面前称该行在2007年并购荷兰银行（ABN AMRO）是一个“糟糕的错误”。

为了更好地理解此次并购失败的原因，先简要回顾荷兰银行的历史。这个前身为殖民时期于1824年成立的“荷兰贸易公司”（NHM），由另外3家在同期成立的银行于1991年最终整合成立荷兰银行。其兴盛时，覆盖全球76个国家和地区，拥有员工11万名以上，分支机构4000家以上。截至2006年末，该银行以近1.3万亿美元总资产排在全球银行业的第12位。

2007年2月，由于荷兰银行经营业绩和股价下跌，占其股份的1%的股东——儿童投资基金（TCI）公开向该银行提出了通过分拆、业务整合或整体出售等方式以改变现状的提议。在获得多数股东支持后，荷兰银行开始寻求意向投资者，这场并购大战就此拉开了帷幕。

2007年3月20日，巴克莱银行（Barclays）与荷兰银行（ABN AMRO）进入排他性谈判。

2007年4月16日，由于儿童投资基金等股东的介入，苏格兰皇家银行牵头财团寻求善意收购荷兰银行，该财团包括桑坦德银行（Santander）和富通银行（Fortis）。

从此拉锯战开始了，就在巴克莱银行与荷兰银行于2007年4月23日达成670亿欧元的收购意向之后，苏格兰皇家银行便于4月25日宣布720亿欧元的竞购价格。5月6日，苏格兰皇家银行245亿美元对LaSalle银行的报价被拒绝。7月16日，苏格兰皇家银行再次正式发出要约，金额达711亿欧元。7月23日，作为回应，巴克莱银行在新的收购要约中进一步提高了现金支付的比例，但是这没有改变结果，最终于10月5日宣布退出荷兰银行竞购行动。随后，即10月8日，苏格兰皇家银行宣布其牵头财团胜出，收购价为711亿欧元（约1010亿美元），这也成为了世界银行史上最大规模的并购交易。

2008年10月13日，英国政府向苏格兰皇家银行注资200亿英镑，作为回报，要求限制银行高管薪酬，向其派驻政府任命的领导成员和部分董事，以及要求住房抵押贷款和对小企业的贷款恢复到2007年的水平。

2009年2月26日，苏格兰皇家银行公布2008年业绩。因收购导致巨额商誉减值（Goodwill Impairment）亏损150亿英镑，以及高达241亿英镑（约343亿美元）的全年亏损，这是截至目前英国企业的亏损最高纪录。同时该行还声称在未来3~5年内出售或解除资产价值约为2400亿英镑的业务，约占该行资产负债表的1/4。

次日，即2009年2月27日，英国政府再次对苏格兰皇家银行注资255亿英镑，总计达455亿英镑，而该银行截至2011年12月6日股票总市值为200亿英镑。通过两次注资，英国政府拥有该行股权的95%，苏格兰皇家银行几乎被国家完全控股。

为剥离非核心资产，2009年8月4日，苏格兰皇家银行将旗下部分业务出售给澳新银行并套现5.5亿美元。这些业务包括公司和金融市场业务（越南、中国台湾和菲律宾）以及商业和零售业务（中国台湾、中国香港、新加坡和印度尼西亚）。

2010年7月，荷兰政府在回购原荷兰银行的部分资产的基础上，重新组建了新的荷兰银行（ABN AMRO Bank N. V.）。并购的三方中除了桑坦德银行未受影响外，苏格兰皇家银行被注资，富通银行被完全拆分和收购。至此，这场耗日持久的“世纪并购”最终因为国际金融危机的到来彻底宣告失败。

二、对识别与监管系统重要性金融机构的启示

1. 监管理念对于识别与监管系统重要性金融机构的重要性

相对北岩银行，苏格兰皇家银行毫无疑问是系统重要性金融机构，甚至应该是全球系统重要性金融机构，这也是FSB两次公布全球系统重要性金融机构名单时都将苏格兰皇家银行纳入的原因。但是即便如此，作为英国监管机构的FSA并没有对此类机构采取任何特别的监管。FSA在2011年12月发布的一份报告中（*The Failure of the Royal Bank of Scotland*）承认对系统重要性金融机构在内的英国主要银行的审慎监管不够。与北岩银行挤兑事件不同，FSA认为此次危机并非是未采取监管措施导致的后果，而是整个监管方法论的问题。“轻触式”（Light Touch），又称“和风细雨式”的监管理念导致FSA未对苏格兰皇家银行的资本、流动性、资产质量、管理层的判断和风险评估等情况进行质疑。可想而知，在这种监管理念下，即便是识别出系统重要性金融机构，所执行的监管指标也是相对较低的标准。根据Basel Ⅲ要求，在正常经济环境下，像苏格兰皇家银行这样的系统重要性金融机构一级资本占风险加权资产的比例至少为9.5%，否则将限制分红。然而苏格兰皇家银行该比例在2007年底仅有2%。如果提前执行Basel Ⅲ的

监管标准，苏格兰皇家银行则不能对荷兰银行进行并购。

2. 监管机构应加大对系统重要性金融机构并购行为的审查力度

根据FSA监管职责，对于所监管机构的跨国并购行为，只要求相关机构符合对方监管要求即可，这意味着苏格兰皇家银行对荷兰银行的并购只要遵守荷兰的法律法规和监管要求即可。这种“无为而治”的态度恰恰与荷兰监管当局相反，后者几乎参与了并购案的始终，并且在一定程度上影响了并购的进程和结果。尽职调查在跨国并购中至关重要，全面评估目标方的潜在风险。在对荷兰银行的并购中，苏格兰皇家银行过度重视潜在的投资价值，一味一厢情愿地促成并购交易，而对荷兰银行与巴克莱银行之前的收购协议意愿以及荷兰监管机构的态度所带来的潜在的风险和成本没有进行详细评估，而这些恰恰是尽职调查的关键所在。同时，FSA从未质疑过苏格兰皇家银行是否做过充分的尽职调查，在一定意义上放任了这次失败的并购。

3. 未来监管系统重要性金融机构重点：从风险管理到公司治理

苏格兰皇家银行因并购失败被注资，宏观上是由于金融危机后全球金融系统的不稳定性带来的系统性风险，中观上是由于国际监管以及英国金融监管机构对流动性监管的不力，微观上同时也是根本上是源于苏格兰皇家银行公司治理机制问题。长期以来，苏格兰皇家银行以董事会为主体的公司治理主体盲目追求扩大资产负债表，同时多品牌的运营理念容易在扩张规模的同时影响资本充足率，而雪上加霜的是并购中债务融资导致资本成本增加，进一步加大了资本状况恶化程度。然而作为监管机构的FSA却并不认为苏格兰皇家银行公司治理存在问题，相反此次事件之前FSA认为该银行公司治理机制运行顺畅①。这些说明对于监管系统重要性金融机构，类似FSA这样的监管机构在过去以追求全面风险管理和先进资本计量方法是远远不够的，未来监管重点应当在督促所监管机构强化公司治理机制建设上。鉴于此，国际金融危机后，国际组织和各国监管机构达成了加强公司治理监管的共识，如巴塞尔委员会于2010年10月颁布了《加强银行公司

---

① FSA对RBS的调查显示：RBS董事会治理程序适当，交流机制顺畅，并成立了包括董事会所有成员在内的董事会主席会议制度；从董事会的成员经验和技能以及在这个领域内的成功记录来看，RBS董事会看上去是强有力的；董事会主席还保持了不断熟悉RBS的业务、董事会业务和相关的公司治理规则，鼓励董事会成员交流和讨论，并为对抗CEO提供良好的机会；RBS董事会成员经常讨论风险和经营战略，并对正式的决定负法律责任。

治理的原则》（*Principles for Enhancing Corporate Governance*），明确提出银行应完善公司治理体制的要求。

4. 对系统重要性金融机构的公司治理监督重在监督董事会

董事会作为公司治理的核心，一直以来都是公司治理的重点。此次苏格兰皇家银行并购荷兰银行的整个过程又再次印证了这个颠扑不破的真理。据披露，就此次并购案，苏格兰皇家银行共举行了 18 次董事会会议，均为全票通过。因此，强化系统重要性金融机构公司治理的监督首要在于董事会。10 年来，苏格兰皇家银行一路披荆斩棘，逐渐形成了以 CEO 弗雷德·古德温爵士（Fred Goodwin）为中心的个人主导风格。然而在这个过程中，苏格兰皇家银行董事会不但没有起到独立于高管层的监督作用，反而沦为了“橡皮图章”。FSA 早在 2003 年就针对这一问题向苏格兰皇家银行董事会提示风险，但受到监管理念以及监管措施的限制，这次提示并没有起到实质性效果。此外，董事会成员的专业背景和构成关系到决策的效果。由于缺乏一定银行核心业务和投资银行市场交易方面的经验，风险敏感度较低，加上没有建立风险管理委员会，没有相对独立的信息来源，苏格兰皇家银行董事难以准确评估相关风险，缺乏预见性，没有发挥制衡作用，导致这次并购失败。

第三节　雷曼兄弟破产事件

一、相关背景及事件回顾

雷曼兄弟控股公司（Lehman Brothers Holdings Inc.）于 1850 年创办，是一家全球化的投资银行，环球总部设在美国纽约，地区总部设在英国伦敦和日本东京，办事处遍布世界各地。其主要业务包括证券交易业务、投资管理、私募基金、债券和私人银行，雷曼兄弟也是美国国库债券的主要交易商。旗下子公司包括 Lehman Brothers Inc.、Neuberger Berman Inc.、Aurora Loan Services Inc.、SIB Mortgage Corporation、Lehman Brothers Bank、First Heights Bank 及 Crossroads Group。2008 年，该公司作为美国第四大投资银行，被《财富》杂志选为财富500强公司之一。

2008年，自雷曼因次贷危机而遭受巨额亏损的消息公开后，该公司股价应声下跌，至2008年9月17日甚至低于0.10美元。不得已之下，雷曼大规模裁员，并在国际市场上寻求投资者。但是，这个158年的高龄、成功躲过四次劫难、有着“九条命的猫”代号的雷曼终究没有躲过这次危机，美国和英国政府成为导致其破产的催化剂。首先是美国财政部长保尔森，非但没有如人们所预期的那样向雷曼进行救助，反而拿其开刀，公开表明美国政府没有向困境中的商业机构进行注资的权力。政府救助的希望破灭后，雷曼只能寄予英国巴克莱银行等财团进行收购或提供流动性支持。然而，英国金融监管局的立场直接将雷曼推向绝境，英国金融监管局不但要求英国巴克莱银行收购需要事先得到股东批准，而且在与美国纽约联邦储备银行有关保证条款上始终无法达成一致意见。最终，英国巴克莱银行和美国银行相继放弃收购谈判。最终，无法支持局面的雷曼于2008年9月15日宣布申请破产保护，负债达6130亿美元。这一消息直接引发了9月15日美股恐慌性抛售，标准普尔下跌近5%，道琼斯指数重挫逾500点，这是自“9·11”事件以来美股单日最大跌幅，全球股市也因此遭遇重创。

二、对识别与监管系统重要性金融机构的启示

1. 自愿式监管，缺乏明确的监管主体

雷曼事件表明，不对系统重要性金融机构进行统一监管而任由发展，其破产可能会置本国甚至全球的金融和经济于极其危险的境地。自1999年11月克林顿总统签署了《金融服务现代化法案》，又称GLB法案（Gramm－Leach－Bliley Act），结束了美国长达60多年的分业经营历史，从此在法律层面上消除了银证保间的界限，但是却遗漏了对大型投资银行控股公司（Large Investment Bank Holding Companies）① 的监管，1999年法案没有明确授权真正的监管机构究竟是美国证券交易委员会（SEC）、美联储（FED）

① 根据美国《银行控股公司法》和美联储Y条例《银行控股公司与银行控制变化》的定义，银行控股公司（Bank Holding Company，BHC）是指直接或间接控制一家或多家银行的公司，控制的认定标准为以下三种情况之一：一是持有被控制银行25%或以上有表决权的股票；二是拥有选举过半数董事的权限；三是拥有支配经营的权限。

还是其他机构。对于这一真空地带，SEC 曾于 2004 年提出建立统一监管实体制度（Consolidated Supervised Entities，CSE）。但是这个制度在设计之初就存在法律缺陷，即这是一种基于自愿的监管制度，大型投资银行可以自愿选择是否接受进入和退出该制度。危机前，高盛（Goldman Sachs）、摩根斯坦利（Morgan Stanley）、美林（Merrill Lynch）、雷曼（Lehman Brothers）和贝尔斯登（Bear Stearns）都选择了 CSE 体制。

在这个松散的体制下，负有法定监管职责的 SEC 对雷曼的监管也是自主的，其核心任务是监督其流动性和风险管理状况，但是由于监管权力较小，SEC 对雷曼的流动性储备的实际情况并不完全获悉。事后据披露，在雷曼破产之前，SEC 不清楚雷曼的流动性储备中有多少是抵押给各结算银行的保证金，更不清楚雷曼用以粉饰报表的"回购 105"的具体情况，甚至到 2010 年 3 月 29 日，SEC 才通过问卷方式调查 20 多家银行和保险公司近 3 年内是否使用过该项回购协议。同时，根据美国相关法律法规的要求，美联储主要是通过贴现窗口（Discount Window）为需要短期融资的金融机构提供支持，纽约联邦储备银行作为美联储的贴现窗口，是雷曼的潜在贷款人，应对雷曼的流动性头寸进行持续监管。但是纽约联邦储备银行在了解雷曼将抵押资产算入流动性储备的情况下，没有要求雷曼公开披露其流动性真实情况，也没有对雷曼之前自行进行压力测试结果①产生质疑。同时，在 2008 年 3 月后共同监管之前，纽约联邦储备银行和 SEC 从不同立场对雷曼进行监管，但几乎没有共享过相关信息。

由此可见，这种自愿式监管制度在危机时监管类似雷曼这样的大型投资银行几乎完全失效了。2008 年 9 月 26 日，SEC 主席克里斯托夫·考克斯（Christopher Cox）宣布停止 CSE 制度，改由 SEC 和 FED 通过签署信息共享与合作谅解备忘录的形式，在反洗钱、银行经纪业务、银行和证券业的结算和清算等领域上展开监管合作，并明确 SEC 作为之前为 CSE 监管和一级交易商的主要监管者的地位。

2. 系统重要性金融机构的识别不能只关注商业银行

对于投资银行而言，其系统重要性不能被低估。在本轮全球金融危机

---

① 纽约联邦储备银行和 SEC 从 2008 年 3 月后共同进场对雷曼进行监管。纽约联邦储备银行对雷曼进行了两轮较为严峻假设下的压力测试，雷曼均未能通过。但是，雷曼在此情况下自己进行了假设相似的测试，却通过了。

中遭受重创的金融机构包括两大类：一类是投资银行，如雷曼、贝尔斯登、美林等，这些投行的特点是它们是信用衍生品市场（包括 CDO、CDS 等）的重要交易对手，同时拥有巨大的资产证券化的风险暴露敞口；另一类是非传统意义上的商业银行，比如花旗、瑞银、瑞信等，这些银行以市场交易业务为主体，以其附属机构或设立表外投资实体等方式参与资本市场业务，危机前这些银行的收入主要是交易业务、管理性收费，而资产组合多为交易性头寸。可见，识别系统重要性金融机构应当关注所有的可能会对主要金融市场和投资者信心造成潜在影响的全部金融机构，而不仅仅是像过去监管中以商业银行为主。

3. *政府是否采取救助应执行何种标准*

在是否对雷曼进行救助的问题上，美国政府一直含糊其词，这种态度在一定程度上对市场和雷曼都释放出不确定的信号。在雷曼事件发生之前，美国政府已于 2008 年 1 月以换股 18.22% 的方式整体并购 Countrywide，2008 年 3 月为摩根大通提供 290 亿美元和摩根大通自筹 10 亿美元以现金方式收购贝尔斯登，以及 2008 年 9 月 7 日接管房利美和房地美。基于这些先例，雷曼始终对政府救助抱以希望，甚至有些有恃无恐，雷曼即使在 CDO 已经亏损的情况下，2008 年度第二季度仍然加大做多 CDO 的仓位。经过一番深思熟虑后，美国财政部和美联储以担心再次救助雷曼将会进一步提升道德风险和破坏市场自律机制为名，决定放弃救助雷曼，以警示所有市场参与者不要心存幻想，彻底切断风险源头。之所以选择雷曼，是因为其规模虽大但影响力没有到两房的程度，加上雷曼当时亏损严重，与贝尔斯登不同，在 2008 年 9 月 12 日美国财政部和美联储召开紧急会议时，雷曼已是负资产状态，破产只是时间问题，政府救援可能得不偿失。此外，在当时金融危机来临之际，美国政府需要救援的不仅仅是金融行业，同样需要救助的还有美国汽车工业，当时后者为了争取政府多达 500 亿美元的低息贷款已发动了大规模的游说活动。因此，美国政府当时判断是即便雷曼倒闭也不会引发金融系统崩溃，决定放弃对其一切的潜在隐性或显性救助。

第四节　美国国际保险集团救助事件

一、相关背景及事件回顾

美国国际保险集团（AIG）是美国最大的保险集团之一，金融危机前总资产高达1.1万亿美元，业务遍及130多个国家和地区，涉足保险、退休服务、贷款、投资服务和航空租赁等领域。2008年9月，AIG开展的大量与次贷相关的业务损失惨重，财务状况急速恶化，濒临破产。鉴于AIG拥有庞大的资产负债规模和数百万投保人，并与诸多金融机构存在业务联系，为避免系统性风险，美联储于9月16日向AIG提供了巨额救助贷款。

为了防止AIG无序破产引发系统性金融风险，美国政府先后三易方案，由美联储和财政部提供了1700多亿美元资金对其实施救助。

（1）直接发放贷款。纽联储为AIG提供350亿美元的循环信贷便利。

（2）向平台公司发放贷款，购买AIG高风险资产。纽联储专门成立了Maiden Lane Ⅱ LLC和Maiden Lane Ⅲ LLC两家平台公司，并向这两家公司发放438亿美元贷款，购买AIG子公司的住房抵押贷款支持证券（RMBS）和担保债务凭证（CDOs）。

（3）持有股权。纽联储持有250亿美元AIA Aurora LLC和ALICO Holdings LLC（两家均为AIG成立的特殊目的实体公司）的优先股，而这两家特殊目的实体公司持有AIG子公司友邦保险公司（AIA，简称友邦保险）和美国人寿保险公司（ALICO，简称美国人寿）的全部普通股。财政部通过问题资产救助计划（TARP）持有AIG 400亿美元的E系列非累积优先股及298亿美元的F系列非累积股份。

2010年12月8日，纽联储、财政部与AIG等签署了交易协议，标志着美国政府正在加快从AIG中退出。经过两年的努力，AIG经营状况有所好转，股价由最低时的不足1美元升至39.1美元（2010年9月30日收盘价）。2010年9月30日，AIG宣布与纽联储和财政部达成了债务偿还原则协议。12月8日，各方签署了交易协议。根据协议，2011年3月15日前，

AIG 归还纽联储全部救助资金，并将财政部所持 AIG 优先股转换为普通股。总体来看，美国政府对 AIG 的救助取得了较好效果，在增强市场信心、使金融市场免于崩溃的同时，实现了救助资金的保值增值。交易完成后，美联储的救助资金全部得到偿还。

二、对识别与监管系统重要性金融机构的启示

1. 对系统重要性金融机构的涵盖范围的启示

类似于 AIG 的保险机构之所以成为引发系统性金融风险的因素，主要是因为 AIG 开展了大量与次贷相关的非传统保险业务。此轮金融危机显示，传统保险业务虽不是引发系统性风险的因素，但保险业通过产品、市场等渠道，与其他金融行业的关联性日益增强，经营非传统、非保险业务的保险集团或以保险为主的金融控股公司易受金融市场影响，可能产生或扩大系统性风险。随着保险业等非银行类金融机构与整个金融体系联系日趋紧密，在考虑整个金融体系系统性风险的背景下，对系统重要性金融机构的识别和监管应该涵盖全部金融机构。

2. 对系统重要性保险机构的识别和监管重点的启示

AIG 的案例表明，对系统重要性保险机构的识别和监管的重点在于保险集团经营的非传统、非保险业务。与银行业机构相比，经营传统业务的保险公司负债结构不同，与其他金融机构和资本市场的关联度较低，通常被认为系统性风险较小。然而，随着保险业的发展，其逐步突破了传统业务模式，逐渐形成了大而复杂的保险集团或以保险为主的金融控股公司。这些公司将传统的、负债驱动的投资和融资活动与非传统保险业务相融合，开展证券借贷和回购、资产管理、自营交易、结构性产品投资、信用违约掉期担保等非保险业务，并进行跨国经营。经营非传统、非保险业务，导致这些集团公司易受金融市场状况的影响。

3. 对系统重要性保险机构风险传导渠道的重新认识

银行业机构破产会对金融体系产生影响，因而确定其系统性风险指标遵循“系统性风险贡献度”原则；保险业与银行业不同，非传统、非保险业务活动虽然可以通过特定渠道传导风险，但往往是放大而不是诱发系统性风险。非传统、非保险业务增强了保险公司间的关联性，因此，保险业确定系统性风险指标遵循“系统性风险参与度”原则。例如，银行保险就

是保险与银行密切关联的一种形式，金融危机期间，保险集团内部的银行融资风险演变为整个集团的声誉风险，影响包括承保业务在内的所有业务活动。风险传导渠道既可以是单个保险公司的经营失败，又可以是源于保险公司经营活动的风险。

表 2－2　系统性风险的传导渠道

	贡献法（风险诱发）	参与法（风险放大）
概念	针对单个机构经营失败的系统性抵御能力	单个机构和行业应对一般冲击的能力
描述	单个机构受到冲击而经营失败对系统性风险的贡献	一般性风险敞口和风险集中导致的系统性事件所产生的预期损失
风险传导	从机构到机构	从机构和行业到整体
政策目标	避免或减少传染效应，避免道德风险	维持整个体系的运转，提高稳健机构的存活率

4. 赋予央行部分金融监管权是维护金融稳定的基础

美联储在 2010 年 5 月向国会的证词中提到，由于不能及时获悉 AIG 状况，难以认定其风险对金融体系是否有严重威胁，直到 2008 年 9 月 16 日 AIG 流动性枯竭并引起市场严重恐慌时，才对其进行救助。AIG 案例表明，系统重要性金融机构经营失败时，政府往往被置于两难境地：任其倒闭会引发系统性风险，但进行救助又将产生道德风险。吸取危机教训，美国 2010 年 7 月出台的金融监管体制改革法案将美联储监管范围扩大到所有系统重要性金融机构。因此，为更好地发挥中央银行维护金融稳定的作用以及提高预测能力，应赋予央行对系统重要性金融机构的部分金融监管权，以及对被救助机构的资金处置权、流动性监管权、信息获取权和参与公司治理的权利等。

第五节　系统重要性金融机构危机案例的评析

通过上述案例分析，人们会有一个共同的疑问，那就是它们在过去没有被识别出来，问题出在了哪里，或者为什么识别出来了却没有进行监管。

具体说来，需要回答以下三个问题：

（1）“在哪里”（Where）会引发风险。系统重要性金融机构风险主要是通过空间维度传导产生系统性风险。系统性风险从产生的根源看主要是时间维度（顺周期效应）和空间维度（主要表现为传染性），系统重要性机构在系统性风险的产生、积累以及在金融危机触发、演进、升级中都发挥了重大的作用。而监测系统性风险的根本在于了解风险传导机制的组成要素和相互间关系。本次危机表明，系统重要性金融机构不再是“金融稳定器”的代名词，而是引发系统性风险的风险传导机制的源头。这场危机的初期，正是因为美国未能及时解决好雷曼、贝尔斯登等系统重要性金融机构的救助问题，导致系统性风险的蔓延，直至危机的全面爆发。出于对这一问题的深刻反思，危机后国际及各国监管机构都将加强对系统重要性机构的监管作为提高系统性风险监测的新的切入点。

（2）“什么情况下”（When）会引发风险，以及“怎么样”（How）会从潜在风险到诱发危机。系统重要性金融机构是国际资本高度相关和快速流动的时代产物。与以往的金融危机不同，本轮国际金融危机起源于华尔街，肇端于发达国家。纵观本轮危机的演进历程，一些大型复杂的金融机构无疑是第一张多米诺骨牌，是危机得以潜伏、爆发、传递和恶化的重大根源。

（3）它们的特征及强化监管的理由，亦即“为什么重要”（Why）。需要着重描述系统重要性金融机构的基本特征，并指出传统微观审慎监管不足之处及强化宏观审慎监管的理由。

第三章 系统重要性金融机构的识别理论

如何对系统重要性金融机构进行识别？有哪些关键性的评估因素？评估方法又是什么？是本章致力于解决的问题。

第一节 识别系统重要性金融机构的理论基础

系统重要性金融机构与系统性风险的关系是识别系统重要性金融机构的理论基础。系统性风险可分为两个维度：一是随时间演化的系统范围风险，即“时间维度”。时间维度的关键问题是减轻或抑制金融系统的顺周期性，例如，金融系统范围内风险是如何在金融系统内以及在金融系统和实体经济之间相互作用从而被放大，甚至导致金融危机的。二是特定时间点的金融系统风险分布，即“空间维度”。空间维度的关键问题是减少系统性风险的累积。系统重要性金融机构所引发的系统性风险主要体现在这一维度。

根据 FSB 定义，宏观审慎监管政策制定需要监控这两个维度的系统范围风险。宏观审慎政策是一种主要使用审慎工具限制系统性或系统范围内金融风险的政策，限制关键金融服务提供发生中断给实体经济带来严重后果的可能。宏观审慎政策是对微观审慎政策的补充，它与其他公共政策共同影响金融稳定性，但并非所有影响金融稳定性和系统性风险的政策都可视为宏观审慎政策。识别是监管的基础，在制定宏观审慎监管政策之前，必须理顺识别系统重要性金融机构的理论脉络。

从空间维度上，有效地测度系统重要性金融机构对系统性风险的贡献程度是宏观审慎政策决策的关键，本次危机凸显了各监管当局在识别系统重要性金融机构的系统性风险方面的缺陷。

1. 有效弥补信息数据的缺口

根据BIS及其下属的全球金融系统委员会（CGFS）和其他数据使用者、统计机构提供的资料，IMF和FSB在此前的报告中已经提出了20条强化信息数据统计工作的建议，并制定了详细工作方案来实施这些建议。该工作方案关注的重点包括：大型全球系统重要性金融机构的相互联系、新兴风险集中度、风险的转移和最终持有、系统层面的杠杆率和期限错配、跨境银行业务和投资导致的国际金融一体化。此外，BIS和CGFS还将改进BIS国际银行业务的数据统计，以便更好地分析通过银行系统跨境传导的资金和其他冲击。

2. 强化对金融系统脆弱度的评估

在此方面的主要进展包括FSB常务委员会开展的脆弱度评估、IMF定期双边和多边监测机制、IMF－FSB的早期预警措施以及BIS各央行专家工作小组的研究工作。上述工作的焦点集中于识别一般风险敞口、风险集中度、金融体系内部和之间相互联系、全球和各国国内宏观经济和金融不平衡的累积。

3. 改进对不同维度系统性风险的监测

针对时间维度的系统性风险，巴塞尔协议Ⅲ中引入的逆周期资本缓冲相关的一系列指标对其进行测度，实体经济与金融部门之间相互作用的模型研究工作也在推进之中。此外，宏观经济压力测试也有助于政策制定者判断金融周期所处的阶段。针对跨部门维度的系统性风险，巴塞尔委员会正在研究从全球视角识别系统性重要银行的方法，IMF、BIS、各国央行和学术界也在致力于研究识别系统重要性的结构化方法，国际保险监管者协会（IAIS）也开展了针对保险业的类似工作。

第二节　识别系统重要性金融机构的关键因素

结合前文的文献综述和系统重要性金融机构的基本特征分析，本书认为无论是国际还是国内，系统重要性金融机构的识别关键因素至少包括三个：规模性、可替代性、内在关联性。

一、规模性

规模性是评估系统重要性金融机构的首要标准。一般来说，资产负债、客户群、市场份额、交易量等量化指标是衡量规模性的主要指标，通过这些指标，就能反映一个机构在整个金融体系中的地位和重要性，以及一旦出现风险，对其他机构、交易对手和客户的影响。总的来说，规模性是评估此类金融机构是否具有系统重要性的关键指标。

当然，规模的大小并不是系统重要性的绝对指标，比如一些中小型机构破产可能导致系统性金融危机，与此相反的是，一些大型机构破产并不一定会对金融体系造成系统性风险，如英国巴林银行破产。也就是说，系统性风险与银行的规模没有100%的必然联系。但是，破产倒闭金融机构的规模与其对金融体系以及实体经济的冲击大小呈现出显著的正相关，这一点相关研究已经获得证实。所以，相比中小金融机构而言，大型复杂机构具有系统重要性的可能性更高。

当然，这个规模的概念，只是广义上的，G20工作组认为，规模的衡量指标包括资产负债表规模、持有或管理资产规模、表外风险头寸、参与或进行的交易量、与其他机构业务总量等。

二、可替代性

可替代性这一识别因素反映的是客户和其他机构对某一机构的依赖程度，这些机构主要提供基本的支付结算、清算和托管等服务。某种意义上，可替代性是集中度的另外一种说法，一般而言，在衡量金融机构的系统重要性时，它经常被用作第二个维度。

在一个金融市场体系中，如何确定机构是否具有系统重要性呢？假如有这样一个金融机构，它违约、破产甚至丧失了职能，如果在短时间内没有新的机构能够作为替代迅速地“补位”，从而继续提供相应的金融服务，那么我们就可以将该机构确定为系统重要性金融机构。为什么这样确定它？显然不是因为它的规模，也不是在于其给予其他机构多少融资或者自身资产规模大小，主要的原因是其他市场参与者对它的依赖程度。

三、内在关联性

内在关联性主要反映一个机构经营状况和风险对其他机构、交易对手和行业的影响，主要特征有：跨行业投资、机构治理层级多，交易对手种类多且交易量大，组织结构和业务比较复杂，与其他机构和行业具有十分密切的关联性。内在关联性是金融危机传染性的根源所在，主要通过金融合约的关系网络进行传染扩散。具有系统重要性的金融机构增加了金融体系内部的相关性，从而进一步加大了系统性风险。显然，对高度关联的现代金融市场中系统性风险的监管，传统的微观审慎监管难以满足。

第三节　系统重要性金融机构的识别方法

此次国际金融危机，促使了国际组织、各国监管当局以及学界对系统重要性银行（或金融机构）的衡量理论与方法进行了深入的分析和研究，根据国际货币基金组织、金融稳定理事会和国际清算银行于2009年10月发布的《系统重要性金融机构、市场和工具》（Guidance to Assess the Systemic Importance of Financial Institutions，Markets and Instruments），同时考虑到国际组织和一些国家目前尚以指标体系为主（刘凯，2010），本书将系统重要性金融机构识别和评估的主要模型分为四大类：指标法、网络分析法、基于市场数据的风险组合模型法、压力测试以及情景分析法。

一、指标法

指标法，英文全称“Indicator－based Approach”，这是一种通过选取相关指标，对指标权重进行赋值，再通过某种加总手段，最终获得排序结果的方法。针对系统重要性金融机构识别来说，指标法的优势是明显的：一是便于理解和排序；二是便于补充指标，除了基本指标（Benchmark Indicator）外，还可以视情况选取一些辅助指标（Ancillary Indicators）；三是便于监管机构的调整，监管机构可在指标体系得出结果后结合自身监管实践加入定性判断。

目前，巴塞尔委员会成立了专门的工作小组，即宏观审慎监管工作组（MPG），对系统重要性金融机构识别因素和方法进行研究，最终决定采用指标法。2011 年 11 月，经 20 国集团领导人戛纳峰会批准，BCBS 最终发布全球系统重要性银行的评估方法，确定从规模（Size）、关联性（Interconnectedness）、可替代性（Substitutes）、全球活跃性（Global Activity）和复杂性（Complexity）五大因素对全球系统重要性银行进行识别，同时对这五个因素平均赋权各 20%。具体来看，规模代表该机构所提供金融服务的总量，关联性代表其与其他机构的关联程度，可替代性是其他金融机构在该机构倒闭后能否提供相同或类似的服务，全球活跃性代表其跨境经营能力，复杂性是指该机构在业务品种等方面的复杂性。

总体来看，目前 BCBS 所采用的系统重要性金融机构识别体系，存在以下几个方面的问题：

（1）数据缺失问题。各方较为认同从规模、关联性和可替代性来识别系统重要性金融机构，但在实践操作中，即开发系统重要性金融机构识别过程中，除了规模性指标外，其他数据面临数据缺失问题，往往需要寻求近似替代指标。

（2）指标相关性问题。由于正相关性的存在，规模这一因素还是最终决定系统重要性的关键因素，这与最初希冀通过关联性和可替代性指标反映出系统重要性金融机构的业务模式的复杂性的初衷相违背。

（3）指标与阈值选取问题。各方对 MPG 的评估方法褒贬不一。以境外资产占比为例，亚洲国家认为应当设立相对简单的阈值，如果单家机构低于该阈值，应不被纳入全球系统重要性金融机构；若高于该阈值，则可进一步评估其全球系统重要性。

（4）排序结果认同问题。由于存在严重数据缺失，许多国家都认为，MPG 根据标杆指标计算的前 70 家银行系统重要性的排序结果不尽合理，如果再加上各国监管当局的主观调整，有些银行将不能纳入全球系统重要性金融机构。

（5）其他问题。IMF（2009）虽然提出了测量金融机构之间关联风险的四种模型，但在实践中如何运用尚不明确。汪建熙和王鲁兵（2009）则对公允价值的会计标准提出了质疑，认为这加大了虚拟经济的自我膨胀，放大了顺周期风险。

二、网络分析法

该法源自研究机构间的系统性和传染性，最具有代表性的，要属 Allen 和 Gale（2000）、Freixas（2000），他们分析了不同的银行间市场结构对传染风险概率的影响。Allen 和 Gale（2000）认为，系统性风险发生的概率与市场结构有关，该概率在完全市场结构下较小，而在非完全市场结构下较大。Freixas（2000）分析了货币中心银行市场结构，认为传染风险概率主要取决于模型的参数值。关于网络分析的衡量方法通常基于双边敞口，因此该方法的关键在于获得银行间双边敞口矩阵，而评估金融机构间系统重要性主要有两种方法：一是通过机构间的关联性和集中度来确定，如 Wasserman 和 Faust（1994）、Newman（2006）、Von Peter（2007）；二是通过模拟机构倒闭对其他机构的影响来确定，它的一个特点是能够模拟信贷事件等对特定金融机构的风险外溢效应，还有银行间市场单个或多个机构破产导致的多米诺骨牌效应所带来的冲击，如 Degryse 和 Nguyen（2007）、Upper（2007）、Mistrulli（2011）。第二种方法比较受到推崇，如 IMF、BIS、FSB（2009）认为，此法较为客观，能够方便监管机构判断介入时机和力度。诸多学者也采用这个方法分析瑞士等国的银行系统风险，如 Sheldon 和 Maurer（1998），Furfine（2003），Upper 和 Worms（2004），马君潞、范小云和曹元涛（2007），Mistrulli（2011）等。除此之外，一些学者还将网络分析运用到部门层面，如 Gray（2008）、宫小琳和卞江（2010）。当然，这种方法在运用中也难免存在一些局限性：金融机构的实际双边敞口矩阵数据被认为具有机密性并难以获得（McGuire 和 Tarashev，2007）；如果采用银行间双边敞口数据进行模拟，分析结果可能会出现一定偏差。

三、组合模型法

该法原是用于衡量证券组合风险，后发展成为通过跟踪一个机构出现问题之后将如何影响其他机构，识别组成系统的各机构的共同风险因素是什么，以及衡量单个金融机构对整个系统的风险贡献，从而用于确定金融机构的系统重要性。

这种方法的优点在于：一是可以选取对金融机构单体风险比较敏感的

公开数据，这对于欧美等市场发达的国家而言并非难事，如 IMF - BIS - FSB（2009）和 Acharya（2010）等都尝试采用股票价格、CDS 价差等公开市场数据。二是具有前瞻性，一定程度上能够反映机构未来表现，如 Chan - Lau 和 Amadou（2007）。三是公开数据频率较高，容易从时间维度上反映出系统性风险的变化。

这种方法的缺点在于：一是高频率的数据受到金融市场发达程度的限制；二是相关假设前提比较严格，比如有效市场假说、股票价格服从正态分布等。

总的来看，组合模型法还可以进一步分为“自上而下”（Up - Bottum）和“自下而上”（Bottum - Up）分析法（Drehmann 和 Tarashev，2011）。“自上而下”法从单体金融机构出发，测算其破产时对整个金融体系的系统性风险的影响。具体方法包括：Elsinger（2006）的总期望损失法（ES）；Adrian 和 Brunnermeier（2009）的条件风险价值法（CoVaR）；Segoviano 和 Goodhart（2009）通过测度特定银行破产时至少诱发一家其他银行破产的概率来衡量该银行的系统重要性；Zhou（2010）采用某银行发生危机时导致的银行破产数量构建系统性影响指数，以此衡量银行的系统重要性。“自上而下”与之相反，从整体金融体系的系统性风险出发，采用相应的分配方法，从而测算出每个单体金融机构的贡献度，即为该银行的系统重要性。如 Acharya（2010）的边际期望损失和系统性期望损失法、Drehmann 和 Tarashev（2011）的 Shapley 值法。

四、压力测试以及情景分析法

该法用于可能市场冲击情况下，评估存在的潜在影响。对于金融机构来说，导致其在特定情形下具备系统重要性的条件，被称为潜在状态条件（State - Contingent）。在危机较为严重时，监管机构往往通过压力测试与情景分析法对相关金融机构的潜在状态条件进行测试和评估。如 2009 年 2 月底美国对 19 家银行采用的资本监管评估计划（Supervisory Capital Assessment Program，SCAP）。

这种方法的缺点在于：识别系统重要性目的在于考察金融机构对市场的影响，而不是特定市场条件下对金融机构的影响。

第四节　对现有系统重要性金融机构识别理论的评析

综上所述，国际组织和各国监管机构倾向于采用指标法，而部分学者倾向于采用基于市场数据的网络分析等方法。虽然指标法在描述风险传染性上存在一定的局限性，但可以通过构建相关指标加以识别，同时网络分析等方法对数据质量要求较高、计算过程相对复杂、过程结果较难解释，不易为政策监管所采用。

由前文分析可见，现有采用指标法的国际组织和各国监管机构对系统重要性金融机构识别体系的差异主要在于指标选择。本书认为评估系统重要性金融机构仅仅依赖规模性、可替代性、内在关联性三大关键因素还远远不够，应该结合系统重要性金融机构的自身特点以及其业务活动范围带来的特殊因素，在定量评估结果的基础上，赋予监管部门相应的自主判断调整权。

第四章　识别系统重要性金融机构的国际实践

在明确对系统重要性金融机构的识别关键要素和识别方法的基础上，国际组织和各国监管者对系统重要性金融机构开展了识别实践。由于系统重要性金融机构涉及银行、保险以及其他金融业态，本章将逐一整理并阐述现有识别国际实践。

第一节　识别系统重要性金融机构的国际实践

一、国际组织关于识别系统重要性金融机构的实践

按照国际货币基金组织、金融稳定理事会（FSB）和国际清算银行（BIS）于2009年10月发布的《系统重要性金融机构、市场和工具评估指引》（Guidance to Assess the Systemic Importance of Financial Institutions, Markets and Instruments）的划分（IMF、BIS、FSB，2009），识别系统重要性金融机构的方法主要可以分为以下几大类：网络分析法、基于市场数据的风险组合模型法、压力测试以及情景分析法。

按照分工协定，巴塞尔银行监管委员会、国际保险监管者协会、国际证监会组织分别负责制定全球系统重要性银行、全球系统重要性保险机构、全球系统重要性非银行非保险金融机构的识别体系，FSB则负责公布全球系统重要性银行、全球系统重要性保险机构、全球系统重要性非银行非保险金融机构的名单（详细内容见下文）。目前来看，上述识别体系主要采用的

是指标法来确定名单。

针对以往的研究中关于关联性与系统重要性的关系论述较少的情况，BIS 于 2011 年 3 月 10 日发布《关于同业银行系统重要性测量方法》（Measuring the Systemic Importance of Interconnected Banks）的报告，提供了一个用于分析互联性和系统重要性之间关系的概念框架，并进行了实证分析。基于 Shapley 值测量了同业银行对系统性风险的贡献度，分析了在银行系统内一家银行传播冲击以及受冲击影响的程度。同时还指出系统重要性测量替代方法之间存在很大差异，审慎监管当局需认真选择测量基本方法。

该报告采用常用的尾部风险测量指标——期望损失值（ES）。在直观层面上，ES 是某一确定水平上总损失的预期值。作为衡量系统重要性方法，Shapley 值代表了单个机构系统性风险的一部分。由于 Shapley 值是可附加的，整个银行系统内各部分风险值之和就相当于整个系统风险水平。探讨了两种不同的系统重要性测量方法，这两种测量方法使用了不同的系统重要性概念：一种与银行参与系统性事件程度相关（PA 法）；另一种与银行对系统性风险贡献度有关（CA 法）。为测量一家银行在银行间互联网络中对系统性风险贡献度，有必要对 CA 法进行修正，并使用广义贡献度法（GCA）。

（1）参与度方法（PA）。该方法以银行在系统性事件中造成的预期损失来衡量银行系统重要性。e(N) 表示系统性事件，其中：整个系统银行产生的损失总和用 $\sum_{i\in N} L_i^N > q$ 表示，那么衡量系统重要性的方法可表示为：

$$E\left(L_i^N \,\middle|\, \sum_{i\in N} L_i^N > q\right) = E(L_i^N \mid e(N))$$

这也是任意银行 i 在系统性事件中的预期参与度，称为参与度方法（PA）。为此，定义特征函数 g^{PA}：

$$g^{PA}(N^{sub}) \equiv E\left(\sum_{i\in N^{sub}} L_i^N \,\middle|\, e(N)\right)$$

基于 g^{PA} 的 Shapley 值方法，体现了同业银行对贷款方（银行 i）产生的整体风险。

（2）广义贡献度方法（GCA）。在衡量一家银行的风险时，既要考虑其自身风险，又要考虑该银行对其他银行所有子系统的风险贡献度。当我们评估除了银行 i 以外的子系统风险时，不能简单考虑整个系统中由该银行产生的风险。因此，我们采用第二个特征函数，广义贡献度方法（GCA）：

$$g^{GCA}(N^{sub}) \equiv E\left(\sum_{i \in N^{sub}} L_i^{N^{sub}} \middle| e(N^{sub})\right)$$

在整个系统 N 层面上，g^{GCA} 和 g^{PA} 是一致的，因为 $g^{GCA}(N) = g^{PA}(N) = ES(N)$。但这两种方法的系统性风险分配是不同的。基于 g^{GCA} 的 Shapley 值方法，体现了同业银行对贷款方和借款方所产生的风险。

该报告的分析是基于对银行系统网络的假设。假定存在四种银行系统：第一种是银行间不存在相互关联的系统；第二种是一家核心银行从其他外围银行借款的系统；第三种是核心银行向其他外围银行贷款的系统；第四种则是核心银行作为其他外围银行借贷中介的系统。该报告分析了不同系统网络下的系统重要性。不存在银行间相互联系的系统没有发生蔓延违约（Contagion Default），因此 ES 值最低。当中央银行作为外围银行的中介时，ES 值最高。由于作为一个（或几个）外围银行借款中介时，违约可通过该中心银行向外围贷款银行蔓延传播，在这种情况下就存在冲击传播的额外渠道。这一结果是由 Shapley 值公平性造成的，该性质意味着当银行同业联系产生系统性风险时，借款方和贷款方的广义贡献度值同等上升。针对借款人和贷款人的 GCA 法和 PA 法进行比较。在当前银行互联网络中，因系统重要性潜在概念的不同，PA 法和 GCA 法能产生两种不同的 Shapley 值，且这种不同主要源于对银行同业联系交易方的两种不同处理方式。PA 法更有利于防范同业银行贷款方产生的风险，GCA 法则可以平衡地处理同业银行借贷双方的风险。相对于 PA 法，GCA 法降低（提高）了同业银行贷款方（借款方）的 Shapley 值，而同业银行借款方（贷款方）有着更高（更低）的 Shapley 值。

该报告对 20 家大型银行系统重要性进行了实证分析。对 20 家大型银行系统模型进行校准的数据主要来源于：一是从全球银行财务分析库获取的资产负债表信息；二是穆迪 KMV 公司提供的单个银行 PDs 和银行资本回报呈相关性。根据穆迪公司 2006 ~ 2009 年估计的数据，将银行层面的 PDs 设为每家银行每月年预期违约率（EDF）的平均值。通过实证分析发现，系统重要性的驱动因素包括以下几个方面：一是同业网络的影响。银行间联系导致了正向蔓延的 PDs，使系统范围的期望损失（ES）增加了 30%，从零矩阵（银行间无关联）下的 3.2% 上升至 4.3%。由于银行间相互联系网是系统性风险产生的重要驱动因素，它提升了系统中几乎所有银行的系统重要性，且这种提升效应对市场中最活跃银行是最强的。二是 GCA 法和 PA

法的比较。对假设网络的分析表明，GCA 法和 PA 法下的 Shapley 值会产生不同的个别机构系统重要性结论。具体地说，对银行同业贷款方来说，PA 法下的 Shapley 值比 GCA 法下的大，而对银行同业借款人则相反。这两种方法的结论还影响到不同银行的系统重要性排序。例如，如果核心银行仅从外围银行借入，使用 PA 法计算的 Shapley 值将低估核心银行作为冲击传播者的作用，从而分配给核心银行的系统重要性低于外围借出银行。

该报告总结认为，参与方法（PA）和贡献方法（CA）的主要差别在于两者对银行同业间交易相关风险的分配方式。参与分配的办法将风险分配给贷款方，贷款方成为风险的最终吸收者。与此相反，广义贡献方法（GCA）将风险平均分配给交易对手双方。通过这种方式，GCA 方法阐明了一个观点，即一家相互联系银行的系统重要性不仅取决于它直接对实体经济造成的风险，同时还取决于它通过向其他银行借款或发放贷款所产生的风险。不同的做法可能导致不同的系统重要性测量结果，因此，当对系统重要性机构制定监管要求时，审慎当局应选择与系统重要性预期概念相一致的方法。

除了上述研究以外，一些国际组织对于识别系统重要性金融机构的脆弱性问题开展相关研究。2011 年 5 月 1 日，国际货币基金组织发布《在宏观金融框架中识别系统重要性金融机构脆弱性》（Identifying Vulnerabilities in Systemically - Important Financial Institutions in a Macro - financial Linkages Framework）的研究报告，通过建立预期违约概率和宏观金融波动性的经济模型，测试宏观金融因素对预期违约概率的长期影响。研究表明，预期违约频率与杠杆率、通货膨胀、全球经济压力以及全球流动性过剩等因素正相关，与资产回报和资本价格呈负相关，建议加强对银行金融稳健具体指标的监测并改进监管框架，以减少来自宏观经济和全球环境的脆弱性。针对应对什么样的机构予以救助以及导致系统重要性金融机构脆弱性的宏观金融驱动因素进行研究，换而言之，需要解决以下问题：（金融机构）需要政府干预的共同因素是什么？资产负债表数据，特别是传统金融稳健指标（FSIs）是否能够提供有意义的预警？银行具体指标能否解释系统重要性金融机构预期违约概率（EDFs）的发展？宏观经济和全球局势在其中起到什么样的作用？能否找到反映 EDFs 增长的稳健指标？

该报告通过下面两种方式来回答上述问题：一是调查远超出金融稳健指标（FSIs）的资产负债表数据，并尝试找到更“好”地反映金融机构主要特征的指标；二是构建联系 EDFs 与国内外宏观经济和金融变量的面板数据模型组，特别是使用面板协整来测试一些重要指标的长期因果影响，如杠杆化对 EDFs 的影响。

该报告针对政府干预与非政府干预金融机构进行差异分析。监管者通常使用一系列的 FSIs 来评估金融机构的稳健性。该报告采用一个涉及若干主要金融机构的小样本，检验传统的 FSIs 和资产负债表数据能否分辨出政府干预和非政府干预商业银行之间的区别。

（1）资本充足率指标无法确定金融机构是否需要政府干预。事实上，与资本充足率低则金融机构较弱的常识相反，所有非政府干预商业银行样本的资本充足率都处于很高的水平。而且二次抽样结果亦证明，留存收益占所有者权益的比重高也不能代表金融机构更稳健。

（2）杠杆指标有利于反映两种不同金融机构之间的差异。在分析债务对资产、长期债务对资金比率和债务成本时，不同金融机构的杠杆指标也存在显著差异。

（3）传统的流动性比率能部分地反映出两者之间的差异。政府干预商业银行的存款对资产比率相比非政府干预商业银行要低，这反映了低零售存款率往往会带来高风险。另外，政府干预商业银行的贷款对资产比率要高出非政府干预商业银行，反映该比率越高则风险越高。但是存贷比却并不能说明两种金融机构的区别，这可能要部分地归因于存贷比并不能完全估量大规模融资风险的缘故。

（4）资产质量指标不能准确反映出两者的差异。与银行的资本充足率类似，政府干预商业银行不良贷款率比非政府干预商业银行要低，这表明不良贷款率并不是资产质量恶化的可靠指标。但是，非政府干预商业银行较低的贷款损失率表明，贷款损失率是比不良贷款率更好的指标。

（5）收入和利润指标不能准确反映出两者的差异。政府干预商业银行的资产回报率比非政府干预商业银行要更高，这表明，更高资产回报率并不一定代表金融机构更稳健。净资产收益也没有显示出这两者之间的区别。

（6）股市指标能够反映出一些差异。非政府干预商业银行的每股净值比政府干预商业银行的要高，但非政府干预商业银行每股净值比政府干预投资银行普遍要低。这表明，高账面价值并不一定就代表一个更加健康的机构，也许伴随着更高的风险。

（7）蔓延指标不能准确反映出两者的差异。政府干预商业银行的银行同业贷款占总贷款比率比非政府干预商业银行高得多。这表明风险提高往往意味着政府干预商业银行更高的银行同业间借款，使其更加依赖于从其他银行大规模的融资。但是，对于政府干预金融机构来说，外国贷款占贷款总额的比率就远远低于非政府干预金融机构，这表明较低的外国贷款水平也并不意味着较低的风险。

（8）业务范围指标能够反映出两者的差异。政府干预商业银行的净利息差和手续费占营业收入的比率比非政府干预商业银行要更高，这表明风险的升高与资产负债表中更高的业务收入是有关系的。这反映出一个事实，政府干预商业银行对于资产负债表内的业务更加积极，相应地也伴随着更高的风险。

此外，政府干预商业银行的按揭贷款占贷款总额的比率比非政府干预商业银行要高很多，这表明风险的加大与按揭贷款在银行资产组合中占有更高的比率是有关系的。

该报告总结：

（1）（风险加权）资本充足率不足以确定金融机构是否需要进行干预（事实上，有时候政府干预金融机构比非政府干预金融机构有着更高的资本充足率）；

（2）像杠杆率、流动性以及业务范围这些指标更有利于区分政府干预金融机构和非政府干预金融机构。

在研究方法上，该报告采用了面板模型方法，设计了一个将 EDFs 和宏观金融波动性联系起来的经济模型，并测试这些关键因素对 EDFs 的长期性影响。该模型数据由世界不同地方（欧元区、非欧元区、亚洲和美国）的 45 个金融机构组成，涵盖银行、证券和保险。公司的 EDFs 可从公共渠道获得，衡量该公司在特定一段时间内的违约概率。

（1）关于面板模型。EDFs 是一种动态和前瞻性的方法。该报告使用三类季度数据作为 EDFs 的决定性因素：一是国家宏观经济数据，如通胀率、GDP 增长率、实际汇率等；二是银行具体指标，如杠杆率、资本比率、资产回报率、资产价格等；三是国际因素，如全球流动性和 IMF 的金融压力指数等。

（2）关于面板设置的技术方法。研究小组使用不固定的面板技术方法以应对不同独立时间段的不固定性。这种常规面板技术和非常规面板技术的结合能过滤掉短期动态的影响，更清晰地分析出数据的长期趋势。由于部门和时间维度的排列组合以及共合体关系的长期特性，研究组得以通过广泛和灵活的统计方法，捕捉宏观经济波动中的长期关系。而且，非固定的面板框架让监管者能在跨部门分析中做出很多强有力的假设。总体上，这种共合体框架考虑到各成员和各部门的多样性，能对各机构的 EDFs 做出有力解释。

（3）关于单位根检验和面板设置测试。单位根测试显示，面板设置测试中使用的指标（如 EDF 算子、CPI 算子、产权比率算子等）都是非固定的。通过对 EDF 算子、CPI 算子、产权比率算子进行佩德罗尼面板设置测试，可得出这些变量是共合体关系。在此共合体关系的基础上，便能得到特定条件下的 EDFs，然后将其合并，对面板数据模型进行评估。

（4）关于面板回归。针对 45 个全球性系统架构在 4 个季度内的完全样本的判断结果表明，特定机构的 EDFs 确实与通货膨胀、杠杆作用、全球流动性过剩有关联，并且全球金融压力指数对股票价格和资产收益率产生消极作用。此外，附条件的 EDFs 也远远超过了样本。对干预和不干预的两组系统架构进行对比发现，这些因素可以说明大约 50% 的变化。此外，被干预的系统架构似乎会出现更强的溢出效应。然而，资本资产比率、实质有效汇率、国内生产总值通常是微不足道的。另外，该报告也测试政府干预的重要性，这对完全样本的面板规范和干预机构具有重要意义。假设全球系统架构的溢出性增加（比如，次贷危机中的流动性冲击），那么全球宏观经济模型十分适合获得各种震荡，以及可能影响系统架构的 EDFs 的相互联系。

（5）关于长期因果测试。利用综合协调面板框架检查长期因果的方向，以及在杠杆作用和 EDFs 之间长期影响的标志。为了确保以上实践，遵照以下 3 个步骤：①判断在给定方程的杠杆作用和 EDF 之间 log 的协整关系；②判断修正模型的误差；③计算 EDFs 杠杆作用的长期因果影响。

通过上述研究，该报告发现识别证明系统重要性金融机构漏洞的指标。研究结果表明：①杠杆率、流动性和业务范围等指标，可以帮助识别次贷危机中政府干预金融机构和政府不干预金融机构之间的差异；②预期违约频率与杠杆率、通货膨胀、全球经济压力以及全球流动性过剩等因素正相关，与资产回报和资本价格负相关；③杠杆率与预期违约频率存在长期稳健的因果关系。这些结果表明，保持价格稳定对货币、金融稳定都是至关重要的。同时全球宏观经济条件也很重要，因为金融机构很容易受到环境变化的影响。这也意味着，更好的宏观经济政策和全球政策有助于实现更低的 EDFs，进而减少不稳定性。总之，以上研究结果和政策建议指出，有必要加强对银行金融稳健具体指标的监测，并改进监管框架以减少来自宏观经济和全球环境的脆弱性。

二、各国关于识别系统重要性金融机构的实践

1. 德国

德意志银行于 2011 年发布关于识别和测量系统重要性金融机构的研究报告，列举了识别系统重要性金融机构的四个依据，提出了测量系统重要性的两种方法，即市场测量法和指数测量法，同时阐述了评定全球系统重要性金融机构的识别指标。

德意志银行认为在识别系统重要性金融机构以应对系统性风险的过程中，应理解两个概念：一是系统重要性机构以及市场基础性机构的识别；二是银行和非银行监管目标的基准测试。在关注某一金融机构的全球性活动时，上述两类机构的区别非常明显，从事全球性活动的银行机构对全球经济的影响明显要大于地方性机构。

德意志银行指出系统重要性金融机构的识别依据应该包括以下方面：

（1）依据机构对系统性风险的贡献度。一般情况下，某家金融机构倒闭后，将发生债务违约和（或）触发资产抛售，随后经过三轮效应对金融体系产生影响，这一负面影响即被视为该机构产生的系统性风险。具体来说，第一、第二轮效应是直接因金融机构的倒闭而产生，第三轮效应则指金融风险重新评估和不确定性所产生的溢出效应。因此在识别系统重要性金融机构时，通常假设某一金融机构破产，然后评估其对系统中其他部分产生的潜在负面影响。

（2）依据机构对系统性事件的参与度。假设金融体系遭受重大冲击，比如房地产市场泡沫破灭，考虑特定金融机构对这一系统性事件的参与程度，如果其损失额相对总损失数额巨大，则该机构可被视为具有系统重要性。另外，机构对系统性事件的参与程度是由其可能给非银行债权人带来的预期损失决定，而参与系统性事件的可能性则由其信贷风险暴露和杠杆率决定。

（3）依据机构选定的不同参考体系。一家金融机构的倒闭可能会对其所有者、债权债务人及其他市场参与者产生一些影响，而在依据一定参考

体系时，该机构影响才能被视为具有系统重要性。以地区性和全球性系统重要机构的区别为例，不同的参考体系会影响一家机构的系统重要性，并导致产生不同的政策决策。当选择全球金融市场作为参考体系时，虽然某些地区性金融机构规模惊人，但如果其不在海外市场进行运作，只在国内市场进行融资，即属非系统重要性（如日本邮政银行）；然而，在选择国内金融系统作为参考体系时，其又可能会被视为系统重要性机构。

（4）依据机构所处的不同市场环境。最近的金融危机表明，整体市场经济环境会影响金融机构间的相互关系，而在危机中的不利市场环境下，很难区分系统重要性机构与其他机构。特别是在考虑第二、第三轮效应后，地区性和全球性之间的界限会变得模糊不清。最近的金融危机恰恰表明，地方性金融机构的挤兑可能会触发全球规模的系统危机。以英国北岩银行为例，从多个指标来看，该机构都不能视为系统重要性金融机构，然而在此次危机中，批发市场的融资困难导致小额存款出现挤兑，北岩银行的违约接着影响英国银行业体系，进而影响活跃于英国市场的其他银行机构，包括国外银行，从而引发全球性系统风险。

德意志央行提出了两种测量系统重要性的方法。

（1）系统重要性的市场测量方法。学术界目前主要集中于使用该方法来测量系统重要性。其模型主要基于对资产价格的相关性以及对其他市场的风险测量，如风险价值（VaR）或边际期望损失值（MES），在某些情况下，也使用同业间的债权、负债和杠杆率数据。尽管市场测量方法有助于风险监测和监管，但仍存在一定的局限性。首先，由于只有部分金融机构是公开上市的，并不是所有金融机构都有市场指数可用。其次，市场指数在整个周期中并不稳定，在平时，它们有可能低估系统性效应，而在危机时期，有可能会高估系统性效应。

（2）系统重要性的指数测量方法。德意志银行倾向于使用该方法。与市场测量方法相比，指数测量方法对上市和非上市机构同样适用，且更具稳健性和透明性，特别是当主要政策目标是降低特定机构的系统重要性时，易于进行追踪。另外，指数方法可以对相关机构给予清晰的指导，帮助其减少风险暴露或改变商业模式，以减少系统重要性。然而，该方法的一个重要缺点就是无法区别机构系统性风险贡献度和系统性事件参与度之间的差异。

2. 英国

目前，英国监管机构已不再使用原有的 ARROW（Advanced Risk Response Operating Framework）风险评估方法，改用 Risk Assessment 方法。但其风险评估的原则并未改变，评估结果依然为四大类（高风险、中高风险、中低风险、低风险）。评估主要包括三个关键要素：一是单个机构面临破产压力而对金融体系产生的潜在影响；二是银行业务运营的风险背景；三是决定机构安全性和稳健性的风险缓释要素，即降低其对金融体系稳定性造成潜在风险的因素，包括风险管理和治理（操作性缓释）、资本和流动性（财务性缓释）、可解散性（即机构实现有序破产的可能性，结构性缓释）。

在风险评估中，FSA 较以往更为重视对银行业务模式及其可能产生的系统性影响的判断。监管人员将对银行发展战略或业务模式的假设基础的合理性做出评估，并要求银行对有关疑问进行解释说明，直至监管人员满意。比如，发展中间业务、发展轻资产业务是很多银行的战略目标，但监管者更关注的是银行做出这一具体决策的基础是什么、有什么资源或优势支持银行的这一目标？又如，监管人员对盈利结构的分析也较以往显著加强，更多关注盈利来源和结构的合理性。再比如，过去 FSA 可以接受银行以合理避税目的设立 SPV（Special Purpose Vehicle），但现在则会更多追问其他理由，开始“刨根问底”式的发问。

根据风险评估结果，一方面监管机构将责成银行的财务、风险、合规和内部审计部门对影响较小问题的整改活动进行监督并向监管机构书面报告；另一方面对于风险评估所识别的重要问题，监管机构将就相应整改措施与机构进行高层交流，并将制定预防性干预框架，以确保银行在财务状况恶化前予以高度重视并及早采取矫正措施。

在具体工作方法上，FSA 对不同规模银行采取差别化的评估流程，如大型银行采用单体评估，中型银行采用类似大银行业务模块的近似模拟（Proxy）评估，而小型银行则为同组比较分析（Peer Group Analysis）。考虑到业务模式评价的专业性要求较高，FSA 内部也成立一支数百人的顾问团队（Risk Specialist Department），对机构监管人员提供强大的专业支持。

未来，当 FSA 解散之后，PRA 与 FPC 将继续运用上述方法。从宏观审慎监管的角度来看，FPC 也会评估银行业务模式对整个金融系统的影响。PRA 与 FPC 将建立双向的信息交流机制，PRA 将向 FPC 提供单家机构的信息帮助 FPC 进行宏观审慎评估，FPC 对潜在系统性风险的分析可以帮助 PRA 对特定机构、部门和资产做出监管判断。FPC 还将在宏观审慎监管工具方面向 PRA 提供建议和指引。

第二节　识别系统重要性银行的国际实践

一、国际组织关于识别系统重要性银行的实践

1. 关于全球系统重要性银行的识别实践

根据G20和FSB的要求，巴塞尔银行监管委员会（BCBS）是负责制定系统重要性银行识别体系的国际组织。目前，全球系统重要性银行的识别工作开展顺利，已经先后出台了三批全球系统重要性银行的名单。

在制定评估方法上，BCBS严格落实FSB的要求，实现了对识别体系定期更新的承诺。BCBS在2011年11月出台的《全球系统重要性银行：评估方法与额外损失吸收能力要求》(Global Systemically Important Banks ：Assessment Methodology and the Additional Loss Absorbency Requirement)，并在此基础上，结合全球系统重要性银行的识别体系应用效果于2013年7月发布《全球系统重要性银行：更新后的评估方法与额外损失吸收能力要求》(*Global Systemically Important Banks：Updated Assessment Methodology and the Higher Loss Absorbency Requirement*)。

表4－1　目前巴塞尔银行监管委员会采用的全球系统重要性银行识别指标（2013年版）

要素	内涵	指标
跨境活动	跨越司法管辖权的业务活动	跨境的债权
		跨境的债务
规模	单个金融机构提供金融服务的总水平	BaselⅢ中计算杠杆率所使用的整体敞口
关联性	与其他金融机构的联系	银行间资产
		银行间负债
		发行证券余额
可替代性	如该机构倒闭，其他机构能否提供相同服务	托管金融机构资产余额
		支付结算系统发生额
		承销各类股票与债券价值

续表

要素	内涵	指标
复杂性	业务、结构和运营的复杂程度	OTC 衍生品名义值
		Level 3 资产
		交易账户和可供销售资产

资料来源：巴塞尔银行监管委员会网站。

相比第一版（见表 1－2），更新后的识别体系变化在于：一是完善可替代性指标。对于前两轮评估中出现的因可替代性指标影响过高，导致部分银行的评估结果远远偏离其他银行的情况，巴塞尔银行监管委员会决定对可替代性指标设定上限（Cap），将该指标对系统重要性影响程度控制在一定标准下。二是更改关联性指标。巴塞尔银行监管委员会将关联性指标中的“批发性融资比率”指标更改为“发行证券余额”（Outstanding Securities）。三是调整分母。巴塞尔银行监管委员会考虑到汇率变动因素，将原计划每 3 年调整一次分母①改为每年更新。

巴塞尔银行监管委员会还规定全球系统重要性银行评估方法将每 3 年评估一次，第一轮将于 2017 年启动，并通过发布《数据收集测试模板与指南》，明确评估全球系统重要性银行所需指标（包括评估和辅助指标）的定义和计算方法，以确保数据的准确和质量。

2. 关于国内系统重要性银行的识别实践

2012 年 6 月，巴塞尔银行监管委员会起草了《国内系统重要性银行框架（征求意见稿）》（A Framework for Dealing with Domestic Systemically Important Banks），并于 7 月向全球公开征求意见，提出了 12 条指导原则，其中涉及识别方法的为第 1 条～第 7 条：

原则 1：一国监管当局应该建立一套量化评估体系以判定金融机构在本国金融体系中的重要程度。

原则 2：D－SIBs 评估体系应能衡量出某一金融机构倒闭产生的潜在影响及风险。

原则 3：评估 D－SIBs 破产造成的影响应以国内经济为参照系统。

① 在评估全球系统重要性银行过程中，为计算银行的系统重要性分值，各指标（分子）须除以相应指标的评估样本总和（分母）。

原则4：母国监管当局应依据银行整体运营情况评估银行集团的系统重要性程度，东道国监管当局应评估行政辖区内附属银行（含其下属的子银行）的系统重要性程度。

原则5：D－SIBs破产对国内经济造成的影响原则上可以通过该银行的以下特征进行评估：①规模；②关联度；③可替代性/金融机构基础设施（包括银行业的集中程度）；④复杂性。此外，一国监管当局还可以考虑引入能够反映银行上述特点的其他监测指标，譬如国内经济规模。

原则6：一国监管当局应定期对辖内银行进行系统重要性评估，及时反映金融体系的运行状况，确保D－SIBs评估频率与G－SIBs的评估频率大致相同。

原则7：一国监管当局应披露系统重要性银行的评估方法。

二、各国关于识别系统重要性银行的实践

1. 英国

英格兰银行于2011年开发了系统重要性机构风险评估模型（Risk Assessment Model for Systemic Institutions，RAMSI）。RAMSI主要是通过将宏观情景映射到金融机构的盈利和资本预测值，评估其偿付能力和流动性风险。使用简单行为准则来预测银行的不同行为反应。RAMSI的开发历时5年，可谓是投入大量人力物力，包含多个评估模块，对不同风险进行评估，尤其重点关注流动性风险在银行之间传导并形成恶性循环的过程。RAMSI理论基础是压力测试，目前适用的范围是英国最主要的12家银行①，通过衡量银行的资产负债表如何根据宏观经济和金融冲击进行动态调整，模拟由此产生的风险在金融体系内的传导扩散过程，建立约500个模拟式，对每个分析环节进行冲击测试。

RAMSI具体步骤如下：

（1）建立宏观经济模型，识别可能发生的宏观经济/金融冲击，并衡量冲击的大小，主要使用英国、美国、欧元区的宏观经济金融数据以及全球石油、股票价格数据，共包含24个变量。

---

① RAMSI收集了这12家银行的详细资产负债表数据，包括约400个资产项目和250个负债项目，并按期限、地理区域和币种进一步细分。

（2）估计宏观经济/金融冲击对银行违约概率和违约损失的影响，从而得出银行可能发生的信用损失，主要计算银行对于英国、美国、欧元区和其他地区的住户、企业部门信用敞口损失。

（3）在得出银行信用损失估计值的情况下，模拟每个银行的资产负债表调整情况，包括资产减计、贷款发放变化等。

（4）在一定前提假设下，预测银行的收益和损失变化，包括贷款损失、净利息收入、交易收入、其他收入以及成本和税费变化等。

（5）建立评级模型，针对每个银行的盈利变化给出其评级结果，并考察评级变化对银行融资成本的影响。

（6）在某家银行发生损失、评级下降的情况下，考察流动性效应。在这一过程中，英格兰银行采用了打分法，即针对资本充足性、短期批发性融资期限错配、对市场资金依赖性、盈利能力、与其他倒闭银行相似性、银行间市场息差、股市涨跌、GDP 增长率等情况对每家银行进行打分，如果某银行分值超过一定界限，则判定短期融资市场将对其关闭，该银行面临破产。

（7）考察流动性反馈效应（第二轮效应）和传染效应。如果某银行倒闭，与该银行有业务关联的银行可能发生对手方损失，而且破产银行部分资产将会被火线出售（Fire Sale），使资产价格下降，引发资产方连锁反应，其他银行遭受盯市计价（Mark - to - Market）损失。当大批银行陷入困境时，融资市场遭受信心传染危机，与已破产银行具有相似业务结构的银行可能会被排除在融资市场外，从而可能出现更多银行破产的情况，英格兰银行使用网络模型衡量这一风险。

（8）反馈环（Feedback Loop）：在衡量了对手方损失和火线出售引发的盯市计价损失后，对于危机后幸存的银行，再次对其打分，衡量其流动性状况，考察是否会发生第二轮倒闭。

（9）假设市场恢复到冲击前状态，银行按照一定的监管要求或自身经营目标调整下一步的投资计划。

目前，英格兰银行正在不断改进和扩充 RAMSI 模型，考虑在模型中加入流动性紧张状况下，金融机构的防御性措施对整个金融系统和宏观经济的影响等内容，并进一步模拟银行系统不稳定对实体经济的冲击。

2. 韩国

一些国家虽然没有对系统重要性银行专门制定识别体系，但是从防范银行体系带来系统性风险的角度，开发了系统性风险模型，可用于分析各国国内主要系统性重要银行（D－SIBs）对系统性风险的影响程度，以及在压力状况下的流动性和损失吸收的情况。

韩国央行于2011年9月推出了“宏观审慎政策系统性风险评估模型”（Systemic Risk Assessment Model for Macroprudential Policy，SAMP），并在其2012年6月发布的《金融稳定报告》中予以介绍。

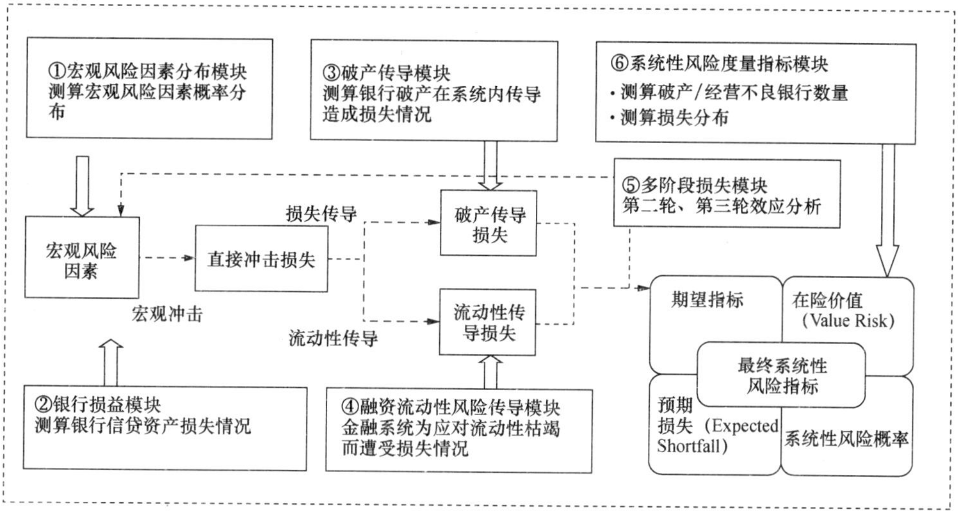

图4－1　SAMP模型整体结构

资料来源：张启阳：《韩国央行宏观审慎政策系统性风险评估模型及对我国的启示》，《金融发展评论》2013年第10期，第79页。

SAMP模型是由六个模块组成的系统性风险综合模型体系。该模型的设计以发现系统性风险为目的，不仅能够模型化宏观经济冲击对金融系统的首轮直接效应，而且能够模型化因银行间传导、紧急抛售、信贷收缩、去杠杆化等原因导致的第二轮扩散效应。上述六大模块包括：一是宏观风险因素分布模块，用于测算宏观风险因素概率分布；二是银行损益模块，用于测算银行信贷资产损失情况；三是破产传导模块，用于测算银行破产在系统内传导造成损失情况；四是融资流动性风险传导模块，用于测算金融系统为应对流动性枯竭而遭受损失情况；五是多阶段损失模块，用于第二轮、第三轮效应分析；六是系统性风险度量指标模块，用于测算破产、经营不良银行数量和测算损失分布。

第三节　识别系统重要性保险机构的国际实践

一、国际组织关于识别系统重要性保险机构的实践

2011 年 11 月，G20 戛纳峰会重申，国际保险监管者协会①（IAIS）应在 2012 年 6 月 G20 峰会前完成全球系统重要性保险机构（G－SIIs）评估方法。根据 G20 和金融稳定理事会的要求，IAIS 于 2012 年 5 月 31 日发布《全球系统重要性保险机构评估方法（征求意见稿）》（Global Systemically Important Insurers（G－SIIs）：Initial Assessment Methodology），经过征求意见后，2013 年 7 月 18 日 IAIS 发布关于 G－SIIs 的评估方法（Global Systemically Important Insurers：Initial Assessment Methodology）。IAIS 通过研究发现，本次国际金融危机中，经营非传统保险业务（如保险连接证券等）和非保险金融业务（如 CDS、银行业务等）的保险集团容易受到金融市场波动的影响，不断累积、放大和传播系统性金融风险，从而诱发了金融危机。因此，IAIS 将非传统和非保险业务视为系统性金融风险的触发因素，在识别系统重要性保险机构方面，对保险集团的非传统和非保险业务进行了强调。

1. 数据采集范围

IAIS 收集全球 14 个（原为 13 个）国家（地区）50 家（原为 48 家）保险机构报送的 2011 年末数据用于 G－SIIs 评估，相关筛选标准包括：①总资产超过 600 亿美元且在其母国以外的保费收入超过总保费收入的 5%；②总资产超过 2000 亿美元且在其母国以外的保费收入占总保费收入的比重为 0～5%；③根据监管判断需要加入的保险机构，如财务保证保险公司。

2. 数据采集质量

在评估方法的过程中，IAIS 需要密切加强与各国监管机构部门的合作，

① 国际保险监管者协会（International Association of Insurance Supervisors，IAIS），又称国际保险监督官协会，是保险业监管的重要国际组织，成立于 1994 年，现有成员包括 180 个国家的保险监管组织。1999 年以来，IAIS 开始吸收保险专家作为观察人员，目前已有超过 100 个代表着行业协会、专家协会、保险和再保险机构、咨询组织和国际金融组织的观察员。

将获取的监管数据与公开信息进行比对，以提高数据的质量和连续性。

3. 系统性评估过程

（1）指标评估法（Indicator - Based Assessment Approach）。该方法与巴塞尔银行监管委员会的“G - SIBs 评估方法”类似，但在评估指标的选择、分组和权重设置上将体现保险机构的特殊性。五个指标类别分别为：①规模；②全球活跃性；③关联性；④非传统和非保险业务（NTNI）；⑤可替代性。

表 4 - 2　IAIS 制定的 G - SIIs 评估指标

指标分类	具体指标	权重（%）
1. 规模	总资产	2.5
	总收入	2.5
2. 全球活跃性	母国之外的收入	2.5
	有分支机构的国家数量	2.5
3. 关联性	金融体系内资产	5.7
	金融体系内负债	5.7
	再保险	5.7
	衍生品的公允价值	5.7
	大额暴露（对前 10 大交易对手）	5.7
	周转率	5.7
	3 级资产①	5.7
4. 非传统保险业务/非保险业务	非保险负债和非保险收入	6.4
	衍生品交易②	6.4
	短期融资	6.4
	最低财务担保	6.4
	集团内担保	6.4
	负债流动性③	6.4
5. 可替代性	特定业务保费收入	5

资料来源：IAIS 于 2013 年 7 月 18 日发布关于 G - SIIs 的评估方法“Global Systemically Important Insurers：Initial Assessment Methodology”。

---

① 1 级资产是指可在活跃市场上观测到价格且不需要进行价格调整的资产；2 级资产是指在不活跃市场上，但可用模型计算出价格的资产；3 级资产是估值方法与技术不透明的资产。本指标先计算 3 级资产的水平，然后再计算其占 1、2、3 级资产总和的比例。

② 衍生品交易包括出售的 CDS 规模和除对冲和复制之外的衍生品交易两个指标。其中，后者主要衡量投机性衍生品交易程度，但本次 G - SIIs 评估中并未采用。

③ 保险负债流动性是指短期内保险合同的退保数量。

（2）IFS 评估法（IFS Assessment Approach）。该方法将保险业务分为传统保险业务、半传统保险业务、非传统保险业务、非保险的金融类业务和非保险的非金融类业务五大类，赋予不同的权重。该方法将上述五大类业务资产与对应权重相乘再加总得出 G－SIIs 分值。

保险机构将资产按照以上 5 种类型进行拆分，然后将各类业务资产与对应权重相乘再加总计算出 G－SIIs 分值。由于 IFS 分类标准与保险机构财务信息披露标准不完全匹配，且机构资产年度变化比较明显，监管部门通常使用 IFS 评估法来验证指标评估法结果的有效性。

表 4－3　IAIS 制定的 G－SIIs 的 IFS 评估法赋予权重　　单位：%

保险业务（承保和支持性投资/资金管理职能）	传统	半传统	非传统
	2.5/20	12.5/50	22.5/75
非保险的金融类业务	100		
非保险的非金融类业务	0		

资料来源：IAIS 于 2013 年 7 月 18 日发布关于 G－SIIs 的评估方法"Global Systemically Important Insurers：Initial Assessment Methodology"。

IAIS 认为指标评估法可用于衡量 G－SIIs 考察样本内保险机构的相对重要性，确定 G－SIIs 的初步名单；IFS 评估法可用于验证指标评估法结果的有效性。但这两种方法都不足以确定 G－SIIs 候选者是否真正具有系统重要性，尤其是在两种评估方法结果的差异较大时，还需附加解释与分析。

二、各国关于识别系统重要性保险机构的实践

目前各国尚在尝试建立系统重要性保险机构的识别体系。美国对于本国包括保险机构在内的系统重要性非银行金融机构的识别方式进行了规定。

由于在此次国际金融危机中，美国监管当局未能及时识别出雷曼兄弟、AIG 等非银行金融机构的系统性风险，直接导致其破产并引发了金融危机的恶化和蔓延。为吸取国际金融危机教训，填补监管漏洞，2010 年 7 月通过的《多德—弗兰克华尔街改革与消费者保护法案》（以下简称《多德—弗兰克法案》）决定将可能危及金融稳定的非银行金融机构纳入到严格的审慎监

管框架之内。《多德—弗兰克法案》将非银行金融机构定义为："在美国设立的，除银行控股公司和特定其他类型公司以外，主要从事金融活动的国内或外国公司，包括有限责任公司、合伙公司、信托公司，协会（法人或非法人）或类似的组织，只要该机构及其附属机构，85%的资产与金融业务有关，或者年度总收入中85%通过金融业务获得"。

在识别系统重要性非银行金融机构方面，《多德—弗兰克法案》授权美国金融稳定监督委员会（FSOC）对需要纳入监管的非银行金融机构进行认定。FSOC认为：其重大财务危机可能威胁到金融稳定的非银行金融机构（"第一认定标准"），及其性质、范围、大小、规模、集中度、关联度或混合的经营活动可能威胁到金融稳定的非银行金融机构（"第二认定标准"）具有系统重要性，需要纳入监管，由美联储统一监管。

FSOC于2011年10月11日发布《监管特定非银行金融机构（第二次征求意见稿）》（Authority to Require Supervision and Regulation of Certain Nonbank Financial Companies），进一步明确了以下两点：一是明确识别标准，即资产规模在500亿美元以上，且至少满足以下五项条件之一：拥有35亿美元衍生品负债、拥有200亿美元贷款及债券、发行300亿美元以上CDS、杠杆率（总资产/资本）大于15:1或1年内短期债务与资产的比率高于10%；二是明确识别步骤，第一阶段以规模因素为主进行识别，第二阶段结合定量与定性因素分析判断，第三阶段监管者将通知相关机构提供更为详尽资料辅助判断。

经过一年多的调查研究并向社会广泛征求意见，FSOC于2012年4月3日发布了系统重要性非银行金融机构评估方法的最终报告，其评估方法分为三个步骤：①设定门槛，筛选出部分非银行金融机构；②建立六大类评估指标，进行系统重要性评估；③评估是否对金融稳定造成威胁，确定应由美联储审慎监管的非银行金融机构名单。

FSOC所制定的系统重要性非银行金融机构评估范围较广，对所有类型的非银行金融机构进行评估，包括保险公司、金融担保人、资产管理公司、私募股权基金、对冲基金等，以及在美国境内经营的外国非银行金融机构[①]。

至于具体的识别方法，FSOC以识别源于金融体系内外的威胁金融稳定

① FSOC对外国非银行金融机构进行评估时，只考虑其在美国境内的资产、负债以及运营情况。

的风险为目标，采取定量指标和定性判断相结合，并辅以监管判断的评估方法。具体分为以下三个步骤：

（1）设定门槛，对非银行金融机构进行初步筛选。根据数据的适用性、适宜性和可得性，FSOC 提出了 6 个门槛指标，非银行金融机构若同时满足并表总资产和其他任一门槛，将接受下一步系统重要性评估。这 6 个门槛指标分别是：并表总资产达到 500 亿美元；发行的未到期信贷违约互换（CDS）合约的名义价值达到 300 亿美元；衍生品负债达到 35 亿美元；未清偿债务和债券总额达到 200 亿美元；并表总资产与总资本的比率超过 15∶1；12 个月内到期债务与并表总资产比例超过 10%。

同时，FSOC 指出，以上门槛指标对筛选对冲基金和私募基金的适用性不强。从 2012 年 6 月起，部分已经注册的对冲基金和私募基金投资顾问将向证券交易委员会（SEC）与商品期货委员会（CFTC）报告交易情况和资产组合等方面的信息（Form PF）。FSOC 将根据这些信息再为其“量身制定”评估指标。同时，随着行业和非银行金融机构业务变化，FSOC 将至少每 5 年对门槛指标进行修改与完善一次。

（2）对筛选出的非银行金融机构进行系统重要性评估。对第一步筛选出的非银行金融机构，按照《多德—弗兰克法案》规定的 10 项考虑因素，FSOC 提出了规模、关联性、可替代性、杠杆率、流动性风险和期限错配及监管现状等六类指标及 29 项具体指标，进一步来评估其系统重要性。其中规模、关联性、可替代性指标旨在评估非银行金融机构风险对经济金融的潜在影响；杠杆率、流动性风险、期限错配及监管现状等指标旨在评估金融危机发生时非银行金融机构的脆弱性。

表 4－4　非银行金融机构系统重要性评估指标

指标分类	具体指标
1. 规模	并表总资产、并表总负债
	非银行金融机构管理而非拥有的资产规模及所有权分散程度
	风险承保总额/直接承保保费
	贷款发放总量
	风险加权资产
	表外暴露

续表

指标分类	具体指标
2. 关联性	交易对手对非银行金融机构的敞口，包括衍生品、再保险、贷款、借入和借出证券等
	未清算 CDS 名义价值总量
	交易对手的数量、规模、对非银行金融机构的敞口相对于资本的比率等
	未清偿贷款
	主要合约对手方的身份
	再保险责任
	衍生品敞口总值或净值及衍生品交易对手数量
3. 可替代性	非银行金融机构及其竞争对手的市场份额（如贷款发放数量、贷款余额及名义交易量等）
	市场份额的稳定性
4. 杠杆率	总资产和总负债与所有者权益的比例
	保险公司承保风险与法定资本的比例
	杠杆率变动
	衍生品敞口名义价值和表外敞口与所有者权益或净资产的比例
5. 流动性风险和期限错配	第二类和第三类资产分别占比
	短期债务分别占总债务和总资产的比率
	资产负债久期和缺口分析
	资产支持融资比率
	流动资产比率
	速动资产与净现金流出的比率
	可赎回债务占总债务的比率
6. 监管现状	联邦或州监管程度
	并表监管的现状和有效性
	外国非银行金融机构在母国接受并表审慎监管的程度

资料来源：IAIS 于 2013 年 7 月 18 日发布的关于 G – SIIs 的评估方法“Global Systemically Important Insurers：Initial Assessment Methodology”。

FSOC 指出，以上六大类指标的数据和信息将来源于公开渠道、监管机构以及被评金融机构自愿提交，FSOC 也会适时征求监管机构的意见与建议，对单个受评金融机构的风险状况进行研判。

（3）评估是否对金融稳定造成威胁，做出哪些非银行金融机构接受美联储监管的决定。根据《多德—弗兰克法案》规定的两项认定标准①作为评估指引，以第二步的分析为基础，FSOC 提出从以下三个危机传导渠道评估非银行业金融机构是否对金融稳定造成威胁：一是风险暴露。非银行金融机构的债权人、交易对手、投资人等市场参与者对非银行金融机构的风险暴露是否会严重影响、威胁金融稳定。二是资产变现。当非银行金融机构将资产迅速变现时，是否会导致资产价格下跌，严重影响市场交易，甚至使持有相似资产的金融机构蒙受损失或发生融资困难。三是关键功能或服务。市场参与者是否依赖非银行金融机构提供某些关键功能或服务，这些功能或服务提供是否缺乏可替代性。当非银行金融机构发生危机时，是否将导致这些关键功能或服务中断，从而影响整个金融市场的安全运行。

为考察非银行金融机构对金融稳定的潜在威胁与影响，FSOC 还将进行可处置性评估。具体指标包括非银行金融机构经营、融资结构的复杂性，机构失败时影响快速有序处置的障碍，跨境，隔离业务和服务的能力，恢复或处置时保留免赔额的可能性，维持关键服务不中断的能力，机构内部对流动性，资金，支付结算的相互依赖程度，机构内部关联交易的规模和类型等。

对所有进入此轮评估的非银行金融机构，FSOC 将发出书面通知，有权要求其报送内部风险管理过程、融资细节、交易对手暴露、战略计划、并购、分拆等商业保密信息与数据。

FSOC 将采取个案分析的方法，综合前面步骤所使用的定量和定性信息以及上述三项危机传导渠道等因素，逐一对非银行金融机构进行审查。在决定最终名单之前，FSOC 将征求非银行金融机构的主监管机构或母国监管机构的意见与建议。

最后，FSOC 将以投票方式（至少 2/3 成员同意）做出决定，确定非银行金融机构是否纳入美联储监管并接受审慎监管要求。非银行金融机构对此不服的，可要求举行非公开听证。

2012 年 4 月 9 日，时任美联储主席伯南克在亚特兰大联储银行主办的

---

① 一是非银行金融机构发生财务危机或经营困难对经济金融运行产生显著负面影响，进而威胁金融稳定；二是非银行金融机构的性质、业务范围、规模、集中度、关联性或业务活动严重威胁金融稳定。

2012 金融市场会议（Financial Markets Conference）上发表演讲[①]指出，FSOC 此次评估方法的发布是具有重要意义的一步，确保了系统重要性非银行金融机构将会受到更加严格的监管，但仍有许多工作需要去完成。需特别强调的是，尽管评估方法的基本程序已经制定，但是有关的详细标准尚未出台。此外，如果这些金融机构最终被认定为系统重要性金融机构，美联储需要开发出适合各类机构模式和风险状况的监管架构。伯南克表示，随着 FSOC 在这方面经验的不断积累，将在适合的时候对其规则和程序进行调整。

第四节 识别系统重要性非银非保机构的国际实践

一、国际组织关于识别系统重要性非银非保机构的实践

根据 G20 峰会和金融稳定委员会要求，国际证监会组织[②]（IOSCO）已于 2014 年 1 月 8 日出台《全球系统重要性非银行非保险金融机构（NBNI G－SIFIs）评估方法（征求意见稿）》（Assessment Methodologies for Identifying Non－Bank Non－Insurer Global Systemically Important Financial Institutions）。目前，全球系统重要性非银行非保险金融机构名单相关工作正在进行中。

国际证监会组织认为全球系统重要性非银行非保险金融机构一旦陷入财务困境或无序倒闭，则主要从三个渠道诱发系统性风险：一是风险敞口/对手渠道（Exposures/Counterparty Channel）。通过债权人、交易对手、投资人或其他市场参与主体直接传染风险。二是资产清盘渠道（Asset Liquidation/Market Channel）。全球系统重要性非银行非保险金融机构在陷入困境时

① "Speech by Chairman Bernanke on fostering financial stability", http://www.ferderalreserve.gov, April 9, 2012.

② 国际证监会组织（International Organization of Securities Commissions, IOSCO）是国际间各证券期货管理机构所组成的国际合作组织。总部设在加拿大的蒙特利尔市。1974 年创建于美洲，始称为证监会美洲协会。该组织由世界银行和美洲国家发起，开始的宗旨是帮助发展拉美市场，前 10 年，该组织的活动仅限于年度会议。1983 年，该组织正式成为全球性组织。截至 2014 年 10 月，共有 124 个正式会员、12 个联系会员和 64 个附属会员。

可能会快速变现资产，将会对资产价格形成压力，进而对主要市场的融资和交易形成影响。特别对具有类似资产组合或高杠杆的机构而言，全球系统重要性非银行非保险金融机构对市场造成的潜在风险会进一步放大。三是不可替代性导致的风险传染（Critical Function or Service/Substitutability）。由于全球系统重要性非银行非保险金融机构的不可替代性，一旦经营失败，其市场角色的缺失将进一步扩大风险的传染。

从整体上看，这一版的全球系统重要性非银行非保险金融机构的评估框架与此前公布的全球系统重要性银行（G－SIBs）和全球系统重要性保险公司（G－SIIs）的评估框架基本保持一致，基本识别因素依旧包括规模、关联度、可替代性、复杂性、全球活跃性。但考虑到非银行非保险金融机构涵盖的行业范围广泛，其法律形式、业务模式和风险特征差异较大，因此，评估框架特别针对不同的非银行非保险金融机构（NBNI），分别制定了金融公司（Finance Companies）、市场中介机构（Market Intermediaries）和投资基金（Investment Funds）的评估指标。

金融公司是指向居民或企业提供特定金融服务的非银行非保险金融机构，其资金筹集主要来自批发融资，包括银行借款、资产证券化和发行商业票据（CP）。金融公司主要包括：一是银行子公司或附属机构，一般作为银行集团内的独立法人，通常不吸收零售存款；二是制造商或经销商控股、只为其母公司产品提供金融服务的公司，如汽车金融公司；三是只为一种特定资产提供金融服务的专业公司，如火车和飞机的融资租赁公司。金融公司的系统重要性主要表现在：一是可以对实体经济提供某些行业性强、难以替代的金融服务；二是与其他金融机构关联性较强，例如通过关键的资金市场和所有权联系（如银行持股的金融公司），可能会加大系统性风险的扩散蔓延。大型金融公司的失败或严重衰退会给银行或货币市场基金等资金供给者造成损失，甚至会严重干扰比较活跃的重要资金批发市场。

市场中介机构包括从事管理个人投资组合、执行订单、交易、分销证券以及投资顾问的非银行非保险金融机构，主要指证券经纪自营商。市场中介机构系统重要性主要体现在市场中介机构的破产可能导致客户资产的损失以及证券交易机会的丧失，并打击投资者对中介机构参与市场的信心。一般而言，规模较大、参与国际业务较多的中介机构具有系统重要性，其经营失败可能导致大量客户资产的损失。同时，失败中介机构对其他市场主体的风险敞口和负债也可能通过交易对手渠道（The Counterparties Channel）和相互关联渠道（The Interconnections Channel）引发更大范围金融系统的不稳定。某种程度上，对市场中介机构的评估重点应是识别其可能对金融体系的风险，而不是对投资者的风险。

投资基金主要涵盖"集体投资计划"（CIS），包括常见的共同基金（如货币市场基金、交易所交易基金），也涉及私人基金（如对冲基金、私募股权基金或风险资本）等。投资基金的系统性风险传导主要通过风险敞口/交易对手渠道和资产清算/市场渠道。当基金处于困境或失败时，将导致为其提供资金或有直接交易联系的银行、经纪人和其他交易对手的损失或亏损，并可能通过资产的强制变现，诱发市场的无序波动等方式间接影响到其他市场参与者，进而引发系统性风险。

表 4-5 系统重要性非银行非保险金融机构系统重要性评估指标

	金融公司	市场中介机构（证券经纪人）	投资基金
重要性标准	总资产 1000 亿美元	总资产 1000 亿美元	个人投资基金净托管资产达 1000 亿美元。对冲基金入门门槛的总金额敞口在 4000 亿～6000 亿美元
规模	1. 全球并表总资产 2. 全球并表总敞口	1. 全球并表总资产 2. 全球并表总敞口 3. 发行在外的客户资产规模	1. 基金管理的净资产总量 2. 对冲基金总名义风险额（GNE）①
关联性	1. 金融机构间资产② 2. 金融机构间负债 3. 借款分散性③ 4. 杠杆率④	1. 金融机构间资产 2. 金融机构间负债 3. 杠杆率 4. 短期债务比率 5. 场外衍生品资产或负债总额 6. 在结算公司或核心交易对手所需保证金	1. 杠杆率⑤ 2. 交易对手敞口比率⑥ 3. 金融机构间负债

① 总名义风险额（GNE）在考虑衍生工具名义价值情况下，以全部多头和空头头寸的绝对值之和计算。

② 金融机构间资产包含对其他金融机构的借款（包括未动用的承诺额度）、持有的其他金融机构发行的债券、与其他金融机构签订逆回购协议净额的市值、借给其他金融机构证券净额的市值、与其他金融机构场外衍生交易工具净额的市值。

③ 借款分散性指标主要分析其负债类型，关注商业票据、无抵押债务等短期负债来源。

④ 杠杆率 =（资产负债表内资产 + 表外风险敞口）÷ 所有者权益。

⑤ 杠杆率 = 管理资产总额 ÷ 基金资产净值。

⑥ 交易对手敞口比率 = 基金交易对手信用风险总净值 ÷ 基金净资产。

续表

	金融公司	市场中介机构（证券经纪人）	投资基金
可替代性	可替代性的定性评估①	1. 可替代性的定性评估② 2. 市场份额③	1. 该基金对某一特定资产交易额占该资产市场每日成交量的比例 2. 同类基金交易总量占同一类别基金总交易量的比例 3. 少于10个全球市场参与者的投资战略（或资产类别）
复杂性	1. 场外衍生品名义金额④ 2. 处置该机构的困难程度⑤	1. 市场复杂程度，即纳入并表的法律实体机构数和纳入并表的附属子公司资产占母公司资产的比例 2. 操作复杂程度，即Level 3资产总额⑥	1. 场外衍生品交易量占基金总交易量的比例 2. 抵押给交易对手的抵押品的再抵押占比 3. 运用高频交易策略的净资产估值占比 4. 加权平均投资组合的流动性（天）占加权平均投资者的流动性（天）的比例 5. 未支配现金占总名义敞口（GNE）的比例
跨境活动	1. 跨境索赔规模 2. 跨境索赔负债 3. 金融公司开展业务中涉及跨境索赔的数量 4. 跨境资产或收入	1. 市场中介及其附属机构从事业务涉及国家和区域的数量 2. 跨境债权债务	1. 基金投资者的跨境数目 2. 基金出售或上市的跨境数目 3. 不同国家的交易对手数量

资料来源：IOSCO于2014年1月8日出台的《全球系统重要性非银行非保险金融机构（NBNI G－SIFIs）评估方法（征求意见稿）》（Assessment Methodologies for Identifying Non－Bank Non－Insurer Global Systemically Important Financial Institutions）。

① 由于难以找到衡量金融公司可替代性的定量指标，建议使用定性方法。评估时应考虑公司在不同金融市场的市场份额、行业特殊性以及市场进入壁垒。

② 在评估市场对中介机构的依赖程度时，应考虑其后台操作风险。部分中介机构可能是整个市场或是某一细分市场的关键环节，其倒闭可能引发全球性的系统风险。部分中介机构业务占全球市场份额较小，但对于该地区具有重要影响且具有传染性，也可能将风险蔓延到全球金融系统。

③ 每日国内外汇成交量或者全球证券（包括股票、债券、期货）成交量的市场比例份额。

④ 用于衡量没有经过中央交易对手清算的场外衍生品交易工具金额。

⑤ 主要从公司结构和运营在操作及法律层面的复杂性、内部相互关联程度、金融市场基础设施、管理信息系统完备性四个方面定性评估金融公司的可处置性。

⑥ 如果市场中介机构Level 3资产比例较高，风险将会极度放大，导致整个行业风险增加。

相比于全球系统重要性银行和全球系统重要性保险公司，全球系统重要性非银行非保险金融机构的识别存在以下特殊的问题和挑战：

（1）在运用监管判断时，识别全球系统重要性非银行非保险金融机构面临的主要困难是数据和信息的获取。非银行非保险金融机构通常都不属于审慎监管对象，即使有的属于审慎监管对象，也缺乏国际统一的监管标准。因此，与全球系统重要性银行和全球系统重要性保险公司相比，在全球系统重要性非银行非保险金融机构的识别中，监管判断占有更为重要的地位。

（2）在确定评估范围时，由银行或保险集团全资或控股的非银行非保险金融机构，如果母公司已在并表基础上接受 BCBS 或 IAIS 的全球系统重要性银行和全球系统重要性保险公司评估，则该类附属子公司不纳入全球系统重要性非银行非保险金融机构评估的范畴。但投资基金一般未被纳入银行或保险集团的并表管理，投资基金仍属于全球系统重要性非银行非保险金融机构评估范围。

（3）在确定评估门槛时，主要考虑规模因素。金融公司、市场中介机构以及未受全球系统重要性银行和全球系统重要性保险公司并表评估的其他非银行非保险金融机构的资产负债表总资产应达 1000 亿美元；投资基金净资产估值规模（AUM）应达 1000 亿美元，但对冲基金需满足 4000 亿～6000 亿美元总名义风险敞口（GNE）要求。此外，还应考虑全球活跃性，域外收入或资产少于其在母国收入和资产 5% 的机构将被排除在外。如果机构在门槛之外，但监管机构认为该机构可能对金融稳定造成系统性影响，也可将其增添到评估池中。

目前国际证监会组织确定的全球系统重要性非银行非保险金融机构的评估步骤如下：

（1）建立国际性监管组织。金融稳定委员会和国际证监会组织组建对全球系统重要性非银行非保险金融机构进行评估识别的国际监管小组（An International Oversight Group on NBNI G－SIFI Assessment，IOG），负责对成员国全球系统重要性非银行非保险金融机构的识别评估工作进行协调和指导。

（2）汇编参考名录。IOG 将对金融稳定委员会和国际证监会组织成员国属于全球系统重要性非银行非保险金融机构评估范围的机构编制名录，并将目录中所列机构分发给其母国，要求母国对其进行详细评估。

（3）初步分析。母国监管机构将对列表中的机构进行评估，也可将列表中未曾列出且达不到评估基准，但认为具有系统重要性的机构纳入到评估范围内。

（4）跨地区跨部门审查。母国监管机构将评估情况及建议认定为全球系统重要性非银行非保险金融机构的名单提交给 IOG。IOG 将对提交的材料进行讨论，并听取被评估机构母国以外重点经营地区监管机构的意见，对相关国家监管机构反馈意见。

（5）初步决定。母国监管机构将根据 IOG 反馈情况，决定是否有必要进行跟踪评估，并做出初步决定，将决定情况反馈给 IOG，IOG 将从其他国家反馈的情况与母国评估的情况一起打包报告给金融稳定委员会的 SRC（Supervisory & Regulatory Cooperation）和 IOSCO 董事会供其讨论和评估。

（6）最终决定。金融稳定委员会将与母国监管机构共同确定全球系统重要性非银行非保险金融机构名单，名单列表按字母顺序排列，每年评估一次，在金融稳定委员会网站公布。

二、各国关于识别系统重要性非银非保机构的实践

美国对于银行控股公司的非银行活动的识别进行了规定。鉴于非银行业务是银行控股公司利润收入的一个重要来源，且部分银行控股公司的非银行活动大幅增长，美国联邦银行监管机构于 2012 年 7 月再次对《银行控股公司监管手册》进行了增补，并于 2012 年 9 月 5 日公布，以进一步完善银行控股公司的非银行活动的识别与监管。一是要求参与非银行活动的银行控股公司的董事会定期开展一系列“平衡测试”，并提交风险提示。二是提出“平衡测试”需考虑的三个因素，即其业务活动是否会破坏美国银行体系或金融体系的稳定性、是否会触发系统性风险；能否有效地促进公众利益，譬如提供便利、增强竞争、提升效率等；能否覆盖或缓解其负面影响，譬如缓解资源垄断、减少竞争或不公平竞争、避免利益冲突以及加剧银行体系的不健全等。三是补充对非银行活动的监管和识别依据。引入了近期对银行控股公司在国外从事非银行业务活动、边缘法或协议公司、保险承销、债务处理及处理股票证券等方面的最新政策、规定，要求银行控股公司遵照执行，强化对非银行业务活动的风险评估、监测与控制。

第五节　其他识别系统重要性金融机构的国际实践

2012 年 12 月 14 日，美联储发布了《对在美开展业务的系统重要性外国金融机构一揽子监管新规（征求意见稿）》，该规则适用于所有全球总资产超过 500 亿美元的银行集团，根据它们在美国境内分支机构的资产规模设定门槛，实施相应的监管标准和要求。据统计，外资银行在美国的资产规模占到整个银行业的 20% 左右，在美资产超过 500 亿美元的大型外国银行集团有 23 家①。一旦外资金融机构融资渠道受到影响，将大幅出售美元资产或惜贷，危及美国金融体系稳定，因此美国政府下定决心弥补这一监管漏洞。根据规定，系统重要性外国金融机构适用对象为两类：一是在美国境内设有分支机构、全球合并总资产达 500 亿美元以上的外国银行集团；二是金融稳定监督委员会（FSOC）认定的具有系统重要性的外国非银行金融机构。该规则计划于 2015 年 7 月 1 日正式生效，并已于 2013 年 3 月 31 日前征求了公众意见，目前该规则正在修改中。

一方面，对于总资产超过 500 亿美元以上的外国银行集团。美联储根据外国银行集团在美国境内分支机构的资产规模设定门槛，实施不同的审慎标准和监管要求：

（1）在美子行总资产规模超过 100 亿美元（不包括分行和代表处）成立中间控股公司（Intermediate Holding Company）。中间控股公司是外国银行集团在美子行的顶层控股公司，必须遵守与美国银行控股公司相同的基于风险的资本要求、杠杆率限制和压力测试相关规则。其中，中间控股公司总资产高于 500 亿美元的外资银行集团需实施资本计划规则（Capital Plan Rule），这一规则要求系统重要性银行制订年度资本计划并向美联储报告，进行压力测试，在预期和压力状态下均保持资本充足。

（2）在美总资产规模大于 500 亿美元（包括中间控股公司和分行、代表处）的外国银行集团。一是建立流动性风险管理框架，每月进行一次流

① 美联储理事塔鲁诺（Tarullo）于 2012 年 11 月 28 日在耶鲁大学管理学院领袖论坛发表的演讲。

动性压力测试并向美联储报告，持有可以保证30天现金流出需求的高质量流动资产。二是成立风险委员会，必须聘用有大型复杂机构风险管理经验的美籍首席风险官。三是设置了资本、压力测试、风险管理和市场指标四个层次的触发机制，一旦这些外国银行集团陷入财务困境，必须采取相应的无豁免权的早期修复要求（Early Remediation），包括限制发展、资本分配、管理层发薪和增资及变卖资产等。四是对单一对手企业的信贷敞口不得超过监管规定的资本比率的25%，其中，在美总资产规模大于5000亿美元的外资银行的信贷敞口将受到更严格的限制。

（3）在美总资产规模小于500亿美元（包括中间控股公司和分行、代表处）的外国银行集团。一是每年对集团层面或者对其在美业务进行一次内部流动性压力测试并向美联储报告。二是成立风险委员会，负责监督外国银行集团在美业务的风险管理，并聘请至少一名美籍风险管理专家。三是一旦陷入财务困境，采取相应的早期修复和整治措施，美联储将不再提供财政救助。四是对单一对手企业的信贷敞口不得超过监管规定的资本比率的25%。

另一方面，系统重要性外国非银行金融机构。《多德—弗兰克法案》授权FSOC确定哪些系统重要性的美国或外国非银行金融机构应该接受美联储监管。目前，FSOC已经发布了系统重要性非银行金融机构评估方法，尚未公布最终名单。美联储将按照FSOC认定的系统重要性非银行金融机构名单，采取个案分析的方法，综合考虑这些非银行金融机构资本结构、风险水平、复杂性、金融业务、规模等因素，制定适合不同机构模式和风险状况的监管标准和要求。

第五章　识别系统重要性金融机构的实证研究

识别系统重要性金融机构是对其进行监管的前提，加强全球系统重要性金融机构监管的重要前提在于在全球监管框架下提出一套相对客观、简明、操作性较强且能够获得各方认同的识别体系。目前 BCBS 下设的宏观审慎小组（MPG）从 2009 年开始，组织全球相关专家学者，研究设计全球系统重要性金融机构识别体系，但最终的研究思路还未确定，并在 2017 年 11 月前对现有方法进行持续完善。

前文已经详细阐述了国际组织和各国监管机构采取的识别方法和选取指标，综述可见，现有各方对识别体系的差异不在方法选择而在指标选择上。MPG 两次评估均借助各国监管机构通过评估模板广泛收集大量非公开数据。作为研究目的，本书将在现有研究的基础上，采用公开数据识别全球系统重要性金融机构，同时为识别国内系统重要性金融机构提供基础。

第一节　数据来源及指标选择

一、样本选择

比照金融稳定理事会分别在 2011 年 11 月和 2012 年 11 月两次公布的系统重要性金融机构的名单，本书选取两次名单中所涉及的全部 31 家金融机构。

金融稳定理事会于 2012 年 11 月 1 日公布了 28 家全球系统重要性银行名单，结果基于 2011 年更新的数据。与 2011 年公布的第一次名单不同的是，新增2家银行，即西班牙对外银行和渣打银行，去除了3家银行，即德克夏银行、德国商业银行和劳埃德银行集团。

表5-1　2012年11月金融稳定理事会公布的全球系统重要性银行名单

组别	附加资本要求（%）	银行名称
第5组	3.5	无（空组）
第4组	2.5	花旗银行（美国）、德意志银行（德国）、汇丰银行（英国）、摩根大通银行（美国）
第3组	2	巴克莱银行（英国）、巴黎国民银行（法国）
第2组	1.5	美国银行（美国）、纽约梅隆银行（美国）、瑞士信贷（瑞士）、高盛（美国）、三菱日联银行集团（日本）、摩根斯坦利（美国）、苏格兰皇家银行（英国）、瑞士银行（瑞士）
第1组	1	中国银行（中国）、西班牙对外银行（西班牙）、人民储蓄银行（法国）、农业信贷银行（法国）、荷兰银行（荷兰）、瑞穗银行（日本）、北欧联合银行（瑞典）、桑坦德银行（西班牙）、法兴银行（法国）、渣打银行（英国）、道富银行（美国）、三井住友银行（日本）、联合信贷银行集团（意大利）、富国银行（美国）

资料来源：FSB，"Update of Group of Global Systemically Important Banks（G-SIBs）"，FSB，2012.

二、数据选择

考虑到金融稳定理事会两次评估分别采取2009年和2011年的数据，且目前大部分金融机构2012年财务报告还未审计，故本书选择了31家金融机构2009~2011年的数据，所选取指标全部来源于各金融机构的财务年报和Bloomberg。

三、指标选择

参考国内外文献研究，本书拟参考BCBS（2011）的分类方式，设计五大类共14个指标。

表 5－2　相关指标的含义及与系统重要性的正向关系

一级指标	二级指标	含义
规模	总资产	资产总额，最直接反映金融机构规模的指标
	总收入①	包括主营业务、非主营业务及其他业务在内的全部收入
	风险加权资产	以不同类别资产的风险性质所确定的不同风险系数为权重所计算出的资产
	资本净额	反映净资产中的高流动性部分的指标，即“核心资本＋附属资本－资本扣减项”
跨境活动	跨境资产	该机构在境外的资产总额，反映该机构在国际金融体系的影响力
	跨境资产占比	该机构境外总资产占本机构总资产的比例
	跨境收入	该机构在境外的总收入
	跨境收入占比	该机构境外总收入占本机构总收入的比例
关联性	同业间资产	存放或拆借给同业的总资产
	同业间负债	存放或拆借给同业的总负债
可替代性	手续费及佣金净收入	属于中间收入，越高代表该机构从事非传统业务能力越强，可替代性越弱
	交易性金融资产	以交易为目的的金融资产越多，可替代性越弱
	可供出售的金融资产	作为卖方的机构对金融资产交易市场的影响力越强，可替代性越弱
复杂性	衍生金融资产	衍生金融资产越多，复杂性越强，该机构承担风险越大

第二节　模型构建

本书采用指标法，具体采用此方法的原因及优劣点详见第三章中所讲的识别系统重要性金融机构的关键因素与方法，此处不再赘述。BCBS 的 MPG 所提出的均等化权重的方法最大问题在于，各指标在现实中对全球系

① 考虑到不同的国际会计准则对计算各金融机构相关口径的影响不同，本书未采用利润总额作为规模指标。

统重要性金融机构的影响不同，构建识别体系不宜一味追求均等化，为避免人为主观判断对识别过程的干扰，本书将采用客观赋权法——熵值法。

一、基本原理

在信息论中，熵是指信息不确定性。根据1948年信息论的创始人香农（Shannon）在题为“通讯的数学理论”的论文中关于“信息是用来消除随机不定性的东西”的观点，信息可以用概率论知识和逻辑方法来度量。

信息熵与信息量大小成反比，与信息不确定性成正比。换而言之，当信息量越大时，信息不确定性就越小，那么信息熵也就越小，反之亦然。因此，在综合评价方法中，利用信息熵的大小可以度量该信息的随机性及无序程度，进而可以度量某个信息指标的离散程度，即该指标离散程度越大，那么其对综合评价的影响就越大。

熵值法具体计算步骤为：

第一步：选取n个金融机构，m个指标，则x_{ij}（$i=1, 2, \cdots, n; j=1, 2, \cdots, m$）为第i个金融机构的第j个指标的数值。

第二步：标准化处理——异质指标同质化。

由于各项指标的计量单位并不统一，在计算综合指标前需进行标准化处理，即将绝对值转化为相对值，令$x_{ij}=|x_{ij}|$，正向指标和负向指标数值代表的含义不同，其数据标准化处理过程也不同。

正向指标：

$$x'_{ij}=\left[\frac{x_{ij}-\min(x_{1j}, x_{2j}, \cdots, x_{nj})}{\max(x_{1j}, x_{2j}, \cdots, x_{nj})-\min(x_{1j}, x_{2j}, \cdots, x_{nj})}\right]\times 100$$

负向指标：

$$x'_{ij}=\left[\frac{\max(x_{1j}, x_{2j}, \cdots, x_{nj})-x_{ij}}{\max(x_{1j}, x_{2j}, \cdots, x_{nj})-\min(x_{1j}, x_{2j}, \cdots, x_{nj})}\right]\times 100$$

第三步：计算第j项指标下第i个金融机构占该指标的比重。

$$p_{ij}=\frac{X_{ij}}{\sum_{i=1}^{n}X_{ij}},\ (i=1, 2, \cdots, n;\ j=1, 2, \cdots, m)$$

第四步：计算第j项指标的熵值。

$$e_j=-k\sum_{i=1}^{n}p_{ij}\ln(p_{ij}),\ 式中,\ k>0,\ k=1/\ln(n),\ e_j\geqslant 0$$

第五步：计算第 j 项指标的差异系数。对第 j 项指标，指标值的差异系数越大，对方案评价的影响就越大，熵值就越小。

$g_i = \frac{1 - e_j}{m - E_e}$，式中，$E_e = \sum_{j=1}^{m} e_j$，$0 \leqslant g_i \leqslant 1$，$\sum_{j=1}^{m} g_j = 1$

第六步：求权值。

$$w_j = \frac{g_j}{\sum_{j=1}^{m} g_j} (1 \leqslant j \leqslant m)$$

第七步：计算各金融机构的综合得分。

$$s_i = \sum_{j=1}^{m} w_j \cdot p_{ij} (i = 1, 2, \cdots, n)$$

二、指标权重分析

通过 31 家金融机构 2009 ~ 2011 年的相关数据，五大类 14 个指标的熵权重如表 5 – 3 所示。

表 5 – 3　识别指标的熵权重

一级指标	权重（%）	二级指标	权重（%）
规模	17.1	总资产	1.6
		总收入	4.3
		风险加权资产	3.8
		资本净额	7.4
跨境活动	26.6	跨境资产	9.2
		跨境资产占总资产的比例	6.0
		跨境收入	7.2
		跨境收入占总收入的比例	4.2
关联性	10.8	同业间资产	5.5
		同业间负债	5.3
可替代性	17.6	手续费及佣金净收入	3.0
		交易性金融资产	8.1
		可供出售的金融资产	6.5
复杂性	27.9	衍生金融资产	27.9

根据熵权重的大小，识别全球系统重要性金融机构的指标依次为复杂性、跨境活动、可替代性、规模、关联性。这和第二章“系统重要性金融机构危机案例分析”中的结论基本一致，具体分析如下：

（1）不能仅依赖规模类指标来识别系统重要性金融机构。与第二章“系统重要性金融机构危机案例分析”对北岩银行挤兑事件得出的第一点启示一致，规模类指标并不是权重最大的指标，且总资产也并不是规模类指标中权重最大的（见表5－3）。这说明识别全球系统重要性金融机构需要关注规模类指标以外的关键因素，同时随着巴塞尔Ⅲ的实施，未来应当关注风险加权资产、资本净额等指标，考虑逐步替代或补充可反映新资本协议实施影响水平的类似指标。比如随着金融机构的财务报告信息披露更加全面，可考虑采用“巴塞尔Ⅲ中计算杠杆率所使用的整体敞口”等指标。

（2）跨境活动是全球系统重要性金融机构的关键因素。与国内系统重要性金融机构不同，全球系统重要性金融机构之所以是全球性监管重中之重，关键在于跨境活动的经营风险不仅影响本国金融体系，而且波及全球金融系统。以本书第二章“系统重要性金融机构危机案例分析”中提到的雷曼兄弟破产事件为例，其破产之后余震不断，在中国香港就有近43700名个人投资者购买了总值20亿美元的雷曼迷你债券，香港金融管理局仅在2008年就收到21747起与此相关的投诉。因此，从事跨境活动的金融机构所带来的风险是各国监管机构关注的重点，代表跨境活动的相关指标理所当然地成为识别全球系统重要性金融机构的因素。

（3）关联性指标是反映其与其他金融机构的联系的重要因素。系统重要性金融机构因其“太关联而不能倒”，本书采取“同业间资产”和“同业间负债”在一定程度上体现了这种关联性的作用。MPG在考虑关联性指标时也采取上述两个指标，同时也提出了另一个与新资本协议相关的指标“批发融资比率”，但目前各金融机构财务年报中尚未公开此数据。

（4）可替代性指标将成为识别和监管全球系统重要性金融机构的重点。可替代性是指一旦该金融机构倒闭，其他机构能否提供相同的金融服务。换而言之，如果该机构所提供的金融服务越容易被替代，那么该机构系统重要性越小，反之亦然。本轮国际金融危机中各国监管当局对于全球和国内系统重要性金融机构的救助往往处于两难境地，主要原因源于传统监管对于此类机构可替代性问题所产生的道德风险问题视而不见和放任不管。针对全球系统重要性金融机构追求传统业务以外的趋势，本书采用了能够反映金融机构提供非传统业务的金融服务的指标，理论上如果该金融机构从事此类服务越多，其可替代性越弱，这一点在后文对于识别结果分析也会提到。

（5）复杂性指标应当是识别全球系统重要性金融机构的首要因素。由于各金融机构信息披露的内容迥异，本书仅能采用“衍生金融资产”指标。以全球系统重要性金融机构为首，各种金融衍生品不断地推陈出新，产品种类越来越多，结构也越来越复杂，同时金融机构所承担的风险也不断增大，这一点可以从近期摩根大通“伦敦鲸”事件便可窥一斑，其因金融衍生品投资失误巨亏 20 亿美元。此次的国际金融危机前，全球金融监管体系对金融衍生品主要采取放任的态度，然而金融衍生品的对冲交易使各金融市场间和各地区金融市场联系更紧密，其风险更容易在市场间传递，而其设计和结构的复杂性也加大了监管难度。因此，英美等国在危机后金融改革方案中都对金融衍生品市场和金融衍生品加强监管，其中如何限制金融衍生品的复杂性问题成为一个重要议题，同时也是各全球系统重要性金融机构与监管当局博弈之处。

第三节　模型结果及分析

一、分年度结果及分析

本书通过熵值法对识别体系中的五大类 14 个指标进行了客观赋值，得到了 2009～2011 年 31 家金融机构的系统重要性识别结果，其分年度排序结果如表 5－4 所示。

表 5－4　31 家金融机构 2009～2011 年数据的识别结果

名称	2009 年	2010 年	2011 年
花旗银行（Citigroup）	1	1	1
摩根大通（JP Morgan Chase）	2	2	2
汇丰银行（HSBC）	3	3	3

续表

名称	2009 年	2010 年	2011 年
苏格兰皇家银行（Royal Bank of Scotland）	4	5	5
德意志银行（Deutsche Bank）	5	4	4
法国巴黎银行（BNP Paribas）	6	6	6
瑞士信贷集团（Credit Suisse）	7	7	7
美国银行（Bank of America）	8	8	9
巴克莱银行（Barclays）	9	9	8
法国兴业银行（Societe Generale）	10	11	11
法国农业信贷集团（Group Credit Agricole）	11	10	10
荷兰国际集团（ING Bank）	12	12	13
法国人民储蓄银行（Groupe BPCE）	13	14	14
渣打银行（Standard Chartered）	14	13	12
北欧联合银行（Nordea）	15	16	15
美国富国银行（Wells Fargo）	16	19	17
瑞银集团（UBS）	17	17	18
高盛集团（Goldman Sachs）	18	15	16
联合信贷集团（Unicredit Group）	19	20	24
三井住友银行（Sumitomo Mitsui FG）	20	21	20
三菱日联银行（Mitsubishi UFJ FG）	21	25	26
英国劳埃德银行（Lloyds）	22	26	23
摩根斯坦利（Morgan Stanley）	23	22	21
西班牙对外银行（BBVA）	24	27	22
比利时德克夏银行（Dexia）	25	28	30
德国商业银行（Commerzbank）	26	24	27
纽约梅隆银行（Bank of New York Mellon）	27	29	29
日本瑞穗银行（Mizuho FG）	28	18	19
西班牙国际银行（Santander）	29	23	25
中国银行（Bank of China）	30	30	28
美国道富银行（State Street）	31	31	31

由表 5 - 4 可见，上述 31 家金融机构排序与目前各自在全球金融体系中的系统重要性动态变化基本一致。比较 FSB 所公布的两次名单，有 3 家金融机构不再被列为全球系统重要性金融机构，即比利时德克夏银行（Dexia）、英国劳埃德银行（Lloyds）和德国商业银行（Commerzbank），而这 3 家在本书的评估结果均呈现动态下降趋势，分别从第 25 名下降为第 30 名、第 22 名下降为第 23 名、第 26 名下降为第 27 名；有 2 家金融机构加入名单，即英国渣打银行和西班牙对外银行，其评估结果也呈现了动态上升趋势，分别从第 14 名上升到第 12 名、第 24 名上升到第 22 名。

值得关注的是，作为新兴市场国家唯一入选的金融机构——中国银行，本书评估结果表明其系统重要性在全球系统重要性金融机构中的水平较低，处在评估名单的边界地域。如果严格执行 FSB 的 29 家（第一次）和 28 家（第二次）的要求，根据本书评估结果，中国银行在 FSB 的 2011 年评估中可不纳入名单，2012 年可纳入名单。换个角度来看，是否纳入全球系统重要性金融机构并实施严格监管标准，与名单确定的机构数量有着重要联系。

二、比较分析

为了更好地测评本书评估结果的准确性，本书与 FSB 在 2011 年（以 2009 年数据为评估基础）和 2012 年（以 2011 年数据为评估基础）两次公布的结果进行比较分析。由于 FSB 采用的是分组披露的方式，只能获悉组别的排序但不能得到组内具体排序，因此，考虑到 FSB 两次涉及 5 家金融机构的变化，本书在比较时对于上下差别在 5 家（含）之内的结果认为是基本一致的。

表 5 - 5 31 家金融机构 2009 年数据的识别结果比较分析

名称	2009 年	FSB（2011 年）	比较
花旗银行（Citigroup）	1	1 ~ 5	√
摩根大通（JP Morgan Chase）	2	1 ~ 5	√
汇丰银行（HSBC）	3	1 ~ 5	√
苏格兰皇家银行（Royal Bank of Scotland）	4	1 ~ 5	√
德意志银行（Deutsche Bank）	5	6 ~ 8	√

续表

名称	2009 年	FSB（2011 年）	比较
法国巴黎银行（BNP Paribas）	6	1～5	√
瑞士信贷集团（Credit Suisse）	7	9～14	√
美国银行（Bank of America）	8	6～8	√
巴克莱银行（Barclays）	9	6～8	√
法国兴业银行（Societe Generale）	10	15～29	√
法国农业信贷集团（Group Credit Agricole）	11	9～14	√
荷兰国际集团（ING Bank）	12	15～29	√
法国人民储蓄银行（Groupe BPCE）	13	15～29	√
渣打银行（Standard Chartered）	14	未纳入	
北欧联合银行（Nordea）	15	15～29	√
美国富国银行（Wells Fargo）	16	15～29	√
瑞银集团（UBS）	17	9～14	√
高盛集团（Goldman Sachs）	18	9～14	√
联合信贷集团（Unicredit Group）	19	15～29	√
三井住友银行（Sumitomo Mitsui FG）	20	15～29	√
三菱日联银行（Mitsubishi UFJ FG）	21	15～29	√
英国劳埃德银行（Lloyds）	22	15～29	√
摩根斯坦利（Morgan Stanley）	23	9～14	
西班牙对外银行（BBVA）	24	未纳入	
比利时德克夏银行（Dexia）	25	15～29	√
德国商业银行（Commerzbank）	26	15～29	√
纽约梅隆银行（Bank of New York Mellon）	27	9～14	
日本瑞穗银行（Mizuho FG）	28	15～29	√
西班牙国际银行（Santander）	29	15～29	√
中国银行（Bank of China）	30	15～29	√
美国道富银行（State Street）	31	15～29	√

通过 2009 年的数据，本书指标体系与 FSB（2011）的排序结果基本吻合率高达 87%，主要差别在于 4 家金融机构，分别为渣打银行（Standard Chartered）、西班牙对外银行（BBVA）、摩根斯坦利（Morgan Stanley）、纽

约梅隆银行（Bank of New York Mellon）。渣打银行和西班牙对外银行两家机构国际知名度很高，在著名的《银行家》杂志 2012 年排名中分列 34 名和 29 名，远高于名单中的美国纽约梅隆银行（第 76 名），故本书认为相比美国纽约梅隆银行，渣打银行和西班牙对外银行的系统重要性更高。而对于摩根斯坦利的评估结果差异，本书认为是在具体指标选择上，但这并不影响反映其在国际金融机构的系统重要性地位。

同理，可以通过 2011 年数据得到 31 家金融机构的排序结果，如表 5-6 所示。

表 5-6　31 家金融机构 2011 年数据的识别结果比较分析

名称	2011 年	FSB（2012 年）	比较
花旗银行（Citigroup）	1	1~4	√
摩根大通（JP Morgan Chase）	2	1~4	√
汇丰银行（HSBC）	3	1~4	√
德意志银行（Deutsche Bank）	4	1~4	√
苏格兰皇家银行（Royal Bank of Scotland）	5	7~14	√
法国巴黎银行（BNP Paribas）	6	5~6	√
瑞士信贷集团（Credit Suisse）	7	7~14	√
巴克莱银行（Barclays）	8	5~6	√
美国银行（Bank of America）	9	7~14	√
法国农业信贷集团（Group Credit Agricole）	10	15~28	√
法国兴业银行（Societe Generale）	11	15~28	√
渣打银行（Standard Chartered）	12	15~28	√
荷兰国际集团（ING Bank）	13	15~28	√
法国人民储蓄银行（Groupe BPCE）	14	15~28	√
北欧联合银行（Nordea）	15	15~28	√
高盛集团（Goldman Sachs）	16	7~14	√
美国富国银行（Wells Fargo）	17	15~28	√
瑞银集团（UBS）	18	7~14	√
日本瑞穗银行（Mizuho FG）	19	15~28	√
三井住友银行（Sumitomo Mitsui FG）	20	15~28	√
摩根斯坦利（Morgan Stanley）	21	7~14	
西班牙对外银行（BBVA）	22	15~28	√
英国劳埃德银行（Lloyds）	23	未纳入	

续表

名称	2011 年	FSB（2012 年）	比较
联合信贷集团（Unicredit Group）	24	15～28	√
西班牙国际银行（Santander）	25	15～28	√
三菱日联银行（Mitsubishi UFJ FG）	26	7～14	
德国商业银行（Commerzbank）	27	未纳入	
中国银行（Bank of China）	28	15～28	√
纽约梅隆银行（Bank of New York Mellon）	29	7～14	
比利时德克夏银行（Dexia）	30	未纳入	√（同样未纳入）
美国道富银行（State Street）	31	15～28	√

通过 2011 年的数据，本书指标体系与 FSB（2012）的排序结果基本吻合率高达 84%，主要差别在于 5 家金融机构，分别为摩根斯坦利（Morgan Stanley）、英国劳埃德银行（Lloyds）、三菱日联银行（Mitsubishi UFJ FG）、德国商业银行（Commerzbank）、纽约梅隆银行（Bank of New York Mellon）。其中摩根斯坦利和纽约梅隆银行的差别原因前文已述，而英国劳埃德银行和德国商业银行虽有差异，但这两家机构前后评估排序结果下降，说明了本书识别体系已经捕捉到其动态差异性。至于三菱日联银行的差异问题，本书认为主要原因是会计年度的问题，日本的财务报表年度截止时间并不是 2011 年末，而是 2011 年 3 月。因此，这次评估采用的数据长度不足以覆盖三菱日联银行 2011 年全年的表现，待新的数据补充后，其系统重要性排序将会有新的变化。

第四节　相关结论及启示

一、识别方法不宜过于简单或复杂

考虑到过去各国对于金融机构，特别是系统重要性金融机构的数据要求不同，目前国际组织和各国监管机构尚不完全满足那些对数据质量要求较高和计算过程相对复杂的方法，同时在监管实践过程中，过程和结果的可操作性问题一直以来是各方政策监管的关注点。因此，对系统重要性金融机构的识别方法不宜过分求难或求简，应结合实际需要，注重识别因素和识别结果的准确性和应用性。

建议现阶段采用指标法以分值形式得出识别结果，识别指标应定期更新，为后期监管机构结合实践进行调整或补充留有空间。同时建议采用“定量+定性”的方法，即以定量模型部分控制关键因素的基础上，辅之定性判断加以调整，给予各国监管当局一定的灵活性。

二、识别指标应兼顾各方实际情况

目前国际组织对系统重要性金融机构在识别指标选取时采用了部分巴塞尔Ⅲ的指标，考虑到一些国家和地区尚未或者部分采用巴塞尔Ⅲ的监管要求，因此对于类似规模类等指标建议采用相对易懂、政策影响较小的指标。同时，各国系统重要性金融机构采用的会计准则不同，选取指标时应尽量避免选取受会计制度影响较大的指标，如利润相关指标等。

三、指标权重应体现客观性

本书不赞同 BCBS 对系统重要性金融机构的识别指标权重均等化的现行做法，为减少人为主观性对评估体系的干扰，建议采用客观赋权法，使识别指标权重差异化，并非权重均等化，从而符合各项指标对系统重要性金融机构影响的实际状况。

四、识别结果披露应更全面

本书认为对系统重要性金融机构的识别结果的披露应当制度化，并且披露的内容应当更加全面，包括排序的结果、具体指标的得分等。一方面，有利于提高透明度，避免市场猜测而形成的不确定性，同时借助市场力量进行监督；另一方面，便于各系统重要性金融机构以及其他金融机构计算自己的系统重要性，对自身经营战略及模式选择进行调整，降低自身系统重要性程度。

第六章 系统重要性金融机构的监管理论

综观现有国内外研究，有关系统重要性金融机构基本特征的研究不够系统，导致对系统重要性金融机构实施监管的原因缺乏逻辑起点，这些都在一定程度上影响到系统重要性金融机构审慎监管效果。本章归纳总结出系统重要性金融机构的五大基本特征：巨大的负外部性、普遍的道德风险、竞争不公平性、成本收益不对称、动态变化性；结合这五大基本特征，从冲击力度、诱发维度、国际影响三个角度探讨对系统重要性金融机构实施监管的原因，并分析五大监管重点。

第一节 系统重要性金融机构的基本特征

金融危机后相对于不断完善的系统重要性金融机构监管政策和工具，对系统重要性金融机构特征的研究较为零散且缺乏系统性，鉴于这一问题的探讨分析关系到对系统重要性金融机构实施监管的逻辑起点，下面将从五大方面分别阐述。

一、巨大的负外部性

系统重要性金融机构巨大的负外部性主要体现为“太大而不能倒”、“太关联而不能倒”、“太重要而不能倒”、“太相似而不能倒”。

1. “太大而不能倒”（Too – Big – To – Fail，TBTF）

Turner（2009）认为，“太大而不能倒”是指“银行在遇到危机时，因规模太大而不能任其倒闭，除整体救助外不能采用其他解决方式，也不能用保护股东利益而使他人蒙受损失的办法来解决”，并认为有三个方面的问题值得关注：一是如果无保险债权人事前相信银行“规模大而不能倒闭”，会产生道德风险；二是财政成本和损失社会化又经常转化为巨大私人收益；三是某些国家银行相对于母国过于庞大，存在当局无法援救的危险，这种危险在冰岛成为现实。当大型银行负债总额占国家 GDP 比重非常大时，理论上就存在风险可能。

还有学者认为，“太大而不能倒”是指当一个系统重要性金融机构陷入濒临破产的困境时，鉴于其可能导致的社会影响的严重性，政府在权衡利弊后大多会采取援助措施。这就导致了一些机构利用自身在规模上“太大而不能倒”的地位，就算出现问题，政府也会对其进行救助，所以不需要担心破产问题（李琦、李林静，2011）。

显然，系统重要性金融机构“太大而不能倒”的特点是源于自身所从事业务的特殊性：首先，金融机构自身的危机会让它的员工面临失业，这样一来，员工们今后的生活就没有保障，这与其他性质机构破产没有两样；其次，金融机构的客户也会寝食难安，因为其所持有的债券、基金和存款等可能在一夜间蒸发；最后，由于一国经济部门之间的相互紧密联系，特别是债权债务相互捆绑在一起，已经成为了“命运共同体”，只要其中一个机构出现了问题，就很有可能引起其他机构“骨牌效应”的连锁反应，最终可能引发金融海啸，乃至整个世界的经济动荡都是很有可能的。

系统重要性金融机构一旦倒塌，它对社会产生的影响不可低估，有时甚至会使整个经济陷入衰退的泥沼而不能自拔，这样重大的经济问题对政府来说是要极力避免的，所以在很多情况下政府会选择对金融机构进行救助。这恰恰是本轮国际金融危机的惨痛教训之一。基于此，原美联储主席伯南克曾这样说过“如果将本次金融危机的教训归纳为一个的话，那无疑就是必须着手解决这些金融机构的‘太大而不能倒’问题”。因此，“太大而不能倒”成为各国监管部门对系统重要性金融机构采取更高、更强审慎性要求的共识。

2. “太关联而不能倒”（Too – Connected – To – Fail，TCTF）

但是，出人意料的是，在这次国际金融危机中，规模最大的金融机构并不是最早出现问题并放大危机冲击的，真正的“罪魁祸首”是一些规模并不大的银行与其他金融机构，它们有以下几个共同的特点：一是在市场中交易最活跃；二是处于金融系统的网络中心；三是与其他机构联系紧密。这样一来，许多学者在危机后就呼吁人们应该更加关注“联系太紧而不能倒”的金融机构，也就是系统重要性金融机构的关联性问题（Chan－Lau，2010；Drehmann 和 Tarashev，2011）。

周小川在2010年就曾指出，系统重要性金融机构一般关联性很强，有时甚至是跨境关联性都很强，一旦出现危机，就会涉及跨境处理问题，比如像雷曼兄弟在英国伦敦拥有大规模的业务。此外，系统重要性内生性还体现在金融体系的内在结构和金融运行的规则这两个方面。换而言之，评估系统重要性时需要考虑由于内在关联性，部分机构的破产或职能的丧失直接影响到金融体系其他部分的运行。如若交易清算结算体系运行比较平稳、危机管理的制度框架相对健全、市场和基础设施稳健性相对较高，那么，这些负面外部性就将降低很多。反之，这些要素就可能成为系统性冲击的放大器或缓冲器。比如冰岛，其银行危机不仅对冰岛本国产生巨大影响，而且还牵连了其他一些欧洲国家；又如富通集团，它也涉及其他国家的投资者，我国的平安保险集团也包括其中。

3. “太重要而不能倒”（Too－Important－To－Fail，TITF）

2011年5月27日，IMF发布题为“The Too－Important－To－Fail Conundrum：Impossible to Ignore and Difficult to Resolve”的政策研究报告，对本次金融危机中凸显的系统重要性金融机构“太重要而不能倒”的问题进行了认真的研究和分析，认为系统重要性金融机构的关键风险点在于，由于其被视为“太重要而不能倒”，市场允许其承担过大风险，从而引发道德风险和对政府决策者的政策挑战。金融危机的事实表明，基于自身的业务规模、重要市场职能以及与其他金融机构和市场的关联关系，系统重要性金融机构具有向金融体系和经济传播金融压力的能力，同时由于其本身集团结构和运营的复杂性，系统重要性金融机构难以受到有效监管以及在面临破产时被有序处置。此外，系统重要性金融机构还可能滥用其“太重要而不能倒”的地位导致金融市场的扭曲，如引发不公平竞争和影响监管政策以牟利。

4. “太相似而不能倒”（Too－Similar－To－Fail，TSTF）

一般来说，通过股权投资、发行和持有金融债券、拆借回购、证券化衍生产品等形式，系统重要性金融机构极易成为高度关联的金融网络中的重要节点，使金融机构、市场基础设施、市场三者之间高度关联，导致这些机构形成了共同风险暴露，换而言之，所谓的“羊群效应”产生了。如果系统重要性金融机构的风险承担行为变成了共性的、没有明显差别的共同行为时（比如这些机构所持有的风险资产和头寸相同或相似，本次危机中恰恰反映出了这一问题），那么这些机构中的任何一个单体机构破产或出现问题都会直接导致这些机构的资产负债表的恶化，引发对整个金融体系的系统性冲击，严重的将会影响本国实体经济，造成对本国金融稳定和经济增长的长期威胁。

究其原因，金融体系的基本职能全部或部分丧失是导致系统重要性金融机构“太相似而不能倒”的原因。危机发生时，特定金融服务获得的成本因冲击而急剧上升，同时特定金融中介服务也随之中止或停止，导致全部或部分金融体系的基本职能的丧失，这势必影响到实体经济的运行和稳定。

二、普遍的道德风险

道德风险（Moral Hazard），最早用于保险领域，一般用于解释被保险人由于投保而改变自己的行为的现象，道德风险会提高保险公司所承担的风险（李琦、李林静，2011）。在这次金融危机中，系统重要性金融机构的道德风险问题得到了更加充分的显现。G20 首尔峰会专门将这一问题列为会议议题之一，同时批准了金融稳定委员会所提出的旨在降低系统重要性金融机构的道德风险的政策框架。

具体来说，系统重要性金融机构的道德风险问题主要是从以下几个方面展开的：

（1）“监管宽容”政策的产生。鉴于系统重要性金融机构倒闭时巨大的负外部性，政府一般出于全局的考虑对其进行财政救助或者通过央行再贷款的形式进行救助，因此这种有别于非系统重要性机构的监管政策被称为“监管宽容”政策。这样一来，系统重要性金融机构就存在或容易出现道德风险，因为有政府“兜底”，巨额损失一般都由政府埋单，最终结果往往事与愿违，巨额的政府救助资金被系统重要性金融机构肆意地转换为高管和股东的私人收益，更为糟糕的是逆向选择行为的出现，即系统重要性金融机构成为风险爱好者，喜欢从事风险高的经营业务。

（2）“倒逼”和“转嫁”机制的出现，使固有的道德风险放大原已存在的系统性风险。对于系统重要性金融机构来说，如何利用“监管宽容”政策享受潜在担保和市场红利，在面临问题或破产危机时“倒逼”或“挟持”整体经济，是其面临危机时的“最佳”选择。本次危机中，系统重要性金融机构，利用其“太大而不能倒”或“太具有系统性而不能倒”追逐高风险行为的成本转嫁给政府和纳税人，同时在危机时倒逼政府，这些行为本身就是对金融体系秩序的一种破坏行为。

（3）道德风险加重了系统重要性金融机构风险承担的倾向，甚至产生过度激励。当债权人对投资损失的风险不必顾虑时，自然而然就会倾向于接纳系统重要性金融机构对债务提供较少的回报，这样，系统重要性金融机构就会采取一种风险更高的战略，即在没有合理的约束条件下，无限地扩张资产负债表。此外，在经营管理层道德风险使其补偿机制的缺陷变得更加复杂。在各种各样的实践中，管理层的目标容易“只顾眼前，不顾长远”，容易偏离长期绩效的最大化，经营战略也因此变成了短期盈利的最大化，而忽视这种经营模式带来长期的负面不良效果的可能性。

（4）“恶性循环”的轮回。本轮危机之初，道德风险问题已经被金融监管机构充分考虑了，如在决定允许雷曼兄弟公司倒闭时，美国财政部和美联储出于道德风险的考虑未对其进行救助。然而雷曼兄弟公司倒闭所带来的大规模市场波动，令美国政府始料未及，随即放弃考虑系统重要性金融机构的道德风险问题，决定对美国国际集团（AIG）进行救助。因此，一个古老的恶性轮回产生了，即系统重要性金融机构的负外部性——→“监管宽容”政策——→道德风险产生——→“倒逼”和“转嫁”机制的出现——→系统重要性金融机构更加追求高风险行为——→系统重要性金融机构的负外部性更大。以实例为证，在2008年金融危机时，受到政府救助的美国国际集团（AIG）竟然向其高管人员发放高达1.65亿美元的奖金。

三、竞争不公平性

系统重要性金融机构的存在，一个很重要的结果就是扭曲了市场的竞争性。

一方面，政府隐性担保的存在使市场不能及时出清，扭曲了金融市场的公平竞争机制，导致系统性风险进一步积累。据学者研究分析，金融机构越具有系统重要性，则在危机时越容易获得政府救助，换而言之，其获得的政府隐性担保越大。如国际三大评级公司之一的穆迪研究表明，美国大银行（资产规模超过1000亿美元的）与其他银行相比，其融资成本平均约低70个基点；据统计，本次危机中全球大银行（资产规模超过1000亿美元的）中已有145家共获得了美国政府救助资金的90%以上的援助。

另一方面，心理预期导致市场纠正机制失灵。前文提及的“监管宽容”政策所带来的另一个负面效应就是市场对于系统重要性金融机构产生了一种“永远也不会倒闭”的心理预期，长此以往，第三支柱将失去原有功能，即便系统重要性金融机构及时披露了不利消息，这种心理预期也会让市场投资者不会主动运用“用脚投票”、“用手投票”机制对系统重要性金融机构盲目追求高风险的行为进行约束，故欧美国家一直以来所奉行的市场自我纠正机制这只“看不见的手”彻底“失踪”了。

基于上述原因，很多金融机构都在努力达到系统重要性的标准。由此而来的最直接的好处就是，由于有政府隐性担保，市场普遍会认为系统重要性金融机构相比中小金融机构而言，在发行债券和信用评级等方面具备相对竞争优势，而中小金融机构对此望尘莫及。一部分学者也研究发现了这一点。比如，Brewer E. 等（2007）通过对1991~2004年银行并购案例进行研究，发现并购时银行为了达到系统重要性的标准，愿意额外支付的金额可达到200亿~290亿美元。Soussa（2000）指出，在信用等级方面，系统重要性金融机构比中小金融机构高出至少3个等级以上，而在发行5年期债券付息方面则要少付23个基点以上。Michael Wedow 等（2009）通过对涉及24个国家的91家银行的CDS（信用违约掉期）利差数据分析发现，机构规模与CDS利差呈相关性，前者平均增加1个百分点，后者则平均下降2个基点，而且随着市场动荡程度加深，这种关系越突出，系统重要性金融机构相对优势越明显。毛奉君（2011）指出，系统重要性金融机构在融资成本等方面具备的优势将不利于行业的公平竞争。与中小机构相比，具有政府隐性担保的大型机构的负债成本要更低。美国联邦存款保险公司（FDIC）的数据表明，2000~2007年，在资金成本平均利差上，大银行（资产规模1000亿美元以上的）与小银行的差异达到了0.29个百分点，而在金融危机时更为严重，如2008年第四季度到次年第二季度这个差异已达到了0.78个百分点，整整高出前者约0.5个百分点。据估算，美国政府对于18家大银行（资产规模1000亿美元以上的）提供补贴约为341亿美元。

四、成本收益不对称

这次危机最让人难忘的是，系统重要性金融机构的冒险行为所获得的高收益为自身所有，而产生的风险却由整个金融体系乃至整个社会来背负。系统重要性金融机构引发的系统性危机，最后往往由政府和纳税人埋单。这无疑让原本脆弱的金融体系的信用基础在危机爆发时更加难以稳固，从而弱化了经济运行的规律性以及金融机构应该具有的责任、职能与公信力。系统重要性金融机构的高风险行为，可以将一个国家拉入一个破产泥潭而不能自拔，这一点不是耸人听闻。

让我们看看冰岛银行危机。受美国次贷危机的影响，2008 年 10 月，克伊普辛银行、格里特利尔银行和国民银行这三家冰岛系统重要性金融机构在一周内相继破产倒闭，这三大机构的负债是 800 亿美元，约为该国 2007 年 GDP 的 4 倍。冰岛政府不得不对其进行接管，系统重要性金融机构的高风险行为所导致的银行危机进一步演变成为主权危机，最终冰岛政府资不抵债，面临破产境地。

五、动态变化性

系统重要性是动态的，所有金融机构都具有潜在系统重要性，系统重要性既取决于金融机构所处的特定经济环境，又取决于它所处的金融环境，并随着经济和金融环境而不断变化。一定程度上可以说，系统重要性金融机构是时间的函数。因此，系统重要性金融机构评估至少每年进行一次。

能够影响到金融机构的系统重要性的因素很多。一是金融结构。不同的金融结构其金融风险也是不同的，这些都直接影响到金融机构、市场或工具的系统重要性的评估结果。相比以间接融资为主的金融体系，投资银行在以直接融资为主的金融体系中的系统重要性的地位要相对高得多，比如美国高盛集团。二是经济周期。同一金融机构在不同经济大环境下的重要性可能会不同，在经济上行期中相对不太重要的金融机构（比如英国北岩银行）可能在经济下行期中就会引发金融市场信心的丧失，成为“压垮骆驼的最后一根稻草”。三是金融机构经营产品的期限结构。这次危机显示以短期负债为主的期限结构所引发的期限错配问题是致命的，如以美国雷曼兄弟为代表的金融机构一旦面临市场波动，容易遭受短期资本市场挤兑，引发流动性问题甚至破产，从而因其传染性导致更大规模的危机。

上述这些影响因素导致评估金融机构系统重要性的标准必须是动态的，而这一点也是评估系统重要性的重点和难点所在。通常情况下，一部分金融机构的系统重要性不会随外部环境条件的改变而改变，而另一部分机构会根据市场或工具条件的不同而变化，特别是经济基本面的状况。因此，系统重要性机构的评估需要考虑各类因素的影响，是一个渐进而相对的过程。因此，无法清晰地在评估系统重要性的机构中画出一条分界线。比如，新兴市场经济体普遍认为，对不同金融机构不能一概而论，应区分国内系统重要性金融机构（D－SIFIs）和全球系统重要性金融机构（G－SIFIs），这样才能真正把握本轮危机的教训。

第二节　基于五大特征的监管原因分析

为什么要对系统重要性金融机构进行监管？因为无论是其冲击力，还是诱发力，或者国际影响，都需要进行监管。

一、冲击力度角度

系统重要性金融机构的负外部性、道德风险、竞争不公平性、成本收益不对称性、动态变化性都可能加速金融危机的触发和升级过程。以美国为例，从最初的次债问题向次贷危机、流动性危机、信用危机到最终系统性危机演变过程中，系统重要性金融机构五大特征对金融体系和实体经济带来的巨大冲击力至今仍余震不断。

二、诱发维度角度

系统重要性金融机构主要从空间维度诱发系统性风险，即通过机构间的内在关联和不同金融领域的相互依存逐步扩散风险，引发连锁反应，最终导致系统性危机。以本次危机为例，房利美和房地美被接管引发债市恐慌，美林和雷曼兄弟等投行资产负债表急速恶化并随后相继破产，美国短融市场功能几乎丧失，同时美国国际集团（AIG）风险暴露濒临破产并最终被国有化，引发保险市场混乱，系统性风险传染至整个金融体系。

三、国际影响角度

全球化背景下系统性风险极易跨国跨区传染。贸易影响方面，与美国贸易联系紧密的国家最先遭受冲击，同时美元贬值使得以美元计价的商品价格上涨，增加了其他国家出口商品的生产成本，从而竞争力下降；金融影响方面，主要国家的机构投资者在不同程度上涉足与美国次贷相关的衍生产品，更有甚者导致破产，大大冲击了本国金融体系；产业影响方面，危机后全球经济衰退和消费需求低迷，失业率节节攀升，多数产业深陷危机，全球经济危机全面爆发。

第三节　基于五大特征的监管重点分析

本轮国际金融危机的最大教训之一就是缺乏对系统重要性金融机构的有效审慎监管。由前文可见，系统重要性金融机构是一个新概念，既不属于基于功能分类，也不属于基于机构分类，相应地对于系统重要性金融机构实施监管不能直接套用功能型监管或机构型监管的理念。系统重要性金融机构实施审慎监管应从微观和宏观两个层面同时着手，微观上防范单体系统重要性金融机构风险，宏观上防范系统重要性金融机构对于整个金融体系的风险。结合系统重要性金融机构所独有的五大特征，建议在实施审慎监管过程中关注以下重点：

一、强化事前结构化限制，降低负外部性

鉴于系统重要性金融机构的负外部性不仅仅来源于规模，应当注重采取事前结构化限制措施来加强对系统重要性金融机构的监管，既要防止其过大，又要防止其过于复杂，还要防止风险关联程度过高。根据风险水平

高低，进一步完善结构化预防监管措施，有层次地加强对金融创新的监管和限制开展高风险业务，从而控制系统重要性金融机构的复杂和关联程度。危机后各国金融改革方案都不约而同地缩小或限制系统重要性金融机构的业务规模和范围，如美国“沃尔克法则”规定，将商业银行和投资银行业务分隔开来，商业银行从事高风险自营交易受到严格限制，而英国“圈护法则”则对居民和中小企业依赖的重要银行业务进行隔离保护（Ring - fence），受隔离保护的零售银行必须与批发银行和投资银行业务隔离，可为居民和中小企业提供存贷款、支付结算等服务，但不得参与任何类型的金融衍生品交易、投资股票、企业债、可转债和基金等业务，不得承销股票和债券及参与证券化发行、交易、借贷和做市等。

二、推行恢复和处置计划，减少道德风险和竞争不公平性

允许系统重要性金融机构在经营失败、经营不审慎时可以倒闭、破产、退出市场，是防止道德风险、维护优胜劣汰机制、发挥市场约束作用的需要。恢复和处置计划（RRP）旨在降低系统重要性金融机构道德风险，提高监管机构的处置能力，包括在金融机构陷入严重困难局面时为持续经营，继续提供具有系统相关性服务而采取的恢复计划，以及在金融机构面临倒闭的情况下，采取有序的方式进行重组和清算的行动的处置计划。以引领欧盟银行 RRP 制定的德国金融监管局（BaFin）为例，当 BaFin 判断问题金融机构可以自行恢复其自身流动性，并能够持续经营，不会形成系统性风险时，要求金融机构立即采取改善机构资本和流动状况措施，抑制风险蔓延；当恢复计划失败时，或当该机构的问题对市场造成影响，对存款人或其他市场参与者的信心造成损害时，则执行处置计划——“资产转让令”（Transfer Order）并提供担保，强制要求该机构将资产和负债转让给另一家机构，如果转让过程中发生损失，可以给予补偿。

三、加大过程监管和救助成本，削弱成本收益不对称性

强化过程监管主要是通过风险监管和资本要求，进一步加大系统重要性金融机构的违规成本。考虑到其业务经营范围的复杂性和关联性，为控制相

关风险和提高风险抵御和抵补能力，对系统重要性金融机构实施有针对性的且更加严格的监管要求，如提高资本充足能力、流动性监管以及大额风险暴露等。为了进一步化解潜在风险和落实监管政策，强化对系统重要性金融机构的现场检查的力度和频度。加强非现场监测以便及时识别、处置和预警系统重要性金融机构的相关风险。同时持续完善系统重要性金融机构的并表管理监管评估框架，强化并表监管。此外，可根据重要性的不同程度，向系统重要性金融机构征收救助基金税费。如德国财政部专门设立特别稳定基金用于救助问题银行，目前已有700亿欧元，其主要来源是通过向银行机构征收，其中资产规模超过1000亿欧元的大银行，征收标准为0.04%；资产在200亿欧元以下的储蓄银行，征收标准为0.03%。当银行危机严重，一般征收的基金不能够满足救助需要时，还可以采用特别征收措施。

四、注重评估体系前瞻性，完善科学评估方法

目前，国际组织和各国监管当局主要是采用管理信息系统与数据分析模型来对系统重要性金融机构进行评估。这些评估模型通过记录、分析历史数据，试图识别出系统重要性金融机构并对其进行分组。但是，值得注意的是，因为历史数据的局限性，即便是在此次危机中倒闭的金融机构，仅仅分析其历史数据并不能完整评估其系统重要性，实现监管的前瞻性。因此，应该重新认识定性分析的作用与功能，在使用历史数据进行定量分析的基础上，加入监管当局对该机构的定性判断。

五、强化公司治理及风险管理，夯实监管基础

从微观层面上，建立完善的公司治理结构和全面的风险管理机制是系统重要性金融机构稳健运营的保障。鉴于此，以巴塞尔委员会为代表的国际组织在出台有效监管原则的同时，相继对公司治理和风险管理出台相关国际良好原则和实施标准。同时要求各国监管机构针对自身特点，对于系统重要性金融机构提出更高的要求，一方面从集团层面上推动健全公司治理和风险管理建设；另一方面从监管准入层面加强对系统重要性金融机构董事和高管的任职资格审查，监督董事会和高管层的履职尽责情况，从而达到提升公司治理和风险管理水平的目的。

第七章　系统重要性金融机构的监管环境

在对系统重要性金融机构识别之后，世界各国又是如何对其进行监管的呢？本章首先阐述各国金融业结构，然后以本次金融危机为节点分析其监管模式及政策的变化，在此基础上，详细介绍各国系统重要性金融机构监管实践与挑战，以期对我国监管得出有益的启示。

第一节　系统重要性金融机构所在国金融业结构特点

系统重要性金融机构是一国金融业的代表，对其进行监管必然会涉及监管机构对于本国金融业结构的判断和调整问题。不同的金融业结构自然有着不同的风险，其监管需求也必然不同。更为重要的是，一国的金融业结构是动态变化的，因此新的金融风险也是推陈出新的。鉴于此，有效的金融监管体系应当捕捉到本国金融业结构的动态变化，适时调整甚至建立一套新的金融监管目标、制度和模式。因此，在分析一国对金融业的监管之前，必须先熟悉其金融结构。目前，集中度是一国金融结构的重要指标，我们将以此为主线，侧重对美国、英国、澳大利亚和荷兰四国的金融结构进行介绍，并从资产和负债规模上测算出各国前 10 大银行集中度。

一、以直接融资为主的国家

1. 美国

美国银行类金融机构包括全部存款机构，主要有四大类，即商业银行、储蓄银行、储贷协会、信用社。从20世纪80年代开始，美国银行业结构开始逐步集中化：一是存款机构数量减少，从90年代初的12000家以上减少到2006年的8681家；二是超大规模的强强联合模式的购并案加速美国银行业的集中化程度，如1998年花旗集团（Citigroup）用700亿美元巨资收购旅行者集团（Travelers Group），后者的业务范围包括投资银行、保险公司、资产管理公司，而目前的摩根大通银行（JP Morgan Chase）也是由原大通曼哈顿银行（Chase Manhattan Bank）通过300亿美元收购JP摩根整合而成的；三是次贷危机使大量中小银行倒闭，或者被其他大银行收购兼并，使银行数量再次大幅减少，集中度再次提高。存款机构数量从危机前2006年的8681家，在2012年第三季度减少到7181家，其中并购案1309件，倒闭机构461家。美国前四大银行按资产估算已经由危机前的25%提高到40%。此外摩根大通、高盛、美国银行、花旗和富国银行这五大银行2011年底资产总计8.5万亿美元，相当于美国GDP的56%，5年前这一比例仅为43%；过去10年间，五大巨头总资产占GDP之比增加近1倍。

虽然美国银行业经历了近20年的集中化过程，但是美国银行业仍处于高度分散状态，小规模社区银行仍占银行总数绝大部分，此外还有部分中等地区性银行。截至2011年末，美国前10大银行总资产和总负债分别达7万亿美元和6万亿美元，其集中度分别达51%和52%。

表7－1　2011年美国前10大银行集中度情况　单位：亿美元

序号	名称	资产	负债
1	JP Morgan Chase Bank, NA	18117	16807
2	Bank of America	14520	12741
3	Citibank NA	12887	11363
4	Wells Fargo Bank, NA	11615	10370
5	US Bank National Association	3305	2958
6	PNC Bank, National Association	2633	2280
7	Bank of New York Mellon (The)	2562	2379
8	HSBC Bank USA, National Association	2060	1865
9	SLM Corporation－Sallie Mae	1933	1881
10	TD Bank National Association	1889	1611

续表

序号	名称	资产	负债
前 10 大银行		71520	64255
该国银行业		138921	123229
前 10 大银行集中度（%）		51	52

资料来源：Bankscope，FDIC.

2. 英国

英国银行业金融机构主要分为大型跨国银行、中小商业银行、房屋按揭社、保险或超市等公司经营的贷款公司、外资银行等。英国拥有伦敦国际金融市场，国际地位较高，较为开放，吸引国际各类金融机构。英国银行集中度水平相比于其他国家较低。由表 7－2 可知，截至 2011 年末，英国前 10 大银行总资产和总负债分别达 10 万亿美元和 9.9 万亿美元，其集中度分别达 37% 和 36%。但英国银行业主要服务于国际金融市场客户，其大银行竞争力较强。

表 7－2 2011 年英国前 10 大银行集中度情况 单位：亿美元

序号	名称	资产	负债
1	Barclays Bank Plc	24171	23164
2	Royal Bank of Scotland Plc (The)	22152	21196
3	Lloyds TSB Bank Plc	15281	14488
4	HSBC Bank Plc	12801	12312
5	Bank of Scotland Plc	8629	8345
6	Standard Chartered Bank	5986	5632
7	National Westminster Bank Plc – NatWest	5683	5413
8	Santander UK Plc	4601	4405
9	Abbey National Treasury Services Plc	3407	3350
10	Co – operative Group Limited	1267	1189
前 10 大银行		103978	99493
该国银行业		279069	279139
前 10 大银行集中度（%）		37	36

资料来源：Bankscope，ECB.

二、以间接融资为主的国家

1. 澳大利亚

澳大利亚金融机构由银行、专业金融机构和非银行金融机构组成，其银行业占主导地位且综合实力突出。截至2011年末，澳大利亚有56家银行，其中12家国内银行、9家外资银行子公司、35家外资银行分行。截至2012年6月末，澳大利亚银行业总资产（约3万亿澳元）占整个金融行业总资产（约5万亿澳元）的60%①。据2010年《银行家》关于亚洲500强的调查表明，澳大利亚银行总资产规模在亚太地区位居第三，仅次于日本和中国，而其占本国名义GDP近240%，远高于日本（193%）和中国（178%），也高于地区平均水平（176%）。

澳大利亚银行业集中度较高。长期以来，支撑澳大利亚银行业的国内四家大型银行，即澳大利亚新西兰银行集团（ANZ）、澳大利亚联邦银行（CBA）、澳大利亚国民银行（NAB）以及西太平洋公司（WBC），其总资产占整个澳大利亚银行业的75%左右②，四大银行占据了整个银行业信用卡总贷款额的83.6%。由表7-3可知，截至2011年末，澳大利亚前10大银行总资产和总负债分别达3万亿美元和2.8万亿美元，其集中度均高达87%以上。

表7-3 2011年澳大利亚前10大银行集中度情况

单位：亿美元

序号	名称	资产	负债
1	National Australia Bank Limited	7372	6960
2	Commonwealth Bank of Australia	7172	6772
3	Westpac Banking Corporation	6555	6127
4	Australia and New Zealand Banking Group	5815	5443
5	Bank of Western Australia Limited	820	770

① 摘自RBA网站，数据表B1，金融机构资产（2012年10月2日更新），http://www.rba.gov.au/statistics/tables/xls/b01hist.xls.

② 摘自APRA网站，《银行统计月刊》，数据表1，2012年8月（2012年9月28日更新），http://www.apra.gov.au/adi/Publications/Documents/MBS back series September 282012.xls.

续表

序号	名称	资产	负债
6	Suncorp - Metway Ltd.	656	625
7	Bendigo and Adelaide Bank Limited	591	548
8	ING Bank（Australia）Limited	481	452
9	Bank of Queensland Limited	427	399
10	Citigroup Pty Limited	185	154
前 10 大银行		30074	28251
该国银行业		34522	32505
前 10 大银行集中度（%）		87	87

资料来源：Bankscope，APRA.

澳大利亚国内系统重要性金融机构实力雄厚。其银行业，特别是四家大型银行国际竞争力较强。根据《2010 年世界经济论坛金融发展报告》，澳大利亚在全球 57 个领先的金融体系和资本市场中位居第五。其中，四大行表现尤为突出，2010 年 7 月《银行家》将其排在全球前 100 名银行之列，2010 年 4 月《福布斯》将其列入前 25 强银行之中。而在信用评级方面，四大行也得到了国际认可，标普、穆迪、惠誉分别给予其 AA^- 级、Aa2 级、AA^- 级或更高信用等级。

2. 荷兰

与澳大利亚类似，荷兰金融体系也是银行业主导型国家。截至 2012 年 10 月，荷兰共有 277 家存款性金融机构，而长期以来，荷兰银行业总资产占整个金融行业总资产的 71%①。截至 2011 年底，荷兰全国共有 92 家银行，其中前四大银行（即 ING Bank，Rabo bank，ABN AMRO Bank，SNS Bank）资产规模占比高达 80%、存款规模占比为 90%、贷款规模占比为 80%②。荷兰国内系统重要性金融机构对本国实体经济发展支持较大。荷兰注重提高国内系统重要性金融机构提供差异化金融服务的能力，如荷兰合

① 摘自 Overview of Financial Stability in The Netherlands（2012 年 10 月更新），http：//www. dnb. nl/en/binaries/OFS_ Autumn12_ UKWEB_ tcm47 -279389. pdf.

② 摘自 DNB 发布的 Annual Report 2011，http：//www. dnb. nl/en/binaries/AR2011 _ tcm47 -270450. pdf.

作银行专注于农业和食品领域的特色金融服务，截至 2011 年末，其食品与农业贷款占全国市场份额的 83%，为支持本国农业产业发展并使荷兰得以成为世界第三大农产品出口国做出突出贡献。

表 7－4　2011 年荷兰前 10 大银行集中度情况　单位：亿美元

序号	名称	资产	负债
1	ING Bank NV	12436	11982
2	Rabobank Nederland – Rabobank Group	9466	8884
3	ABN AMRO Group N	5236	5088
4	Royal Bank of Scotland NV (The) – RBS NV	2139	2096
5	SNS Bank N	1052	1027
6	NIBC Bank NV	369	346
7	LeasePlan Corporation NV	244	216
8	Deutsche Bank Nederland NV	210	193
9	Friesland Bank N	140	134
10	Credit Europe Bank	136	126
前 10 大银行		31428	30093
该国银行业		32307	32307
前 10 大银行集中度（%）		97	93

资料来源：Bankscope，DNB.

第二节　系统重要性金融机构监管体制的转变

以“什么情况下”（When）为切入点，分析危机前后主要国家金融监管体系改革背景，探讨各国金融监管模式变化本质，即是巨变、渐变、微调、植入还是不变，为下一步探讨各国系统重要性金融机构监管实践经验与挑战提供现实背景。

一、美国

1. 危机前：多头监管模式

（1）监管背景：综合化经营造就金融控股巨头的形成。早在 1933 年，美国金融机构分业经营的体制因《格拉斯—斯蒂格尔法案》（Glass – Steagall Act）而确立，这同时给此后的美国金融机构综合化经营留下了法律障碍，在随后的几十年里，追求高利润和非银行业务模式的冲动使得以当时美国大型商业银行为首的金融机构开始寻求通过并购、兼并投行机构和业务，逐步参与跨市场的产品和业务的各个领域，同时这些金融机构通过游说和施加自身影响力，最终促成美国政府出台 1999 年《金融服务现代化法案》（Gramm – Leach – Bliley Act），打破了分业经营的藩篱，最终形成了开展综合性业务的金融控股集团，甚至金融控股巨头，如花旗集团、摩根大通银行、摩根斯坦利等。

然而这些金融控股巨头的出现带来了金融监管上的难题，美国原有的金融监管框架在金融创新面前显得无力招架。金融控股集团业务领域的全面性、内部结构和持股关系的复杂性、风险转移的传染性、信息披露的不完整性，都增加了金融监管的难度。同时，近年来在金融工程技术的支持下，诸多融合了信贷融资、证券投资、信用支持等功能的多个金融市场环节的综合性的金融衍生产品不断推陈出新，使这种综合化经营模式没有降低系统性风险，反而在原有的信用风险的基础上，还吸收了市场风险、投资风险，增加了潜在风险诱发危机的可能性，导致次贷危机的产生。

（2）监管模式：“伞形”监管。回顾危机前美国金融监管改革历程，以 1999 年的《金融服务现代化法案》为界，大体分为两个阶段。第一阶段是分业经营阶段，采用的是分业监管模式，即按照银行业、证券业、保险业的划分，分别由不同监管机构实施监管。而美联储除了行使央行的职能外，对整个金融业的系统性风险实施监管。第二阶段是混业经营阶段，美国金融监管模式采用的是“伞形”监管模式，即介于分业和混业监管间的“双线多头”模式。从监管结构看，作为“伞形”的尖端——美联储则拥有负责协同监管职责；作为“伞形”的分支——功能监管者，则按照联邦一级和州一级的金融监管机构对所辖机构按照银行业、证券业、保险业的划分分别实施监管，目的是使监管者对自己最熟悉的业务进行监管。“伞形”模式的形成根源于美国一直奉行的分权与制衡的文化传统，也与不断加剧的金融混业经营趋势相关。

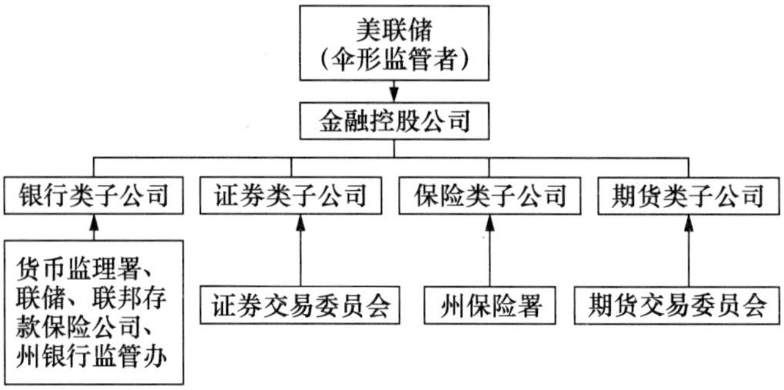

图 7－1　危机前美国“伞式多头”金融监管体制框架

表 7－5　美国多头监管模式相关监管机构

机构名称	英文名称	职能
美国联邦金融机构检查委员会	Federal Financial Institutions Examination Council（FFIEC）	美国金融业的协调机关，其主要职责是协助以下各监管机构遵守统一的监管原则及执行统一的标准
美国联邦储备局	Federal Reserve Board（FRB）	负责监管州成员银行（属联储局成员的州法银行；州法银行是依照各州法律登记的银行）、银行控股公司及其子公司、海外金融机构，及联储局特许国际银行公司。除了监管金融机构以外，联储局也有制定财政政策的重要职务
美国联邦存款保险公司	Federal Deposit Insurance Corporation（FDIC）	负责监管州非成员银行（不属于联储局的州法银行），及具存款保险的海外银行。同时，该公司也是提供存款保障的机构，为存户在银行倒闭时提供最高 10 万美元的存款保障
美国信用合作社管理局	National Credit Union Administration（NCUA）	负责监管信用合作社（信用合作社是非谋利的金融机构，由合作社成员成立及经营）
美国货币监理署（美国财政部金融局）	Office of the Comptroller of the Currency（OCC）	负责监管国民银行（按照美国联邦法律注册的）、联邦注册银行及海外银行的代理公司
美国储蓄机构监理局	Office of Thrift Supervision（OTS）	负责监管储蓄银行、储蓄及借贷协会

由上可见，虽然美国金融业混业经营已成大局，但是监管模式却还是保留着与传统的证券、期货、保险和银行业相对应的分业监管模式。这种监管职能划分与金融经营现状不相符容易带来监管缺位和重叠，而本轮危机证明这些地带往往是事故的“重灾区”。同时，多头监管模式容易导致监管套利的发生，即金融机构在选择经营模式时会把金融监管结构甚至监管者本身作为考虑对象。僵化的金融监管体制使美国监管者在应对金融危机时，纵然使出浑身解数，但却跟不上金融创新的步伐而做出相应的调整。此外，层层监管模式还容易导致重要信息传递时滞。只能采用间接监管手段的美联储，在此次危机中面临的最大问题就是，无法在第一时间识别出这些机构的混业经营行为中哪些将危害到金融体系。

（3）存款保险体系：由复合型向统一型转变。美国是世界上最早建立存款保险制度的国家之一，虽然在金融危机中该制度的效率饱受质疑，但不可否认的是，如果没有这一制度，美国金融体系将会遭受更大的破坏。美国存款保险体系在建立之初是一个复合型体系，主要由美国联邦存款保险公司（Federal Deposit Insurance Corporation，FDIC）和美国联邦储蓄与贷款保险公司（Federal Savings and Loan Insurance Corporation，FSLIC）共同组成。其中，根据 1933 年《格拉斯—斯蒂格尔法案》（Glass - Steagall Act）要求设立的 FDIC 保险和监管的对象是商业银行和互助储蓄银行，所有联储会员必须向 FDIC 投保，非会员银行和其他经营存款业务的金融机构则自愿参加；而依据 1934 年《国民住宅法》设立的 FSLIC，其保险和监管的对象是储蓄信贷协会（Savings and Loan Associations，SLA）。

20 世纪八九十年代，美国银行业和储蓄信贷协会 SLA 爆发大规模危机，约有 1500 家银行和 1000 家储蓄信贷机构破产，巨额的存款保险赔偿金支付使 FSLIC 陷入困境。这促使 1989 年美国政府颁布《金融机构改革、复兴和强化法》(Financial Institutions Reform，Recovery and Enforcement Act)，设立储蓄机构保险基金（Savings Association Insurance Fund，SAIF），取代 FSLIC，并划归至 FDIC 管理，同时将银行的存款保险基金更名为银行保险基金（Bank Insurance Fund，BIF）。随着越来越多储蓄机构因破产问题需要救助，FSLIC 面临越来越大的资金缺口，美国存款保险体系逐渐由复合型转变为统一型。FDIC 在成立之初，其主要职能是在银行破产时，及时赔付储户被保险的存款。20 世纪 80 年代末美国爆发的大规模金融危机促使美国反思其银行监管体制和存款保险制度等方面存在的缺陷，并着手对存款保险体系进行改革。1982 年通过《加恩·圣·杰尔曼存款机构法》（The Garn - St. Germain Depository Institutions Act），扩大 FDIC 应对银行倒闭的权限，1987 年颁布的《公平竞争法》，允许 FDIC 对存在倒闭危险的银行进行收购。

根据 1991 年美国国会颁布《1991 年联邦存款保险公司的改进法案》（The Federal Deposit Insurance Corporation Improvement Act of 1991），FDIC 对所有被保险金融机构具有补充监管权（Special Examination Authority），可实施对这些银行的现场检查。对于有问题的存款机构，FDIC 有权和其他监管机构一起采取纠正性措施，包括强制其制定资本恢复机构、资产不允许增长、不准开办新业务、不允许设立新机构等。2006 年 2 月，美国颁布《2005 年联邦存款保险改革法》（Federal Deposit Insurance Corporation Improvement Act,FDICIA），允许 FDIC 在实际储备发生变化时采取行动，以保证保险基金的适度规模和对银行体系的保护，同时减少了对保险费率的限制，并授权 FDIC 董事会根据被保险机构的风险对存款保险进行定价等。

2. 危机后："伞 + 双峰" 监管模式

（1）布什政府：三阶段改革方案。美国财政部于 2008 年 3 月 31 日公布了自 20 世纪 30 年代"大萧条"以来规模最大的一次金融监管改革计划——《金融监管体制改革蓝图》（Blueprint for a Modernized Financial Regulatory Structure），提出了一系列改进现有金融监管体制的建议，目标是以促进市场稳定和保护消费者权益的精神为指导，通过短期、中期和长期三个阶段的改革，逐步建立一个更灵活、更有效、更稳健的金融监管框架。短期主要是为了应对目前美国抵押贷款和信贷市场所出现的各种问题，中期主要是在现有体制框架内实现金融监管体制的现代化，长期则是要在短期和中期的基础上变美国目前复杂的功能金融监管体制为目标导向监管体制。

短期内，美国政府主要关注以下三个方面：一是继续发挥美国总统金融市场工作小组（PWG）① 的政策协调者职能。扩大 PWG 成员范围，将把货币监理署（OCC）、联邦存款保险公司（FDIC）和储蓄机构监理局

① 美国总统金融市场工作小组（President' s Working Groupon FinancialMarket，PWG）于 1987 年股票市场下跌后依照一项执行指令而组建，其成员包括美国财政部、美国联邦储备委员会、美国证监会（SEC）以及美国商品期货交易委员会（CFTC）的首脑，并由财政部长担任主席。PWG 的职责就是对该次股市下滑所引出的主要问题，以及为了加强市场诚信和保持投资者信心而提出的其他建议做报告。自 1988 年成立以来，PWG 一直在金融市场监管和政策问题上扮演着一个有效的机构间协调者的角色。

（OTS）的首脑纳入其中；扩大关注范围，不仅仅限于金融市场部分，而应该包括整个金融部门；明确协调与沟通的四个目标，即减少金融体系的系统性风险，加强金融市场诚信，保护消费者与投资者的利益，以及提高资本市场的效率和竞争力。二是解决抵押贷款发起监管体系的漏洞。在保留目前对于抵押贷款发起的州级监管的同时，创建新的联邦级委员会——抵押贷款发起委员会（MOC），其主管由总统指定人选，其成员将包括联邦银行业监管者和各州的代表。MOC 负责向市场提供有关各州抵押贷款合规性标准强度的重要信息，以及对各州在抵押贷款发起过程中对于参与者的审批和监管过程进行评估和报告。同时美联储将继续行使其作为起草全国抵押贷款法律法规的唯一机构的职能。三是美联储对非存款机构提供流动性供给。鉴于非存款机构对金融稳定的重要性，在 2007 年和 2008 年的信贷市场动荡期间，美联储自 20 世纪 30 年代以来首次为非存款机构开放了贴现窗口。美国财政部提出在将来受到类似情况时，应通过充分核准借贷行为条件、实地考察流动性和资金筹集的信息等方式进一步加强临时性的流动性供给，同时考虑与开放贴现窗口相关的监管问题。

中期目标重在提高美国金融监管的效率。一是逐步停止联邦储蓄机构执照。该执照主要是针对 1933 年美国大萧条时期，为住房抵押贷款提供稳定资金来源而设立的。但由于近年来其支配性地位的降低，美国财政部建议通过大约两年的时间，逐步停止联邦储蓄机构执照并逐渐变为国家银行执照，撤销 OTS 并转移职能给 OCC。二是明确持有州级执照并且拥有联邦存款保险的银行的监管主体。目前此类银行同时受到州级和联邦一级的监管。如果该银行为美联储成员，其联邦一级的监管将由美联储来负责，否则由 FDIC 负责。美国财政部建议明确提出一个负责州级执照持有银行监管的联邦监管者。三是支付与结算体系监管。目前该体系监管相对落后，拟设立专门联邦执照，以美联储为监管主体，判定哪些支付与结算体系具有系统重要性，并设定相应的监管标准。四是设立保险机构选择性联邦执照。目前美国保险业由州政府监管已持续了 135 年，存在一定的问题，如易导致价格控制而造成市场扭曲、阻碍全国性保险产品的发展和美国保险企业的国际竞争力。未来拟仿照银行业双重执照体系，赋予各保险企业选择接受联邦监管的权利，即选择性联邦执照（Optional Federal Charter，OFC）。五是实现期货与证券统一监管。目前这两个市场的监管是相互分离的，未来拟将分别负责期货和证券业监管的 CFTC 和 SEC 进行合并，实现二者的统一监管。

长期将致力于建立适合于美国的最优监管体制。美国财政部在对诸多方案进行考量之后最终选定了目标导向监管体制。其主要内容包括：①市场稳定性监管——旨在对金融市场整体稳定性进行监管；②审慎监管——旨在对因政府担保引发的市场秩序进行解决；③商业行为监管——旨在对金融机构所有商业行为和消费者权益保护相关的标准问题进行监管。在《金融监管体制改革蓝图》中，美国财政部所描绘的最优金融监管体制共包括五个监管者，三个是专门负责金融机构监管的，分别是市场稳定性监管者、审慎金融监管者和商业行为监管者；另外两个则是联邦保险担保者和公司财务监管者。同时设立了金融机构执照的颁发体系：联邦保险存款机构（FDIC）执照将适用于拥有联邦存款保险的所有存款机构；联邦保险机构（FII）执照则适用于那些提供零售产品并获得了某种类型的政府担保的保险公司；而所有其他种类的金融服务提供者则将使用联邦金融服务提供商（FFSP）执照。市场监管者将被授予各种权力来对以上三种获得联邦执照的金融机构进行管理。新成立的审慎监管者——审慎金融监管局（PFRA）则将负责 FDIC 和 FII 的监管。新成立的商业行为监管者——商业行为监管局（CBRA）将负责所有类型的金融机构（包括获得联邦特许的三种金融机构）商业行为（包括消费者权益保护问题）的监管。

（2）奥巴马政府：实施《多德—弗兰克法案》改革。美国总统奥巴马于 2010 年 7 月签署通过《多德—弗兰克华尔街改革与消费者保护法案》（Dodd – Frank Wall Street Reform and Consumer Protection Act），又称《多德—弗兰克法案》，部分继承了布什政府改革蓝图的思路与内容，如借鉴“双峰模式”，但新增了民主党和奥巴马政府的主张，更加强调加强监管，突出对金融消费者的保护，但其后续具体规则制定和实施过程仍充满变数，有待进一步关注实施效果。

与布什政府在改革蓝图中描绘的最优监管模式不同，奥巴马改革方案保留诸多监管机构，包括证券交易委员会（SEC）在内，并建立金融服务监管委员会（Financial Services Oversight Council，FSOC），该机构由美国财政部领导，以加强监管机构间的协作和信息共享，同时强化系统性风险识别。FSOC 成员包括财政部、美联储、消费者金融保护局（Consumer Financial Protection Agency，CFPA）、国家银行监管局（National Bank Supervisor）、证券交易委员会（SEC）、联邦存款保险公司（FDIC）、商品期货交易委员会（CFTC）、联邦住房金融管理局（FHFA）等机构的负责人，并由来自财政部的专家组提供全面的信息和资源支持。在辨别一级金融控股公司[1]（Tier 1 FHCs）时，FSOC为美联储提供指导和提供各监管机构的交流平台。

根据设计方案，新的金融监管体系吸收了“双峰”的设计理念，对原有的“伞”式金融监管模式进行改革，由市场稳定监管者（美联储）充当“伞+双峰”的“伞骨”，审慎金融监管局和商业行为监管局这两个机构充当“双峰”来执行目标型监管职能。但是有别于传统的“双峰”型模式，美国改革的目标模式并不是“双峰”结构，而是同时针对危机发生的具体特点和自身具体情况，保留了包括FDIC、SEC、CFTC以及新合并成立的全国性银行的监管机构（NBS）在内的其他高级别的监管机构。

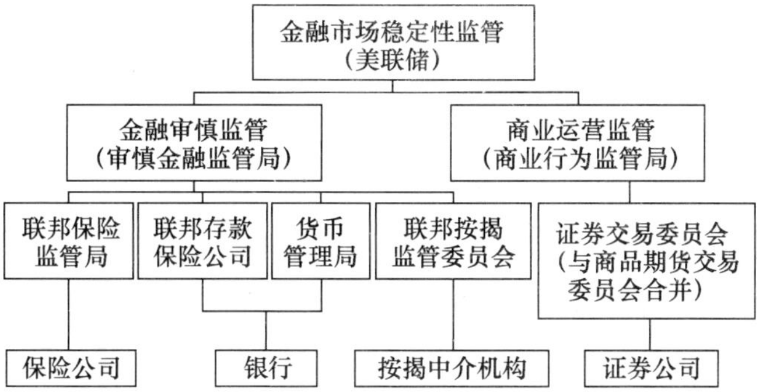

图7-2　美国“伞+双峰”模式

资料来源：朱摇摇、李辰：《美国金融监管体制改革趋势：“伞+双峰”的模式》，《海南金融》2009年第12期，第62页。

根据美国达维律师事务所（Davis Polk & Wardwell LLP）最新的《多德—弗兰克法案进展报告》，截至2014年5月1日，《多德—弗兰克法案》需要制定的398项规则中，完成的最终规则207项，占总数的52%；已提出建议规则93项，占23%；余下98项规则尚未提议，占25%。

分项目看，法案关于银行业改革、金融衍生品监管、系统性风险的规则制定进展较快，已完成超过一半或全部的规则制定，但在金融消费者保护、房贷改革、有序清偿效力方面立法相对滞后，尚有超过一半的规则有待制定。

---

① 一级金融控股公司是指那些大型的高度杠杆化、关联度复杂、自身倒闭能够威胁整个金融体系稳定的公司。

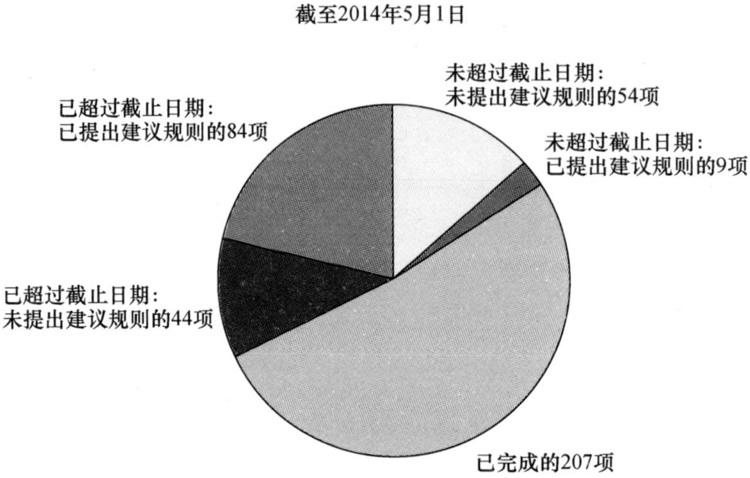

图 7－3　《多德—弗兰克法案》整体完成情况（截至 2014 年 5 月 1 日）

（3）改革重点之一：沃尔克规则。美国货币监理署（OCC）、美联储（FED）、联邦存款保险公司（FDIC）和美国证监会（SEC）于 2011 年 10 月 11 日联合发布了《禁止与限制自营交易以及投资对冲基金和私募股权基金（征求意见稿）》（Prohibitions and Restrictions on Proprietary Trading and Have Certain Interests in, or Relationships with, Hedge Funds and Private Equity Funds）。该草案是对《多德—弗兰克法案》中“沃尔克规则”原则进行的细化：一是明确实施范围。明确受联邦存款保险保护的存款机构及其银行附属机构（包括海外附属机构）禁止以其自有资金进行有价证券、衍生品和其他金融工具的短期自营交易，禁止拥有或投资对冲基金或者私募股权基金，例外情形下不得超过银行一级资本的 3% 以及基金资本的 3%。二是设定豁免条款。不受“沃尔克规则”的限制包括由美国政府、政府支持企业、地方政府发起的金融工具的交易，流动性、资产负债管理方面的自营交易。三是要求建立内部合规机制，向监管机构报告相关数据，确保其相关交易业务合规，监管机构可以识别自营交易和高风险投资策略。四是区分合法的做市行为和禁止的自营交易，从风险管理、收入来源、单位风险收益、面向客户的活动、佣金费用、薪酬激励六个方面对两者进行区分，并明确合格做市商交易要列入例外情形的七个方面准则。

2013 年 12 月，美联储、商品期货交易委员会、联邦存款保险公司、货

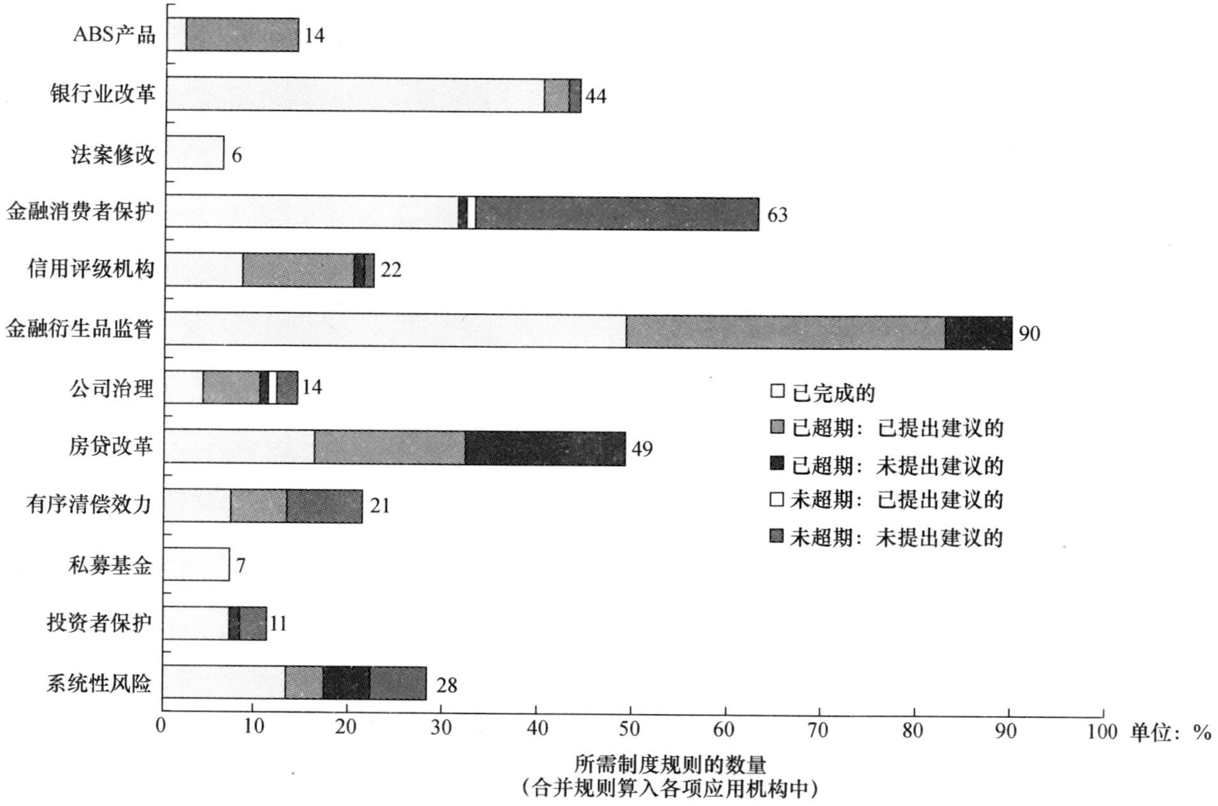

图7-4　《多德—弗兰克法案》分项目完成情况（截至2014年5月1日）

币监理署和 SEC 五家监管机构联合发布“沃尔克规则”最终条款，限制银行业机构开展证券、衍生品、商品期货等高风险自营业务，限制其发起或投资对冲基金和私募股权基金，进一步明确了限制业务的豁免情形，包括允许银行机构开展外国主权债务交易等。根据银行机构的资产规模设定门槛，制定实施相应的合规计划、记录和报告要求。“沃尔克规则”的实施将促使美国大型银行采取更加稳健的经营战略和业务模式，有助于减少投机交易业务对传统银行体系的冲击，重建对银行体系的信任和修复市场信心。

（4）改革重点之二：银行控股公司监管。鉴于银行控股公司控制着美国银行业资产的96%，自然成为美国银行监管的重中之重。《多德—弗兰克法案》出台前，原《银行控股公司法案》规定，只有当银行控股公司的行为威胁到整个存款机构联盟的安全和稳定时，美联储等监管机构才能够采取强制措施对其进行检查与管控。金融危机后，为扩大监管机构权力，《多德—弗兰克法案》废除了此项规定，据此美国联邦银行监管机构于 2012 年 7 月再次对《银行控股公司监管手册》进行了增补，并于 2012 年 9 月 5 日公布。根据此次增补内容，美联储等监管机构监督检查的内容得到了拓展，主要包括银行控股公司及其附属机构的运营状况和财务状况、风控制度执行情况、银行控股公司的重大运营风险与财务风险、相关风险控制体系。同时赋予有权监管机构相应的监管灵活性，比如监督检查可根据需要在某一特定时点，通过一系列有针对性的或一定范围的审查开展，也可以在持续的或正在进行的基础上，对规模最大、最为复杂的银行业机构展开。此外不再像过去一味依赖附属存款机构的检查报告或基层金融监管机构检查，改为全方位地收集信息、全面地开展风险评估，要求加强与基层金融监管机构的交流与合作，充分利用外部审计机构的财务报表，广泛收集媒体的公开报道或其他信息等，避免重复监管、减少监管支出。

（5）改革重点之三：金融消费者保护。《多德—弗兰克法案》最重要的亮点之一就是强化了金融消费者保护①，授权设立独立的部门——美国消费者金融保护局（Consumer Financial Protection Bureau，CFPB），已于 2011 年正式运行，专门负责监管资产 100 亿美元以上的美国金融机构，旨在促进公

① 根据《多德—弗兰克法案》，部分制定金融消费者权益保护法规的职权被移交给消费者金融保护局。对于资产规模大于 100 亿美元的存款机构，由消费者金融保护局行使部分法律的监督和执法权；对于资产规模等于或小于 100 亿美元的存款机构，继续由美国审慎监管者（货币监理署、美联储、联邦存款保险公司和国家信用社管理局）行使部分法律的监督和执法权。

平和透明的抵押贷款、信用卡和其他消费金融产品和服务，保护金融消费者权益，解决非银行金融机构监管真空问题。具体措施包括：①完善金融消费者保护法规体系。CFPB 于 2012 年 1 月出台涵盖汇款规定、预付费借记卡新规则等在内的一系列要求。②不定期审查实施效果。CFPB 于 2011 年 2 月就美国《信用卡问责、责任和信息披露法》对信用卡市场定价和需求的影响问题，召集相关代表和专家共同讨论。同时，CFPB 对占信用卡市场 90% 的九大信用卡发行机构进行了调查，结果表明自该法案生效以来信用卡利率、超限费及过期还款费都得到了有效的抑制。③制定更严格的抵押贷款信息披露制度。如 CFPB 于 2011 年 5 月发起"贷款前先了解"项目，要求有关机构简化抵押贷款披露表格，清晰披露贷款的成本及风险，以便消费者选择。④保障通畅的消费者投诉渠道。为了更好地收集和跟踪投诉信息，CFPB 专门设立了消费者投诉办公室。2011 年 7 月 21 日至 2012 年 6 月 1 日，CFPB 受理了约 45630 份消费者投诉件，超过 81% 的投诉件已被送至金融机构进行审查和向消费者回复。⑤将非银行金融机构纳入监管范畴。为了更加充分、有效地监管非银行金融机构，CFPB 于 2012 年 1 月公布相关监督程序，同年 2 月首次举行听证会对可能存在发薪日贷款公司中非法或滥用行为进行监察。

（6）改革重点之四：存款保险制度。《多德—弗兰克法案》对于美国存款保险体系具有里程碑意义。在该法案通过之前，FDIC 虽然名义上负责所有被其保险银行的破产处置，但实际上多为规模较小、业务相对简单的区域型银行或社区银行。《多德—弗兰克法案》拓展了 FDIC 的破产处置权和金融监管权，规定无论银行类还是非银行类，所有被 FSOC 认定为系统性金融机构（包括大型银行的控股母公司和大型证券公司），都属于 FDIC 处置范围。同时为了更好地监督这些金融机构，FDIC 设立了专门监管部门，负责这些机构的现场和非现场监管，包括总资产在 500 亿美元以上的大型银行控股机构和所有被 FSOC 认定为系统性的非银行类金融机构。同时，《多德—弗兰克法案》进一步加强了 FDIC 财力保证。该法案规定，存款保险准备金率[①]由原 1.15% 提高到 1.35%，取消以前 1.5% 上限和高于 1.35% 时必须向银行派发红利的要求；规定 FDIC 可依据银行的总体负债来征收保费。总体负债是指总资产减去有形权益资本，用以替代原来的依据，即银

---

① 存款保险准备金率是指即联邦存款保险基金的资金量/总保险金额的比率。

行的国内存款总量。不难看出，这些规定主要目的在于增加系统重要性金融机构的运营成本，在一定程度上减少其相对竞争不公平性，削弱在融资方面系统重要性金融机构相对于中小型银行的竞争优势。

3. 系统重要性金融机构监管机构

危机后，美国系统重要性金融机构监管仍旧是多头监管，但是分工相对明细。美国金融稳定监督委员会（FSOC）负责宏观层面的识别和监管职能，同时协调 FDIC、OCC、FED、SEC 等监管机构对跨业系统性风险进行监管，同时 FSOC 要求资产规模超过 500 亿美元的金融机构定期报告相关财务、风险管理、交易与业务等情况。微观层面，FED 负责研究如何对系统重要性金融机构实施具体监管，以及如何评估单家机构的系统性风险等问题。

根据 2010 年 7 月颁布的《多德—弗兰克法案》的规定，部分制定金融消费者权益保护法规的职权被移交给消费者金融保护局①。对于资产规模大于 100 亿美元的存款机构，由消费者金融保护局行使部分法律的监督和执法权；对于资产规模等于或小于 100 亿美元的存款机构，继续由美国审慎监管者（FDIC、OCC、FED 等）行使部分法律的监督和执法权。FDIC 设立了办公室，即“Office of Complex Financial Institutions”（CFI），专门负责对两类金融机构进行监管：一是总资产 1000 亿美元以上的银行控股公司，二是非银行类中被 FSOC 认定为系统重要性的机构，CFI 负责在此类机构倒闭时实施清算。

2013 年，FSOC 主要开展了以下工作：一是发布年报，总结美国宏观经济金融形势和金融市场发展情况，梳理金融监管改革进展，分析美国金融稳定面临的潜在风险，并提出下一步政策建议。二是确定系统重要性非银行金融机构名单。2013 年 7 月，按照《多德—弗兰克法案》规定的评估指标以及 FSOC 制定的评估方法，认定美国国际集团、通用电气金融服务公司和保德信金融公司 3 家系统重要性非银行金融机构，将由 FED 对其进行更加严格的审慎监管。

2013 年 4 月 25 日，美国金融稳定监督委员会（FSOC）发布了 2013 年

① 消费者金融保护局（CFPB）是美国奥巴马政府因应 2008 年金融危机后金融业弊端而成立的，2011 年正式运行，负责监管资产 100 亿美元以上的美国金融机构。该机构由《多德—弗兰克法案》所授权，负责促进公平和透明的抵押贷款、信用卡和其他消费金融产品和服务。司法管辖权包括银行、信用社、证券公司、抵押贷款服务业务，收债公司及其他金融公司等。

年度报告①，建议由联邦保险局（FIO）代表美国保险业监管者，通过美国保险监督官协会（NAIC）继续在以 FSB 和 IAIS 领导的国际保险业协作中发挥积极作用。美国正在加强与国际同行的合作，以建立针对主要全球系统重要性金融机构的跨境处置计划，明确有关处置标准，并推动各方深入讨论跨境处置合作安排。FSOC 建议美国联邦存款保险公司（FDIC）与欧盟建立联合工作组，讨论有关大型银行和系统重要性金融机构的存款保险和处置问题。FSOC 认为完善数据标准不仅有助于改善金融机构自身的风险管理，对监管部门也非常重要。制定和实施法人机构识别编码体系（LEI）就是好的开始，有助于更准确地识别特定金融交易的参与方，并有效评估对手方风险。FSOC 希望金融研究办公室（Office of Financial Research，OFR）与委员会有关成员机构在必要时共同推动建立和使用有关数据库，来识别法人机构、金融产品以及交易，改善数据质量，使监管部门更便利地获得标准化、汇总的数据。另外，建议各国监管部门进行跨境金融监管数据分享，以对跨境金融机构和市场进行更全面的监管，完善维护金融稳定的国际协调机制。同时，FSOC 建议 FED 继续努力推动金融机构加强前瞻性的资本和流动性规划；提出更严格的审慎标准，要求最大的银行控股公司、在美国设有分支机构的外国银行以及被 FSOC 特别指定的非银行金融企业满足更高的资本和流动性要求。建议各监管机构继续在制定监管规则方面加强协调，确保金融机构完善资本规划，增强资本实力。FSOC 还建议 FED 和 FDIC 继续履行职责，推动金融机构建立并完善有关处置计划。

自从雷曼兄弟倒闭后，美国监管机构认为单纯对金融机构当前的资本充足率状况监管不足以防范此类事件重演。自 2009 年起，FED 对大型银行进行压力测试，以检验大型银行在经历极端衰退或冲击后是否还能保持 5% 的核心一级资本充足率水平。这一计划被称为“综合资本分析评估”（Comprehensive Capital Analysis and Review，CCAR）。FED 已将 CCAR 制度化为年

① 根据《多德—弗兰克法案》的相关规定，FSOC 必须每年向国会提交一次年度报告，报告应涵盖如下六个方面的内容：一是该委员会的活动情况；二是金融市场和监管方面的重大进展（包括保险和会计监管规定、标准变更）以及其对金融体系稳定产生影响的评估；三是分析美国金融稳定所面临的潜在风险；四是根据《多德—弗兰克法案》113 条或者第八节所做出的所有决定及决策依据；五是根据《多德—弗兰克法案》119 条所提出的所有政策建议以及有关结果；六是其他政策建议，包括提高美国金融市场的完整性、有效性、竞争性以及稳定性的建议，增强市场纪律的建议以及保持投资者信心的建议等。

度例行检查，并不断扩大检查范围。对于通过CCAR评估的银行可实施年度分红和股票回购计划，未通过的则需要再次提交修改后的资本计划，如仍未通过将无权进行当年的分红和股票回购。下面，以FED最近两次CCAR评估为例。

2013年3月7日，FED发布的金融危机后第三次CCAR结果显示，18家参与压力测试的银行中除了联合金融公司（Ally Financial）以外都达到了FED 5%的最低资本缓冲率要求。压力测试结果表明，美国主要的银行控股公司继续改善其资本状况，整体上比金融危机发生前资本更为稳健，能够抵御极端不利的经济情形所带来的冲击。按照FED最不利的情境假设，在失业率升至12.1%、股价下跌超过50%、房价下跌超过20%，以及大型交易公司遭受市场剧烈冲击等情形下，18家银行控股公司在压力测试所涵盖的9个季度中预计的损失总额为4620亿美元，整体一级普通资本充足率将从2012年第三季度的11.1%下降至2014年第四季度的7.7%。FED认为，即使在如此极端的不利情形下，18家大型金融机构的资本状况也要比2008年末的5.6%要好很多。根据《多德—弗兰克法案》，FED每年要对具有系统重要性的大型银行进行压力测试。这一压力测试结果好于2012年，根据2012年3月公布的压力测试结果，接受测试的19家大型银行中，包括花旗、联合金融公司在内的4家银行未能通过测试。

2013年11月1日，FED发布《2014年多德—弗兰克法案下的压力测试情景和资本计划规则》，标志着FED开始实施第4次CCAR评估，压力情景时间窗口为2013年第四季度至2015年第四季度，三种情景假设包括基础情景、不利情景和极端情景。此次评估要求总资产在500亿美元以上的银行需提交年度资本计划，测试对象由第3次的18家扩展至30家，12家银行首次参加测试。第4次CCAR评估资本计划包括：公司内部资本充足水平评估过程；未来9个季度的资本措施相关政策，如普通股发行、红利政策、股票回购等；自我压力测试报告等。2014年3月26日，FED宣布测试结果，5家银行未通过测试，包括花旗银行和锡安银行2家美资银行以及汇丰银行、苏格兰皇家银行和西班牙桑坦德银行3家欧洲银行在美中间控股公司。

本轮国际金融危机中，FED对系统重要性金融机构开展了前所未有的大规模流动性支持与救助行动，努力恢复市场信心，稳定金融市场，保证信贷渠道顺利运行，避免美国实体经济受到威胁。

表 7－6　未通过美联储第 4 次 CCAR 测试的 5 家银行及其原因

名称	未通过测试类型	未通过测试原因
花旗银行	定性评估	缺乏对压力情景下收入和损失的预测能力，以及缺乏设计各类压力情景来反映其不同风险敞口受冲击路径的能力
锡安银行	定量评估	核心一级资本充足率水平低于5%
汇丰银行	定性评估	缺乏对压力情景下收入和损失的预测能力，以及缺乏设计各类压力情景来反映其不同风险敞口受冲击路径的能力；资本充足水平评估过程中公司治理和内部控制等环节不足够可信
苏格兰皇家银行	定性评估	缺乏对压力情景下收入和损失的预测能力，以及缺乏设计各类压力情景来反映其不同风险敞口受冲击路径的能力；资本充足水平评估过程中公司治理和内部控制等环节不足够可信
西班牙桑坦德银行	定性评估	公司治理、内部控制、风险识别和风险管理、管理信息系统以及运用假设和分析的合理性问题

注：美国银行和高盛集团是在极端情景下其资本充足率低于监管标准，高盛集团未达标的是一级资本杠杆率，美国银行则是一级资本风险比率和一级资本杠杆率。美国银行和高盛集团通过修改资本计划减少未来股息支出后才得以通过测试。

资料来源：美联储。

表 7－7　美联储对相关系统重要性金融机构的流动性支持与救助行动

银行机构	流动性支持与救助工具
贝尔斯登	过桥贷款（Bridge Loan）
	Maiden Lane LLC
美国国际集团	循环贷款（Revolving Credit Facility）
	证券出借工具（Securities Borrowing Facility）
	Maiden Lane Ⅱ与Ⅲ LLC
花旗集团	发布支持金融机构声明
美国银行	

资料来源：美联储。

首先是贝尔斯登。2008年初，贝尔斯登财务状况急剧恶化，寻求美联储流动性支持。由于该公司总资产接近4000亿美元，并且其在回购交易市场、柜台外衍生品与外汇交易、按揭支持证券以及证券清算服务等众多领域上都是主要交易商，如果其陷入危机，整个金融体系将受到严重冲击。为此，2008年3月14日，美联储通过摩根大通银行（Morgan Chase）向贝尔斯登提供129亿美元的过桥贷款（Bridge Loan），以帮助该公司争取时间与其他金融机构合并。贝尔斯登公司为该笔贷款提供了价值138亿美元的资产作为担保。两天后，该贷款被偿还，并附有400万美元利息。随后，为促进摩根大通与贝尔斯登两者的合并，纽约联储设立了专门用来收购贝尔斯登资产的Maiden Lane有限责任公司（Maiden Lane LLC）。该公司分别从纽约联储与摩根大通获得290亿美元与10亿美元贷款后，收购贝尔斯登大约300亿美元的资产。Maiden Lane LLC将通过其管理资产获取的收益来偿还贷款。

其次是美国国际集团（AIG）。2008年9月，AIG遭受严重流动性危机。由于AIG倒闭可能会对美国各级政府、退休养老金、银行与保险机构以及商业票据等金融市场产生无法估量的冲击，美联储推出了一系列流动性工具来支持AIG。一是循环贷款（Revolving Credit Facility）。2008年9月，美联储宣布，向A1G提供期限为两年的850亿美元循环贷款额度，利率水平为3个月Libor加850个基点。AIG需提供其大部分资产作为抵押，并将通过资产出售来偿还贷款。随着AIG条件的改善，美联储后又数次调整贷款额度、利率与期限。2009年3月，循环贷款额度调整到350亿美元，贷款利率水平变为Liborr加350个基点。2010年9月，AIG与纽约联储、美国财政部达成协议，尽快偿还所有循环贷款。为此，AIG通过出售旗下美国人寿（ALICO），并将旗下的美国友邦保险（AIA）上市，获得了260亿美元现金，存入纽约联储账户。目前各方仍在就相关协议开展工作。二是证券出借工具（Securities Borrowing Facility）。为保证AIG在金融市场上顺利开展证券融资，2008年10月，纽约联储推出了证券融资工具，以现金从AIG买入378亿美元的投资级固定收益证券，以保持其流动性。三是Maiden Lane Ⅱ与Ⅲ。2008年11月，美联储与财政部联合开展了AIG救助重组行动，设立了Maiden Lane Ⅱ与Ⅲ两家有限责任公司（LLC）。2008年12月，纽约联储向Maiden Lane Ⅱ LLC发放贷款195亿美元，支持该公司从AIG购买按揭支持证券资产。该贷款期限为6年。贷款利率为1个月Libor加100个基点。Maiden Lane Ⅱ LLC使用其持有资产形成的现金流来偿还纽约联储贷款与利息。2008 年 11 月，纽约联储向 Maiden Lane Ⅲ LLC 发放贷款 243 亿美元，以支持该公司购买抵押债务证券（Collateralized Debt Obligations，CDOs），以取消 AIG 发行的信用违约互换（Credit Default Swap）以及其他合约。Maiden Lane Ⅲ LLC 另外还获得从 AIG 提供的 50 亿美元。2012 年 3 月与 6 月，Maiden Lane Ⅱ与Ⅲ分别向美联储全额偿还借款及利息。这标志着美联储彻底圆满完成并退出了对 AIG 的救助行动。

最后是发布支持金融机构声明。2008 年 11 月与 2009 年 1 月，财政部、美联储与存款保险公司分别就花旗集团与美国银行联合发布声明，美国政府对分别高达 3010 亿美元与 1180 亿美元的资产池提供保护与支持，维护金融稳定。美联储对这两家机构均未提供实质性贷款支持。在协议结束时，纽约联储分别从花旗集团与美国银行获得了 5000 万美元与 5700 万美元相关费用。

二、英国

1. *危机前：统一监管模式*

（1）监管模式：由分业监管向统一监管转变。回顾英国金融监管改革历程，不难发现危机前英国金融监管模式大致经历过三个阶段：

第一阶段是 1986 年金融“大爆炸”之前。英国监管模式主要特点为放任式监管，监管机构为英格兰银行（Bank of England，BOE），监管方式多采取“道义劝说”、“君子协定”等方式。但随着英国金融业迅速发展，这种监管模式开始暴露出问题。1974 年前后，BOE 不得不改变一贯放任式立场，出面担保边缘银行（Fringe Banks）以避免挤兑危机波及核心银行甚至整个金融体系。由于这些银行多为二级银行（Secondary Banks），不属于 BOE 担保职责范围，这次危机令英国监管当局反思自己的监管思路，最终于 1979 年出台了《1979 年银行法》（*Banking Act* 1979），自此英国金融监管开始法制化规范管理阶段。

第二阶段是 1986 年金融“大爆炸”到 1997 年。这个阶段英国金融监管特点为“以行业自律为主、以政府管制为辅”分业监管模式，监管主体为以 BOE 为代表的多个主体。1979 年撒切尔政府上台后，实施了一系列影响深远的金融改革措施，履行“减少政府干预，让市场机制发挥更大作用”的竞选口号，致力于创造一种政府与市场之间的自由放任关系，金融业恢复了竞争活力和全球吸引力，伦敦的国际金融中心地位得以巩固。面对金融业混业经营模式，英国议会于1986年通过了《1986年金融服务法》（Financial Services Act 1986），标志着金融“大爆炸”（Big Bang）全面实施。为了推进自由化改革政策，英国金融监管主要依赖行业自律，与金融业迅猛发展相比，不但没有加强反而有所减弱。

第三阶段是1997年至本次危机前。20世纪90年代，面对国际商业信贷银行破产和巴林银行倒闭①等事件引发的加强金融监管的呼声，由刚刚成为执政党不久的新工党组建的英国政府于1997年开始分阶段进行全面金融监管改革。同年10月，将证券与投资委员会（Securities and Investments Board，SIB）重新改组成为金融服务局（Financial Services Authority，FSA）；随后在1998年6月，将英格兰银行的银行监管职能移至FSA；2000年5月，负责监管伦敦证券交易所的英国上市局（UK Listing Authority）被并入FSA。然而最终奠定统一监管模式是在英国皇室2000年6月批准《2000年金融服务和市场法》（FSMA 2000）生效之后，证券和期货局（Securities and Futures Authority）、投资管理监管组织（Investment Management Regulatory Organisation）、个人投资局（Personal Investment Authority）、Building Societies Commission、Friendly Societies Commission、Register of Friendly Societies等机构职责都并入FSA。随后FSA还根据财政部的决定，分别于2004年10月和2005年1月接管了对抵押贷款业务和保险业务的监管职责，英国金融监管实现了大统一。

（2）监管主体：三方共治模式沟通协调难度较高。危机前英国金融监管采用的是统一监管模式，金融稳定采用的是三方共治模式。北岩银行挤兑事件发生时，英格兰银行、金融服务局和财政部主要依据1997年10月

---

① 1991年7月，在英国拥有45家分行的国际商业信贷银行（Bank of Credit and Commerce International，BCCI）因被发现做假账和丧失清偿能力而被英格兰银行关闭。许多人批评英格兰银行未能履行其对国际商业信贷银行的监管。英国政府的有关调查表明，虽然英格兰银行没有失职，但监管体制存在缺陷。该调查还建议在英格兰银行内设立一个对金融机构进行调查的特别机构，以便对英格兰银行获得的任何重要信息进行快速的甄别。1995年2月26日，英国最老的商人银行巴林银行（Barrings Bank）倒闭。导致这一倒闭的直接原因是其内部管理不善。一个名叫尼克·里森（Nick Leeson）的交易员在从事未经批准的金融衍生产品交易时蒙受了巨额亏损。但是，许多人认为，作为银行监管的最高权力机构，英格兰银行未能及早发现巴林银行的问题，也未能提出希望巴林银行强化其内部管理的要求。里森本人也在其自传中说：“有一群人本来可以揭穿并阻止我的把戏，但他们没有这么做。我不知道他们的疏忽与罪犯级的疏忽之间界限何在，也不清楚他们是否对我负有什么责任。”

《财政部、英格兰银行和金融服务局之间的谅解备忘录》，按照“职责明确、透明办公、避免重复、信息交流”要求，英格兰银行负责英国金融体系的总体稳定，金融服务局负责微观金融稳定，财政部一般不参与具体操作过程，只有在紧急情形发生时才会被金融服务局和英格兰银行通知，即问题已经波及整个金融体系甚至引发经济危机，或须财政部支持，或须修改法律等。然而，由于上述备忘录条款过于粗糙、法律约束力较低，一旦发生严重危机事件，三方之间缺乏信息的协调和适当的信息交换，反因职责不够细化、沟通不够及时、判断不够准确，很难开展密切配合，相反互相推诿。在北岩银行挤兑事件中，这种三方共治模式一瞬间近乎“瘫痪”，出现问题后，英国财政部、英格兰银行和英国金融服务局围绕拯救方案争论了 5 个月，延误救助时机，最终放任事件恶化成危机。

此外，三方沟通协调机制运行不畅导致了监管目标无法统一，一定程度上导致了救助延误和决策错误。三方共治机制在金融体系运行正常的情形下有助于独立客观行使职权和权力间有效制衡。但在风险事件向潜在危机转换的过程中，三方监管目标不统一的问题将会因沟通协调机制运行不畅被放大，最终无法达成共识，采取迅速一致行动。以北岩银行挤兑事件为例，金融服务局过于关注个体机构的微观审慎监管，忽略了金融体系在宏观层面上所积累的系统性风险；英格兰银行和财政部又过度关注防范金融机构的道德风险问题，而没有正确评估前者带来的损失与未及时救援所带来的社会与经济成本孰高。在这样的金融稳定框架下，北岩银行遭受长时间挤兑，最终被临时国有化。

（3）监管理念：“风险为本、原则导向”监管理念遭受质疑。英国金融服务局（Financial Service Authority，FSA）于2000年和2006年分别推行“风险为本”（Risk Based）和“原则导向”（Principles Based）监管理念，可以说这一监管理念对近年来英国金融市场的繁荣功不可没，这也是为什么该理念能够受到美国、加拿大、日本和韩国等国监管机构的广泛关注和学习效仿的原因。

但是，本次危机后，特别是北岩银行挤兑事件，引发了人们对“风险为本、原则导向”监管理念的反思和质疑。这种监管理念往往缺乏细致的规则，而突出强调过于原则性的监管过程，而在这个过程中，监管者也过多地关注客户、机构和市场试图实现的结果，而不再侧重于金融机构的运营过程。这种原则性监管理念最终却导致监管缺位的结果，这是因为监管者过度依赖市场自律，过分相信金融机构的高管层能够在风险管理发挥应有作用，在某种程度上金融机构自身甚至都变成了理解和应用“风险为本、原则导向”监管理念的责任主体。但是在实践中，过度依赖金融机构自律的监管理念无法长期有效的重要原因在于监管当局和金融机构的目标并不统一，前者注重金融稳定和金融机构商业行为的合规性，而后者更加注重利润最大化和追求更大的市场份额。

2. 危机后：准双峰型

（1）监管法规的变化——由“小补”到“大改”。政府换届再次成为英国金融监管改革的“分水岭”。危机时在任新工党主导的以 FSA 为主体的统一监管模式受到了多方诘难。对此，新工党政府自 2007 年危机爆发后陆续颁布系列法规，但总体来说，还是坚持维持 FSA 的监管主体地位，以修补监管漏洞为主。为填补对冲基金实施监管的空白，专门于 2007 年 10 月设立对冲基金标准管理委员会，并于 2008 年 1 月出台相关标准。同时，针对北岩银行危机中反映出来的存款保护机制缺失问题，进一步出台了关于金融稳定和存款者保护的系列文件，如《强化现有框架（征求意见稿）》、《进一步的咨询》及《特殊解决机制》等。2009 年 2 月，布朗政府颁布了《2009 年银行法》（Banking Act 2009），赋予了 BOE 维护金融稳定的法定职责和在银行破产清算中的主导权，同时赋予了财政部稳定整个监管制度和法律框架的责任，但由于没有向 BOE 提供有效监管工具和明确财政部在危机时公共资金的处理方式等问题，《2009 年银行法》受到了改革力度不够的批评。应财政部要求，FSA 在 2009 年 3 月以主席特纳勋爵（Lord Adair Turner）的名义公布了长达 126 页的《特纳评论：监管当局对全球银行危机的回应》（The Turner Review：A Regulatory Response to The Global Banking Crisis）的报告，分析了国际金融危机的成因，以及提出了加强金融监管的 28 个建议①。2009 年 7 月，英国财政部公布了《改革金融市场》（Reforming Financial Markets）白皮书（简称“2009 年白皮书”），将危机归因于银行不负责任的经营活动而

---

① 28 条建议包括：增加银行资本的数量，提高其质量；提高资本充足率；在实施《巴塞尔第二协议》（“巴塞尔协议Ⅱ”）的过程中必须避免资本充足率的顺周期性；设立杠杆率的最高限度，以控制资产平衡表规模的过度扩大；强化流动性风险的管理；加强对资信等级评估公司、离岸金融业务和对冲基金的监管；为存款人提供足够的保险；改革金融机构高层管理人员薪酬和奖金制度，以避免其为了获取更多的经济收入而从事高风险的金融业务；加强国际合作；在欧盟范围内成立一个新的监管机构，使其拥有更大的权力，取代拉姆法路西委员会（Lamfalussy Committees，即欧洲证券管理委员会和欧盟证券管理委员会）；使英格兰银行的宏观经济管理与金融服务局的金融监管紧密地结合在一起。

非监管体制的失败，提出维持现有监管体制。英国议会在大选前夕，于2010年4月紧急通过了《2010年金融服务法》（Financial Services Act 2010），将2009年白皮书的主要内容确定了下来。

然而，保守党2010年执政后便开始了大刀阔斧的金融监管改革。这次暴风骤雨式的改革基本思想源于2009年7月保守党影子财政大臣奥斯本针对2009年白皮书发表的《从危机到信心：稳健银行业的计划》，主张应对现有体制改革更加彻底，提出撤销FSA，建立金融消费者保护局，强化宏观审慎监管，赋予BOE维护金融稳定和对所有银行及其他金融机构进行审慎监管的职责。英国新一届政府分别于2010年7月和2011年2月对《金融监管新方法：判断、焦点与稳定》和《金融监管新方法：建立更强大的系统》两次征求意见，于2011年6月正式发布了包括《2012年金融服务法草案》在内的“2011年白皮书”，即《金融监管新方法：改革蓝图》，并于2012年1月将草案正式提交议会。2012年6月14日，英国财政部代表政府发布了《银行业改革：维护稳定和支持经济可持续发展》白皮书（简称“2012年白皮书”）。2012年白皮书采纳了英国独立银行委员会（Independent Commission on Banking，ICB）[①] 于2011年9月《最终报告》中提出的改革方案意见，包括强化风险隔离、提高银行损失吸收能力以及增强银行业竞争等。可以说，以保守党主导的此次改革力图通过重建金融监管新架构，强化全面金融监管，致力于提高金融机构防范风险的能力，从而建立起更加稳定的金融系统和有效应对未来的金融危机。

（2）监管重点的变化——侧重风险隔离。风险隔离（Ring - fencing）又称“圈护法则”，是此次英国金融监管改革方案中最核心的内容，是由英国独立银行委员会于2011年9月发布的《最终报告》（Final Report Recommendations）第三章中提出的。“圈护法则”目的在于将服务于个人和中小企业的零售业务与风险较高的自营和投行业务分隔开来，同时提高资本要求，增强银行自身吸损能力，用以降低政府的担保风险，进而降低整个社会的经济成本。针对零售业务的重要性，2012年白皮书则指出，零售业务作为关键银行服务，一旦中断将对一国经济，尤其是对居民和中小企业产

---

① 2010年6月16日，英国财政大臣与商务大臣共同宣布成立英国银行业独立委员会，由前英格兰银行首席经济学家约翰·韦克斯爵士担任主席，其任务是制定一份详细的金融监管改革计划，以促进英国金融稳定，同时保持英国金融业在全球的竞争力。

生直接的重大影响，然而这一服务功能在短期内是无法被替代的，因此为了实现对纳税人和公众的双重保护，在银行业务中最应当受到保护和隔离（“圈护”）的就是消费者和中小企业的存款。“圈护法则”并不意味着全能银行功能的消失，而是要求其通过严格的内部设置隔离机制，将零售业务和高风险业务相互分离。由此可见，“圈护法则”本质上是“结构性分离”，旨在促使银行业的重心从过度综合化经营业务回归传统业务，保护零售业务免受外部风险的冲击，切断金融风险的传递链条，从而降低银行危机发生的概率，进一步奠定银行业长期稳定发展的基础。

与美国“沃尔克规则”相比，英国“圈护法则”对隔离要求更为严格，受隔离银行仅能从事信贷、支付结算、简单衍生产品等少数业务，同时须与控股集团内部其他实体保持充分的独立性。据估算，英国银行业有1/6～1/3 的资产将被“圈护”，1.1 万亿～2.3 万亿英镑资产总额，约占英国 GDP 的 75%～160%。由此可见，英国实施的包括“圈护法则”在内的改革方案可谓是其金融监管历史上最严厉的监管方案，未来将对英国乃至全球银行业的经营模式产生重大影响。据估算，这套改革方案代价是增加 40 亿～70 亿英镑的成本给英国银行业和每年英国 GDP 减少 6 亿～14 亿英镑。但是 ICB 认为提高金融稳定水平是要付出代价的，该方案实施的成本远远低于本次金融危机 1400 亿英镑的损失，即改革成本不到危机损失的 1%，更重要的是这项改革将抵消纳税人给予银行体系的“补贴”，让投资者而不是纳税人承担银行业的风险。

（3）监管主体的变化——“准双峰”模式。Taylor（2009）在总结危机教训时，认为 1998 年英国进行金融监管体制改革时没有听从他的建议，建立“双峰”式的监管体制，而实行由 FSA 统一监管。同时鉴于 FSA 的监管失败经历，对公司的审慎监管与对商业行为的监管需要不同的监管方法和监管理念，很难将两项职能统一由一家机构承担。新一届英国政府在对本次金融危机反思后认为，需要对现有金融监管框架进行大幅调整，实施“准双峰”式监管架构，即撤销目前财政部、BOE 和 FSA“三方共治”的监管架构，赋予 BOE 更多监管权力①，并成立三个新监管主体。具体架构为：英格兰银行下新设金融政策委员会（Financial Policy Committee，FPC），负

① 2009 年 2 月，英国议会通过了《2009 年银行法》，明确规定了英格兰银行作为中央银行在金融稳定中的法定职责和所处的核心地位，并赋予其相关的金融稳定政策工具和权限。

责监控系统性风险，实施宏观审慎监管，保留问题银行的处置权，监测分析威胁经济金融稳定的宏观问题（包括防止资产泡沫的产生），并有权采取相应行动。而原来 FSA 的审慎监管职能和行为监管职能将分别由新设立的两个机构承继[①]，即①审慎监管局（Prudential Regulation Authority，PRA），为英格兰银行（BOE）的附属机构，从微观层面上专门负责实施审慎监管[②]，范围包括所有存款类金融机构、投资银行和保险公司等；②金融行为监管局（Financial Conduct Authority，FCA），注重保护金融消费者和金融市场公平竞争，对所有存款类金融机构、投资银行和保险公司等的商业行为进行监管。同时，PRA 和 FCA 在与宏观审慎监管有关的方面都将接受 FPC 的指导。英国财政部及财政大臣对整个监管框架负责并确保公共财政的安全。上述调整已于 2012 年底完成，新的监管架构从 2013 年上半年起正式实施。此外，英国金融监管当局力图摆脱过去机械的监管模式，在监管机构决策层中引入外部金融领域专家，在具体监管中更注重以主观判断为主、合规式监管为辅的监管方式。可以说，一旦新的监管架构实施，英国各金融监管机构权责更加明确且具有相对独立性，同时又要求在分工的基础上加强协作配合。

整体上，英国金融监管架构引入宏观审慎监管是国际金融监管改革的大势所趋，但是由英格兰银行统一行使宏微观审慎监管职责确实开创了国际央行的先河。2013 年 4 月 1 日，《金融服务法》生效，英国新的金融监管体制正式运行，确立了英格兰银行负责货币政策、宏观审慎管理与微观审慎监管的核心地位。其内部成立金融政策委员会（FPC），负责宏观审慎管理，并下设审慎监管局（PRA），与金融行为局（FCA）一同负责微观审慎监管，取代原来的金融服务局（FSA）。12 月 18 日，《金融服务（银行改革业）法》获得最终签署批准，标志着英国银行业结构改革正式立法。法案规定银行集团需设立独立的实体分别开展零售银行业务和投资银行业务，

---

① 为了向新的监管架构过渡，FSA 于 2012 年 4 月 2 日起施行“内部双峰监管”（Internal Twin Peaks）模式，成立了审慎监管组（PBU）和行为监管组（CBU），并完成了内部人员分离。FSA 原有的 4000 人中，约 1100 人加入 PBU，其余约 3000 人加入 CBU。审慎监管组和行为监管组信息共享但独立运作，基于不同的监管目标做出独立的监管判断。按照 FSA 分拆计划，审慎监管组和行为监管组最终分别对应 PRA 和 FCA。

② 未来，PRA 将负责对超过 2000 家金融机构（商业银行、保险公司和少数投资银行）的审慎监管。其中约一半为存款类机构，包括英国的 157 家银行、48 家住房互助协会、652 家信用合作社以及 162 家海外银行的分支机构。

提高损失吸收能力，促进有序的银行业市场竞争，加强支付结算系统监管。

英格兰银行的金融政策委员会履行宏观审慎职责。FPC 自 2013 年正式成立以来，主要开展了以下工作：①每半年发布金融稳定报告，对英国金融体系系统性风险状况进行分析和评估，确定今后的工作重点集中在提高银行资本水平、解决“大而不能倒”、影子银行三方面。②定期向财政部、英格兰银行、PRA 和 FCA 等监管部门提出一系列政策建议，包括起草压力测试指引、修订流动性监管要求、评估长期利率骤升的脆弱性、提高网络攻击的应对能力、要求抵押房贷机构进行利率压力测试等内容。③FPC 被赋予制定、决策逆周期资本缓冲和行业资本要求两项宏观审慎工具的职责。1 月，FPC 发布政策报告，阐述了将如何应用上述宏观审慎工具及其对金融稳定和经济发展的潜在影响，并确定了涵盖银行业资产负债表、实体经济杠杆率、市场状况等一系列核心指标作为决策参考。

（4）监管理念的变化——事前介入和事后处罚。英国监管当局的监管理念在危机前后发生了显著变化。危机前，英国监管部门往往更多强调行业自律，较多信任银行的管理层能够做出正确决策。但此次危机令英国监管者不再盲目依靠银行的自觉性和可信赖度，具体监管中监管者对银行管理层的决策提出了更多的质疑和挑战，并要求提供更多的证据来支撑。危机后，英国金融监管理念也从过去以规则为基础的监管（Rule Based Supervision）演变为以对未来预期判断为基础的监管（Forward Looking Judgment Based Supervision），更注重采取有前瞻性和预判性的介入式（Intrusive）监管措施和行动，同时加大对不符合标准的金融机构采取处罚措施。

以新设的 FCA 为例，该机构负责批发市场行为和零售市场行为的监管，即处理市场效率、市场滥用、证券市场等批发行为，同时也负责零售市场中的消费者保护。FCA 的审慎监管方法是基于管理失败发生后如何加强管理，而非关注如何减少失败发生的概率，即注重事后监管而非事前防范。对未能满足监管标准的金融机构，FCA 主要采取信用威慑（Credible Deterrence）强制措施。具体包括：①惩罚措施。FCA 致力于使用更多严厉的惩罚措施（如高额罚款），使控股高级经理对其行为负责，并追求对相关责任人的刑事诉讼，同时为消费者争取相关补偿。②最终决定权。FCA 保留 FSA 关于监管决策委员会（The Regulatory Decisions Committee）和高级执行官间最终决定权的分配模式。③阻止权力。FCA 首要阻止金融机构被用于金融犯罪和阻止金融机构或是个人（包括高管层和一般职员）的金融欺诈行为。

④禁止权力。FCA 有权禁止对消费者构成无法承担的风险的产品。在需要立即采取干预措施的情形下，FCA 可以不经过意见征询，对金融机构的产品实施长达 12 个月的禁令。FCA 亦有权禁止误导性金融产品的市场推广并将其立即从市场中清除。

3. 系统重要性金融机构监管机构

2009 年《银行法案》（Banking Act 2009）的出台明确了英格兰银行在维护金融稳定中的核心地位，由其全面履行宏观和微观审慎监管的职责。同时下设金融稳定委员会（CFS），负责对系统性风险的监测和分析，并建立了针对问题银行的特别处置制度（Special Resolution Regime，SRR）。为实现权力集中和加强对系统风险的防范，2010 年 6 月 FSA 被整合至英格兰银行，同时成立金融行为监管局（FCA），以保护和强化公众对英国金融体系的信心。FCA 具体执行层面目标有三个：一是促进金融服务市场的有效性和选择多样性；二是确保对金融消费者正当利益的保护；三是保护和强化英国金融体系的诚信，减少金融犯罪可能性。

与之前 FSA 监管理念不同，FCA 更注重行为监管的完整性和早期性：

（1）完整性方面。危机前对金融行为的监管模式存在一定的割裂性缺陷，造成不同监管部门之间各管一段，容易留出监管的灰色地带和空白地带，形成金融风险隐患。危机后，对金融行为监管更强调从生到死的全周期监管，更为强调一管到底的监管模式。如英国金融改革前对未发生透支客户账户的由 FSA 负责监管，一旦发生透支后则转到公平交易办公室（The Office of Fair Trading，OFT）处理。此次金融改革后，公平交易办公室（OFT）的消费者信用监管职能也一并转移至 FCA，不仅保持监管的一致性，也使金融消费者只需要面对一个监管主体。

（2）早期性方面。强调对早期产品设计者和提供者的行为监管。2012 年 3 月，FSA 最终定稿并公布的《零售产品的开发和治理——结构性产品回顾》指引，就是英国监管当局加强行为监管的一个最佳案例。通过近半年对结构性产品的专题调研和对 7 家主要产品供应商的走访，FSA 认识到良性的产品开发和市场营销机制的缺乏，将增加产品设计不佳、不当销售和消费者误买的风险。为此，FSA 制定了新的指引来指导产品开发和市场销售，重点是关注产品生命周期的早期阶段，这与 FCA 所采取的积极干预式监管是一致的。而这一行为监管理念的转变，同危机前仅关注产品销售流程的理念，又有了实质性的前移。

英格兰银行被指定为所有金融机构的处置机构。危机后，英国建立了针对银行类机构的“特别处置机制”（Special Resolution Regime），明确英格兰银行为处置机构，负责问题金融机构的有序处置和退出。随着英国金融监管体制改革的逐步推进，特殊处置机制的适用范围已从银行和建筑协会扩大到所有受 PRA、FCA 监管的机构，包括存款吸收机构、投资公司、金融控股公司、中央交易对手方等。《金融服务法》进一步规定，英格兰银行及其下设 PRA 负责危机管理的实施：PRA 负责判断是否需要启动处置程序，一旦进入处置程序，即由英格兰银行新设的特殊处置部门（Special Resolution Unit，SRU）负责，包括动用处置工具、与相关机构协调等。危机也促使英国对其存款保险制度进行反思，对金融服务补偿计划（FSCS）的一些制度性安排进行改进。一是要求每家存款吸收机构进行“单一客户概览”（Single Customer View），即对所有受保的存款人账户信息进行集中统计，以便于发生赔付时迅速向 FSCS 提供存款人的存款信息。二是取消原有需存款人提出申请才能进行赔付的规定，要求 FSCS 在银行破产后自动启动存款人赔付程序。三是制定严格的赔付期限，要求 FSCS 必须在银行破产 7 天内进行赔付。

三、澳大利亚

1. 危机前：双峰型监管模式

自 1998 年金融监管体系改革之后，澳大利亚开始实行双峰型监管模式。澳大利亚储备银行（Reserve Bank of Australia，RBA）仅负责实施货币政策，而将其原有的审慎监管的职责分离出来，改由新成立的澳大利亚审慎监管局（Australian Prudential Regulation Authority，APRA）对银行、信用联社、房屋协会、保险和再保险公司、友好协会和退休养老金等实施审慎监管。同时，作为“双峰”的另一峰——澳大利亚证券投资委员会（Australian Securities and Investment Commission，ASIC）主要负责对各金融机构商业行为进行监管，维护市场诚信和保护消费者权益。在监管实践中，上述三大金融监管机构由一个非正式合作主体——金融监管理事会（Council of Financial Regulators，CFR）进行协调，通过成员两两之间达成理解备忘录，形成高效的合作机制，以便及时充分地交流信息，明确各自职责，避免职能重叠或真空。此外，澳大利亚联邦财政部（Commonwealth Treasury of Australia，

CTA）负责对 APRA、ASIC 等监管机构的主要负责人的任命，协助其他监管机构共同推动相关监管政策的实施。

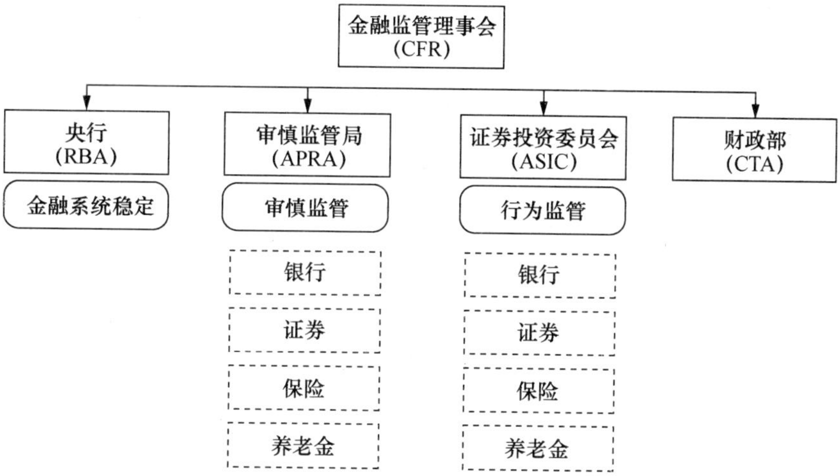

图 7－5　澳大利亚金融监管架构

资料来源：根据 G30 于 2008 年发布报告 "The Structure of Financial Supervision: Approaches and Challenges in a Global Marketplace" 第 193 页整理。

2. 危机后：维持双峰式

本轮国际金融危机后，澳大利亚的金融体系迅速恢复，特别是澳大利亚经济及金融产业的表现尤为出色，这些都与其所采用的双峰型监管模式有着千丝万缕的联系。因此，澳大利亚认为双峰式监管模式有助于应对金融危机，未来将维持这一模式。

在全球 33 个发达国家①中，澳大利亚作为最早从国际金融危机中迅速复苏的国家之一，一方面因其拥有完善的金融体系、活跃的金融市场和强大的金融服务业②；另一方面与其最早采取双峰式监管模式有着密不可分的关系。与其他深受金融危机困扰的发达国家不同，澳大利亚没有陷入经济

① 一般人均 GDP 在 1 万美元以上（按名义汇率计算）加上一定程度的社会发展水平就可基本定义为发达国家。

② 澳大利亚贸易部长 Simon Crean（西蒙克林）于 2010 年指出"澳大利亚能够比大多数国家更好地应对全球金融危机的一个原因是金融服务业的强大实力"。

衰退和金融动荡，没有经历银行破产，甚至自始至终未出现任何濒临倒闭或者需要政府救援的金融机构，这些都得到国际社会的广泛认可。IMF 分别于 2008 年和 2009 年在对澳大利亚的两次国别报告中评述道："澳大利亚金融体系整体健康，金融危机对澳大利亚银行业的影响相对有限①。"

3. 系统重要性金融机构监管机构

危机后，澳大利亚监管机构仍为澳大利亚审慎监管局（APRA），对系统重要性金融机构从立法层面进行统一的审慎监管。其优势在于：①便于监管资源和相关监管标准的统一；②有利于保证监管思路的一致性，从而保障短期、中期和长期的监管目标实施的有效性；③有利于避免监管真空或监管政策间的相互矛盾，进一步提高和增强监管质量和效率；④有助于监管机关寻求在监管理论和监管实践之间的平衡。通过本次危机，澳大利亚金融监管再次坚定了对双峰式监管模式的信心，尤其是在金融创新不断涌现和未来金融混业趋势下，澳大利亚金融监管通过自身实践，已经逐渐摸索出一套相对成熟的监管方式，未来将继续在谨慎监管的稳定性和促进金融产品创新的灵活性之间找到最佳的平衡点。

四、荷兰

1. 危机前：双峰型监管模式

现行的荷兰金融监管体系主要是通过两次变革形成的：第一次变革是 2002 年由过去的分业监管模式演变为目标监管模式，即荷兰中央银行（De Nederlandsche Bank，DNB）负责稳定金融系统和对银行实施审慎监管，养老金及保险监管局（Pension and Insurance Supervision Authority，荷兰文简称 PVK）负责保险市场的审慎监管，金融市场管理局（Authority for Financial Markets，AFM）则负责对整个金融体系中的各类主体，包括银行业、证券业、保险业中的行为进行监管（Conduct - of - Business）。在具体操作方面，3 家监管机构签订了一份协议，协议规定，由 DNB 和 PVK 共同负责向银行及保险机构发放执照，由 AFM 负责向证券从业机构发放执照。第二次变革

① 详见 IMF 在 2008 年 9 月发布的"IMF Country Report No. 08/311"，http：//www. imf. org/external/pubs/ft/scr/2008/cr08311. pdf，以及 2009 年 8 月发布的"IMF Country Report No. 09/249"，http：//www. imf. org/external/pubs/ft/scr/2009/cr09249. pdf.

是2004年将PVK并入DNB，至此改由DNB负责对整个金融体系进行监管，而AFM继续负责对荷兰金融体系中所有市场主体的商业行为进行监管。

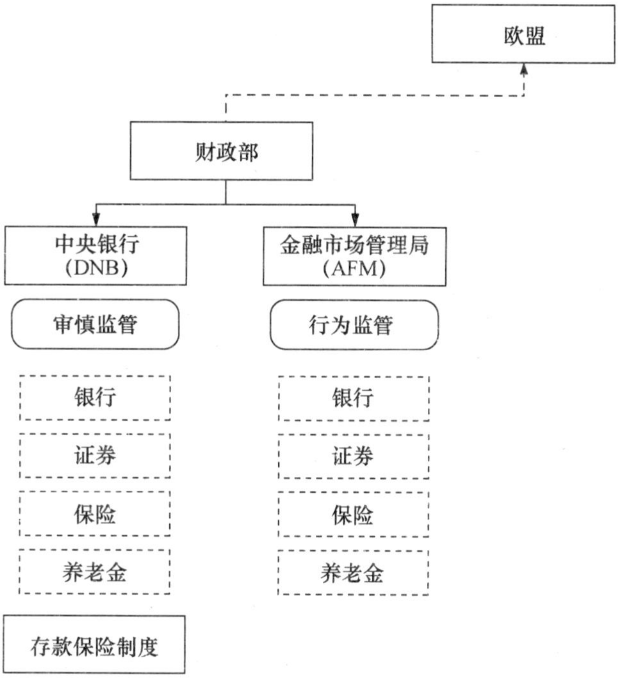

图7－6 荷兰金融监管架构

资料来源：根据G30于2008年发布报告"The Structure of Financial Supervision: Approaches and Challenges in a Global Marketplace"第201页整理。

与澳大利亚不同，荷兰的双峰型监管模式的独特之处在于其货币政策职能和审慎监管职能由一家机构来承担，而市场监管职能由另外的机构来承担。其优点主要有：①能比较及时地评估并运用审慎工具来防范和化解系统性风险；②在维护金融稳定的同时注重对消费者合法权益的保护以及对市场行为的监管。其缺点主要有：①不能有效确保政策之间的独立性，从而容易产生声誉风险；②不能直接利用市场监管机构掌握的工具来控制系统性风险。

2. 危机后：维持双峰式

本轮国际金融危机以及随后的欧债危机对荷兰金融体系带来了一定的

影响，荷兰银行被国有化，荷兰国际集团也接受了政府注资。但是得益于荷兰政府的及时救助（2007 年的法案内容），银行业较快走出困境，并支持荷兰实体经济迅速复苏，荷兰 GDP 增速由 2009 年的 -3.8% 恢复至 2010 年的 1.7% 和 2011 年的 1.2%。而荷兰也成为欧盟成员国中少数能维持 3A 评级的国家之一。

3. 系统重要性金融机构监管机构

危机后，荷兰在维持现有的“双峰”监管模式不变的同时，着手采取一系列措施加强对其系统重要性金融机构的监管，其出发点和方向与 20 国集团及巴塞尔银行监管委员会的要求基本一致。荷兰有 1 家金融机构两次列入 FSB 的全球系统重要性金融机构的名单——荷兰国际集团（Internationale Nederlanden Group，ING）。该集团由荷兰邮政银行集团和荷兰国民人寿保险公司于 1991 年合并而成，属于综合化经营。据美国《财富》杂志关于全球 500 家大企业的统计，荷兰国际集团的资产净值排名全球第 9 位，而其综合性金融财经业务的提供能力更为突出，排名全球第 3 位。目前，荷兰监管机构——荷兰中央银行遵守国际规则，按照国际系统重要性金融机构的要求对荷兰国际集团实施统一监管。

五、欧盟

1. 危机前：各自为政的监管格局

危机前，欧盟金融监管框架主要由四个层次组成：一为框架性、原则性的立法层面，主要包括欧盟委员会、欧洲理事会、经济金融委员会和欧洲议会四个机构。二为准则、规则制定层面，主要包括欧洲银行委员会、证券委员会、保险和职业养老金委员会和欧洲金融集团委员会。三为桥梁层面，主要包括欧洲银行监督官委员会、欧洲证券监督官委员会、欧洲保险和职业养老金监督官委员会，作用是为欧盟委员会和各国监管当局提供交流的平台，其提出的指示虽有引导作用但无强制约束力。四为执行层面，主要是各国金融监管机构将欧盟的监管法律、条例等付诸实施。

2. 危机后：超国家级监管体系

2010 年，欧洲议会通过了金融监管新法案，此举意味着前所未有的重大改革将在欧洲金融监管体系产生。四个新机构将被设立，分别对欧洲金融市场从宏微观两个层面进行监管。新法案的实施的一个最大结果就是将彻底改变现有欧盟成员国各自为政的监管格局，首个带有超国家性质的全球金融监管体系将被建立起来。因此，路透社将此举定性为“是近10年影响最为深远的金融改革之一”。

在新的泛欧金融监管机制中，负责宏观层面监管的职能机构是欧洲系统风险委员会，其进行审慎监管的对象是整个欧盟金融体系，主要职责是针对整个欧盟金融体系运行中各种危及整体金融稳定的、潜在的或可能发生的系统性风险进行识别、评估和监控，同时在相关系统性风险尚未形成重大风险前，及时预警，视情形的必要性，关键时向欧盟委员会提出政策建议。为此，制定一套统一的衡量标准是欧洲系统风险委员会必不可少的工作，同时统一评估跨国金融机构面临的风险，并对其相关风险类别进行确定。

本轮金融危机后，建立泛欧金融监管体系就成了欧盟委员会的当务之急，主要是为弥补长期以来宏观审慎监管的不足和各国监管机构的各行其政。

2010年，欧盟成立了欧洲系统性风险委员会（European Systemic Risk Board，ESRB），由成员国央行行长组成，主要职责和任务是监控整个欧洲金融体系的系统性金融风险，评估跨国金融机构的风险传染性，并在潜在风险向危机转换之前进行早期预警和向欧盟提出补救措施建议。ESRB发布风险监测表，对内部关联性和系统性风险、宏观经济风险、信用风险、流动性和融资风险、市场风险等进行监测。根据欧盟各成员国的情况，建议采用不同的宏观审慎工具应对银行业、保险业和金融基础设施等领域风险，对工具的实施效果进行评估。ESRB建议采取一系列措施解决非金融私人部门外币债务的系统性风险问题，采用宏观审慎工具确保欧洲资本规则的有效实施。

欧洲理事会2010年10月底决定成立永久性危机管理机制——欧洲稳定机制（ESM）。同年12月，欧盟首脑会议同意修改《里斯本条约》，为设立ESM扫除法律障碍。2011年7月，欧盟首脑会议签署建立ESM的正式协议，商定2013年7月正式启动ESM。但进入2011年下半年，欧债危机形势急剧升温，市场开始担心意大利和西班牙也将爆发债务问题。为增强欧洲防火墙抵御危机的实力、稳定市场信心，欧盟领导人在2012年1月20日的欧盟特别峰会上审议通过ESM协议修订案，将ESM启动时间提前一年，即于2012年7月1日生效。2012年2月2日，欧元区国家正式签署了新协议，一旦出资额90%的成员国完成内部批准程序，相关决定立即生效。根据协议，ESM总部设在卢森堡，性质为国际金融机构。其宗旨是为融资困难的欧元区成员国提供资金支持，以维护欧元区整体的金融稳定。ESM成员国包括17个欧元区国家，非欧元区国家也可以在自愿基础上参与。

ESM的总资本规模为7000亿欧元，包括800亿欧元的实缴资本与6200亿欧元的待缴资本，由欧元区国家按比例出资。另外，ESM放贷额度为5000亿欧元。根据协议，为向成员国提供资金救助，ESM将在金融市场上发债融资，但ESM实缴资本必须达到援助资金规模的15%。这就意味着若想将ESM的5000亿欧元的贷款额度转化为实际放贷能力，欧元区国家必须尽快缴纳750亿欧元的资本。为此，2012年3月30日哥本哈根欧元区财长会决定加快实缴资本的缴付速度。与此同时，ESM管理层还可要求成员国补充规模不超过6200亿欧元的资本金。具体补充资本金的方式有以下五种：一是经理事会一致同意提高实缴资本的上限，以扩大ESM总体规模；二是如果ESM贷款出现损失，冲销资本金，只需理事会简单多数同意，ESM即可补充实缴资本；三是如果ESM面临偿付危机，管理层将自动启动资本金补充程序；四是在资本金/发债余额的比例低于15%时，管理层将自动启动资本金补充程序；五是如果ESM/EFSF贷款能力低于5000亿欧元，管理层可自动启动资本金补充程序。

在借鉴EFSF和IMF救助工具的基础上，ESM采取了灵活宽泛的救助方式，具体包括以下五种：一是向危机国提供贷款。ESM将在市场上发债融资向成员国提供贷款，贷款成本仅涵盖其融资成本和经营成本，不会有额外的利差收费。二是在一级市场上购买危机国的债券。购买量不超过国债标售量的50%，价格为标售的平均价。这有助于该国继续获得市场融资或在项目规划即将结束之时重返金融市场。三是在二级市场上购买危机国的债券。ESM购买之后可将此债券回售给有关国家、持有到期、在市场上出售，或与银行进行回购操作。此工具有利于保持危机国债券市场的流动性。四是提供预防性贷款。ESM参考IMF预防性贷款框架建立了两个工具。一种工具类似于IMF的“灵活信贷额度”（FCL），为政策框架强劲、经济发展记录良好的国家提供预防性贷款；另一种工具是参考“预防性信贷额度”（PCL），为政策和经济基本面良好但存在部分脆弱性的国家提供贷款。两贷款工具的规模约为借款国GDP的2%～10%，期限1年，每6个月审查一次。五是为银行注资提供贷款。ESM还可通过向政府（包括无项目规划的国家）提供贷款的方式为该国金融机构注资。

该工具的使用有若干前提条件：一是银行部门先从私人部门融资、由本国政府出资之后再考虑向 ESM 申请贷款；二是必须是系统重要性金融机构；三是借款不会对本国财政造成巨大影响。同时，贷款有严格的条件，必须符合欧盟国家援助规则和加强监管、制定处置法律框架等贷款条件。

ESM 救助程序如下：首先，必须由成员国向 ESM 提出援助申请。随后，欧盟委员会（以下简称欧委会）和欧央行将共同评估成员国的资金需求和债务可持续性，制定宏观经济和结构性调整政策的框架并提出具体达标要求，确定有关援助的政策性条件备忘录。在理事会批准资金援助协议和备忘录之后，ESM 将拨付有关资金。欧委会将与欧央行共同（有可能的情况下可联合 IMF）监测项目的执行情况。一般情况下，救助决定需要理事会一致通过，但紧急情况下也可按照特定多数原则（85%）进行决策。当程序启动后，部分资金将由储备基金或实缴资本转移至应急储备基金，以涵盖有关风险。

目前，ESM 与 EFSF 及欧央行的措施等共同构筑了层次较为鲜明的防火墙体系，有利于稳固危机救助的预期，提振市场信心。相比于 EFSF，ESM 更具灵活性与可信度。ESM 作为一项永久性危机自救机制，比 EFSF 更具合法性，也更灵活和富有效率。其优势主要体现在以下六方面：一是资本结构更坚实。ESM 的 7000 亿欧元资本中有 800 亿欧元的实缴资本，而 EFSF 的资金来源仅依靠成员国的担保。二是运作更快捷。EFSF 没有常备资金，因此每次发放贷款之前必须在市场上融资，而 ESM 的实缴资本能提供充足的流动性缓冲，可以先提供贷款再入市融资。三是更具灵活性。EFSF 框架协议的修订均需 17 个成员国的议会审批通过，决策机制繁冗。而 ESM 的理事会有权对设立新工具、要求成员国缴纳资本等重大事项做出决策。四是不易受评级下调的影响。由于具有实缴资本，成员国评级下调对 ESM 的影响较小。五是在贷款能力方面没有“负反馈”。在 EFSF 框架下，成员国申请贷款之后就无法向 EFSF 提供担保，EFSF 贷款能力将因此受损。而 ESM 没有“暂离担保”机制，如果成员国无法响应 ESM 缴纳资本的要求，所需资本将在其他成员国之间重新分配，同时该成员国向 ESM 欠债。六是 ESM 债务不会转移给成员国。EFSF 的贷款援助会增加借款国和所有担保国的债务。而 ESM 的债务不会转移给其他成员国。这将增强成员国批准大规模的援助项目的意愿。

表 7－8　主要国际金融稳定基金对比

	欧洲金融稳定机制（EFSM）	欧洲金融稳定基金（EFSF）	欧洲稳定机制（ESM）	国际货币基金组织（IMF）
设立时间	2010 年 5 月 10 日（由欧盟财长会设立）	2010 年 6 月 7 日（由欧元区财长会设立，于 2010 年 8 月 4 日正式运行）	2012 年 7 月正式成立	1945 年
法律形式	欧盟机制	欧元区国家持有的私人公司	政府间组织，实为欧元区的危机管理框架	国际金融机构
设立目的	对陷入严重经济金融困境的国家提供外部资金援助	对陷入经济发展困境的国家提供短期资金援助	对陷入经济发展困境的国家提供资金援助	对国际收支出现困难的国家提供资金援助
援助对象	所有欧盟国家	欧元区国家	欧元区国家	所有成员国
资金规模（借贷能力）	600 亿欧元	4400 亿欧元	5000 亿欧元	3800 亿美元
资金来源	由欧盟委员会代表欧盟在国际资本市场发债筹资	由 EFSF 发债筹资（无实缴资本，资金由欧元区国家根据其在 ECB 的实缴资本占比提供担保。担保资金的规模名义为 7800 亿欧元，但扣除希腊、葡萄牙和爱尔兰的担保金额后，实际规模降至 7260 亿欧元，超额担保率为 65%）	实缴资本为 800 亿欧元，6200 亿欧元为待缴资本（需要时缴），总规模为 7000 亿欧元	份额资金的规模为 3650 亿美元。成员国加入 IMF 时，需以硬通货或黄金的方式实缴 25% 的份额
近期项目	欧盟与 IMF 联合对爱尔兰、葡萄牙提供资金支持，总额为 1630 亿欧元，其中 EFSM 机制提供 485 亿欧元	欧盟与 IMF 联合对爱尔兰、葡萄牙提供资金支持，总额为 1630 亿欧元，其中 EFSF 机制提供 437 亿欧元		IMF 联合欧盟对爱尔兰、葡萄牙提供资金支持，总额为 1630 亿欧元，其中 IMF 提供 708 亿欧元

3. 系统重要性金融机构监管机构

2011 年 1 月，欧洲银行管理局（European Banking Authority）正式成立，该组织由原来的欧盟银行业监管委员会改组而成，其主要职责和任务是在跨国金融机构的母国和东道国监管机构之间构建沟通信息和解决纠纷的平台。自成立以来，其框架下确立的监管联席会议工作机制已经涵盖了 100 多家欧洲银行①。

值得一提的是，欧洲银行业联盟（Banking Union）取得实质性进展。一是继 2013 年 4 月欧洲议会通过新的银行业监管规则，督促欧盟各国以法律形式落实金融监管改革后，2013 年 9 月 12 日欧洲议会高票通过欧盟银行业单一监管机制（Single Supervisory Mechanism，SSM），迈出了建立银行业联盟的第一步。欧央行（ECB）将对欧元区和其他自愿加入 SSM 的总资产大于 300 亿欧元，或者总资产达到其所在国 GDP 20% 以上的系统重要性银行以及请求或接受欧洲稳定基金（EFSF）或欧洲稳定机制（ESM）救助的欧盟国家银行进行直接监管。在此之前，ECB 将对这些欧洲大型银行进行全面的压力测试，以掌握真实风险情况。各国监管当局将在 ECB 指导下对本国中小银行实施监管，并在消费者保护、反洗钱、支付服务等领域继续发挥重要作用。ECB 在必要时可接管中小银行并采取早期干预措施。欧洲银行管理局（EBA）负责制定具体的监管规则，并继续定期开展银行业压力测试。二是欧盟委员会于 12 月 19 日审议通过了单一处置机制（Single Resolution Mechanism，SRM）的基本框架，成为继 SSM 之后建立欧洲银行业联盟的又一重要步骤。SRM 将在欧盟建立银行业处置的统一规则，避免各国政府在处置银行时的政策措施不协调，降低处置成本，确保金融体系正常运行。ECB、欧盟委员会和各国处置当局将共同成立单一处置委员会（Single Resolution Board），负责分析和决定救助工具的类型及欧洲处置基金的运用方式。若各国处置当局不遵从单一处置委员会的处置决定，处置委员会有权直接对问题银行进行处置。

六、德国

1. 危机前：统一监管格局

德国金融监管体系为二元监管体系。德国《银行法》规定，联邦金融

① 其中包括 44 家资产规模大于 300 亿欧元的银行以及在欧盟其他国家具有两家及以上附属子机构的银行，而监管联席会议工作机制全程都有相关欧洲银行管理局人员的参与。

监管局（BaFin）与德意志联邦银行（德国央行）共同负责、互相协作完成对金融机构、金融市场的监管，德意志联邦银行主要监管日常业务，而联邦金融监管局则负责颁布行政法规并进行特别检查。央行和联邦金融监管局在银行监管工作中的关系主要体现为：

（1）德央行主要侧重于整个银行体系和系统性金融风险的识别、监测及危机处置，联邦金融监管局主要负责对单个金融机构的监管。

（2）德央行和联邦金融监管局建立了高层会谈机制，主要任务是制定银行业监管政策，确定有关的监管措施。德央行根据拟制定的监管政策对自身职能的影响，决定参与程度。比如颁布有关资本和流动性的原则时，两者必须达成一致；但在其他方面，德央行仅仅是参与协商，当意见不一致时由联邦金融监管局决定。

（3）联邦金融监管局不在各州设立下属机构，依托德央行分支机构对各州银行开展日常监管。德央行分支机构按照联邦金融监管局制定的原则，并邀请联邦金融监管局人员一起对银行进行现场检查，在特殊情况下联邦金融监管局也独自开展现场检查。德央行分支机构将现场检查和非现场监管的情况向联邦金融监管局报告，由其做出最终决定。

自2000年以来，德国政府不断推进金融监管体制改革，2002年4月22日德国《统一金融服务监管法》通过以后，在合并原来银行监督局、保险监督局、证券监督局3家机构的基础上，于5月1日正式组建德国金融监管局①，负责统一监管2700家银行、800家金融服务机构和超过700家的保险企业。德国金融监管局设置了3个专业部门，分别监管银行、保险、证券业务，3个交叉业务部门，负责专门处理交叉领域的问题。主要目标是确保整个金融产业的正常功能，保证银行、金融服务机构和保险企业的清偿能力，保护客户和投资者利益。

德国银行监管部门设在德国西部城市波恩。依据《联邦银行法》、《抵押银行法》进行监管，确保银行清偿能力以及银行业和经济稳定，最大限度地保护存款人和投资者利益。对银行监管的主要内容是：要求银行开展业务前必须符合资本充足要求，具有适当的组织机构和至少两个专业的、资信水平高的管理人员。只有具有偿付能力和良好管理水平的企业，才有

① BaFin于2002年5月从财政部中独立，集银行监管（BAKred）、保险监管（BAV）、证券监管/资产管理（BAWe）于一体，采用完全整合的监管模式。

资格提供银行服务和产品。银行监管部门进行持续监管，检查银行是否满足资本充足要求和是否保持了充足的流动性。特别是检查银行是否违反审慎监管标准，存在大额风险暴露，以及未提足坏账准备的问题。但是，越来越复杂的银行业务迫使银行不得不采取更加严格的风险管理措施监控多种多样的风险，如交易风险等。银行监管部门也在不断发展风险为导向的监管技术，集中监管银行内部的风险控制和管理制度，要求被监管机构必须定期向监管当局通报企业的经营形势、行业战略和项目情况。银行监管工作人员主要通过审计师或审计师协会提供的年度账户的审计报告获得信息，并加强非常规审计，使监管人员能够更好地深入了解银行的经营状况。如果存款人确信银行处在风险中，监管部门将采取措施警告这些危险，甚至会取消银行经营业务资格和管理人员任职资格等。

德国保险监管部门也设在波恩，依据《保险监管法》监督保险公司，主要目的是保护被保险人利益，确保保险人在任何时候都能够承担预期责任。监管部门负责给保险公司发放经营许可证，在被授权经营前，保险监管部门要进行综合的法律和财务检查，比如要求保险公司提供经营计划和自有资金证明，要求管理人员必须提供自己良好的资信情况和职业资格证明。保险监管人员检查年度会计账户是否根据会计标准正确处理，并定期对保险公司进行现场检查，监督是否建立充足的准备，具有充足资金并进行再保险以防止非预期损失等。

德国证券监管部门设在欧洲和德国的金融中心法兰克福，也是欧洲中央银行、证券、期货交易所主要所在地。依据《联邦证券交易法》对证券和衍生市场进行监管。其明确禁止利用内部信息进行交易的行为，以增强投资者公平交易的信心。监管工作人员主要通过分析报告来识别非正常价格变动和交易，防止任何形式的内部交易行为。对于违反内部交易规定的，将被处以罚款或者不高于5年的监禁。要求上市公司必须公布任何可能引起股票市场价格异常变动的信息，提高透明度。对于违反有关信息披露规定的，监管部门将给予行政处罚。在监管方式上，监管部门聘请外部审计师对开展证券业务的信用机构和金融服务机构进行外部审计。此外，承担了资产管理职能，负责监督管理投资公司和金融服务机构，以及外国投资公司等。

为提高监管效率，德国金融监管局在组织结构安排上考虑了部门差异，对于金融市场跨部门的任务由专门的交叉部门独立办理。第一个交叉业务部门主要负责处理涉及金融市场、金融工具和金融集团的交叉监管问题，并观察和分析金融监管技术是否随着金融创新而改变。负责处理跨部门间的协调问题和参加国际监管论坛，如巴塞尔银行监管委员会、欧洲证券监管委员会等，参与到欧盟统一监管标准的修订工作。负责与其他国家监管当局签订谅解备忘录，增强国际间监管合作。第二个交叉业务部门主要负责处理涉及交叉领域的法律适用和立法问题，保护存款人、投资者和消费者利益。负责反洗钱和打击违法金融交易，使得德国反洗钱和打击金融违法活动的工作更加有效。第三个部门是管理委员会，负责监督管理监管部门履行监管职责的水平以及提出意见和建议，并负责编制金融监管局预算。目前金融监管局采取向监管对象收费方式。此外，成立了咨询委员会，包括了金融机构代表和消费者保护协会和学术团体。咨询委员会的主要作用是提供如何提供监管水平的建议等。

2. *危机后：超级监管体系*

危机前，德国银行监管面临的主要指责便是权力过于集中。首先，虽然法律规定由联邦金融监管局和德国中央银行共同承担银行监管职责，但两者对银行业监管职责划分并不明确，对权力和地盘的争夺摩擦时有发生，总体而言金融监管局更占优势。其次，在金融监管局内部也存在决策权力过度集中于局长一人的现象。这种局面引起了欧洲央行的不满。欧洲央行此前曾致函德国政府，批评德国将监管银行业的权力集中于金融监管局，从而阻碍了德国央行获取监督银行业所需要的信息。按照目前欧元区统一央行系统，德国央行为欧洲央行的政策执行机构。

2008 年 2 月，德国出台指导原则①用以厘清央行和联邦金融监管局之间的监管分工和协作关系。为更全面地提升系统性风险防范能力并在处理宏观审慎管理事项时实现协调合作，2012 年 5 月 2 日，德国议会通过金融监管体系改革法案，对监管机构和监管职责进行重塑和强化。其核心内容是成立德国金融稳定委员会，监测并维护金融市场的稳健运行。金融稳定委员会的构成。委员会由 9 名有投票权成员和 1 名无投票权成员构成，财政部长担任主席，其他有投票权成员分别来自德央行、财政部和联邦金融监管

---

① "Guideline on the execution and quality assurance of the ongoing supervision of credit and financial services institutions by the Deutsche Bundesbank", http://www.bafin.de/SharedDocs/Aufsichtsrecht/EN/Richtlinie/rl_130521_aufsichtsrichtlinie_en_ba.html? nn=2690730#doc2684268bodyText4.

局，联邦金融市场稳定署（FMSA）为无投票权成员。

2013 年 1 月，德国正式实施《金融稳定法》（Financial Stability Act），该法赋予德央行宏观审慎监督职能。德央行主要任务之一，是负责识别可能威胁德国金融稳定的风险因素，并向新成立机构——德国金融稳定委员会提供分析和建议。如必要，德国金融稳定委员会将基于德央行的建议，发布风险预警和提出应对建议。金融稳定委员会的具体职责如下：一是识别和监测系统性风险。对任何威胁金融稳定的风险，有权向相关监管机构或政府提出预警、建议或应对措施，并通过"遵循或解释"（Comply or Explain）的机制落实，以最大限度维护和提高德国金融体系的稳健性。二是每年发布年报。《金融稳定法》赋予德央行在金融稳定委员会中的特有职责（Unique Duty）：运用把握宏观经济和金融运行态势方面的优势，充分发挥中央银行维护金融稳定的职能。具体包括分析影响金融稳定的因素、识别威胁金融稳定的潜在风险、发出自己的预警和提出相关工作建议，向议会准备报告供讨论。有必要时，联邦金融监管局或金融机构必须向德央行提供数据和信息。

据德央行金融稳定司司长 Braasch 先生介绍，目前，德央行在金融稳定委员会中的工作面临两大挑战：一是明确宏观审慎管理的制度与政策框架；二是增强金融稳定委员会的公信力，提高透明度。此外，为了增强联邦金融监管局独立性，金融稳定委员会中将增加 6 名来自金融业界（Financial Industry）的专家，并着手成立消费者保护委员会等内容。

3. 系统重要性金融机构监管机构

根据德央行与德联邦金融监管局之间监管分工和协作关系的指导原则，德国对于系统重要性金融机构监管则会在不改变现有德央行与德联邦金融监管局职能格局的基础上，注重发挥德国金融稳定委员会的协调作用。

德央行建立了一套监测评估系统性风险状况的指标体系，其专注于信贷机构和保险机构，特别是系统重要性金融机构。通过监测分析，力求尽早识别具有系统性影响的重要变化和风险。本轮金融危机后，德央行也开始注重宏观审慎分析，并开始研发宏观审慎分析工具。德央行认为，模型分析对于监测系统性风险是有帮助的，但应注意模型风险，一旦指标设置不正确，对整个预警是有损害的。同时，应重视对金融机构资产负债表的分析，这有助于对金融机构尤其是系统重要性金融机构的经营行为、资产质量等变动做出早期预警，防范危机发生。

在重组制度方面，2008 年 10 月，德国联邦政府成立临时处置基金——SoFFin，提供总规模 4800 亿欧元资金重组危机银行。这些资金一部分为银行提供担保，以帮助其从市场获得融资；一部分提供注资或收购不良资产。截至 2010 年 12 月末，SoFFin 共向州立银行和私人银行提供贷款担保 636 亿欧元、注资 292 亿欧元，较好地稳定了金融市场。2011 年 1 月，德国《银行重组法》（Bank Restructruing Act）与《银行重组基金法》（Restructuring Fund Act）生效。《银行重组法》对重组系统重要性银行做了原则性规定，要求不能损害金融稳定，更不能动用纳税人的钱。《银行重组基金法》规定，从 2011 年 1 月起，一个永久性银行处置基金取代原 SoFFin，该基金由金融市场稳定局（FMSA）管理，专门对系统重要性银行进行重组。

在存款保险制度方面，德国存款保险制度比较独特，由非官方存款保险体系和政府强制性存款保险体系两个层面构成。前者是由不同类型的银行同业协会根据各自需要在 1974 年建立，是德国存款保险体系的主要力量。后者是为适应欧盟 2009 年出台的存款保险最新指引要求而建立的，保险限额为 10 万欧元。总体上看，德国三类银行的非官方存保体系在责任限额、费率、运作方式上各有不同，但又具备一些基本共性。一是存保制度采用自愿原则，银行可以自由选择是否加入协会的存保体系。如果一家银行没有加入存保体系，应该以各种方式明确告知存款人；如果退出存保体系，也应该及时以书面形式告知存款人。二是存保体系采用非官方管理的经营模式。德国的非官方存保体系是在德国银行业协会内部组织建立起来的，由各专业委员会管理，不受公共监管，德央行和 BaFin 不介入存保机构的日常运行。存款保险公司在救助问题银行时可以选择直接对存款人进行偿付，或者支付给银行本身，或者对问题银行进行担保。三是存款保险没有公共资金介入。德国银行法不允许德央行对存保体系实施最后贷款人职能，金融消费者保护的第一道防线是非官方存保体系，第二道防线是政府强制性存保体系，只有在发生系统性银行危机或大银行破产，存款保险体系的资金不足以偿付时，政府才可能介入，德央行在此过程中仅提供技术和人力支持。

七、俄罗斯

1. *危机前：分业监管格局*

俄罗斯金融监管也在经历 1998 年金融危机后逐步完善，形成了俄央行、金融市场局、俄财政部等多家监管机构并存的监管体系。俄罗斯保险业与银行业是分开经营、分业管理，保险业由俄联邦财政部的内设机构保险厅负责监管，银行业监管权力集中于中央银行。俄罗斯商业银行允许经营证券业务，证券业没有独立出来，对商业银行经营证券业务的监管是由金融市场监督局和中央银行共同完成的。俄罗斯这种分业、多头的监管模式容易导致监管机构职能重复、“政出多门”。法案出台前，俄罗斯金融政策制定权属于俄财政部和政府，而金融监管权归于俄央行和金融市场局，这样的格局导致各部门间利益博弈从未中断。与英美等国相似，俄罗斯作为主要经济体之一，金融业多元化发展，混业经营模式渐成气候。这种金融结构的演变带来了风险特征的变化，俄原多头分业监管模式逐渐体现出与金融结构的不匹配，如对系统性风险监管的缺失、对新兴金融市场和产品监管缺位、监管不一致易诱发监管套利行为、监管协调成本较高等。

2. 危机后：统一监管体系

2013 年 7 月 24 日，俄罗斯总统普京签署批准《将金融市场领域调节、监督和检查职能转交中央银行的若干有关法规修正案》（以下简称《法案》），明确了俄央行将于 2013 年 9 月 1 日起成为统一监管者，对俄所有金融机构实施监管。该《法案》标志着俄罗斯金融监管正式由分业监管向混业监管这一重大变革。主要变化在于：一是俄罗斯金融监管体系正式由分业监管向混业监管转变；二是俄央行成为统一监管者，履行对所有银行类和非银行类金融机构的监管职责；三是俄央行将同时承担金融政策制定和监督执行两项职能。

《法案》主要内容包括以下几个方面：

（1）明确俄央行统一监管者地位。除继续承担原有监管银行等信贷金融机构的职责外，俄央行将取代原俄金融市场局，对证券公司、保险公司、小金融组织、交易所和养老基金等几乎所有非信贷金融机构的经营活动实行全权统一监管。

（2）赋予俄央行更多职能。俄央行还将接管俄财政部和俄政府有关金融市场监管标准制定的部分权力，参与政府起草相关法律和监管规定的过程。同时，俄央行还将负责批准会计标准，并有权管理银行及非信贷金融机构的证券发行登记管理工作。

（3）出台配套调整措施。为配合俄央行新的监管地位，该行董事会成员将由目前的 13 人增至 15 人，央行行长和董事任期也将由目前的 4 年延长至5年。同时，由于俄央行职权范围扩大，原来的国家银行委员会级别提高，并更名为国家金融委员会。

俄央行需向国家杜马提供（每3年一次）关于金融市场重点领域发展和稳定运行的草案。此项改革进一步强化了俄央行的宏观审慎管理职能，将货币政策和金融监管两项职能同时归属于一个机构，确保了金融政策的统一性和连续性，进一步增强了俄央行防范和化解系统性风险的能力。

3. *系统重要性金融机构监管机构*

自此次改革后，俄央行成为俄罗斯系统重要性金融机构唯一的监管机构。

俄罗斯中央银行于2012年制定了推进巴塞尔协议Ⅲ有关的资本充足率和核心资本充足率的计算方法，至2013年末所有俄罗斯银行均须达到巴塞尔协议关于一级核心资本充足率的要求。2013年2月俄罗斯央行章程《信贷的市场风险计算程序》正式生效，2012年12月，俄罗斯央行发布了关于基于银行内部评级计算信用风险实施办法的指令。俄罗斯央行指令《关于银行强制比率》于2013年1月生效。同时，为改进俄罗斯商业银行信息披露，从2013年1月开始，信贷机构有关综合金融报告的呈报和公布制度开始生效。俄央行公示了国内的系统重要性银行，并要求其按照俄中央提供的指引建立相关的清算和恢复重振预案，对国际金融监管机构的信息共享进行了立法。

第三节　系统重要性金融机构监管协调机制的构建

金融监管协调机制是完善金融监管体制的重要环节，是防范系统性金融风险的重要措施，其制度化建设直接关系到金融业整体的安全和稳定。而系统重要性金融机构作为本次金融危机的系统性金融风险来源，金融监管协调机制的完善与否将直接影响到系统重要性金融机构监管效果。正是因为金融监管协调机制之于系统重要性金融机构监管的重要性，本节专门成篇，拟以本次金融危机为界，对比分析了危机前后国际金融监管协调机制的演进历程，以便于更加深入总结国际经验，寻求对建立我国系统重要性金融机构监管协调机制的启示。

此次金融危机前，主要经济体都在不同程度上构建了各种形式的金融监管协调机制，但本次危机充分暴露出了原有体系的缺陷。危机以来，为更有效地防范系统性金融风险，主要经济体相继修复了原有体系的制度性缺陷。总体来看，截至目前相关国际监管改革主要可以归纳为法律、制度、目标、信息、执行五个层面。

一、系统重要性金融机构监管协调的重要性

从国际金融监管发展历史和我国监管实践看，监管协调是金融监管发展到一定阶段的必然产物。随着金融创新的迅速发展，国际混业经营趋势进一步促成了以系统重要性金融机构为代表的“大而不能倒”金融机构的诞生。与此同时，传统金融监管机构由于宏观审慎管理缺失和微观审慎监管主体间协调失灵，使得系统重要性金融机构利用自身特殊性，不断追寻监管套利的空间，挑战监管协调底线，导致系统性金融风险不断累积。当系统性金融风险最终酿成金融危机时，成熟高效的监管协调机制将提高应对金融危机的及时性和有效性，成为维护金融体系稳定和抵御金融危机的最后一道监管防线。

1. 适应系统重要性金融机构混业经营趋势

20 世纪 70 年代以来，国际金融市场发生了一系列变化，混业经营渐成主流。为追求规模经济和范围经济效应，特别是在互联网等高科技的推动下，交叉性金融产品和跨市场金融创新业务不断涌现，金融控股集团乃至“大而不能倒”系统重要性金融机构不断增多。由于系统重要性金融机构的混业交叉经营涉及不同的专业领域，与传统金融部门和金融产品的属性相去甚远，银证保间的界限日益模糊，削弱了以往分业监管的业务基础，增加了监管主体的确定难度。若各监管主体均采取行动则易引发监管冲突和重叠，若均消极应对则易产生监管空白和缺位。为应对系统重要性金融机构混业经营趋势的挑战，加强各监管主体之间的协调逐渐成为必不可少的制度安排。

2. 形成“无缝隙”的系统重要性金融机构监管体系

此次危机表明，系统重要性金融机构监管需要“双管齐下”，即需要宏观和微观两个层面的审慎监管相结合，形成“无缝隙”的监管体系，有效地维护宏观金融稳定。之所以容易产生系统重要性金融机构监管重叠、漏

洞和空白，主要原因在于微观审慎监管基础立足于传统的监管理念，即只要单体金融机构是安全的，通过“累加”效应，整体金融体系便是安全的。但事实证明这种缺乏宏观视角的微观审慎监管是远远不够的。信息不对称和部门利益博弈导致各监管主体间的协调机制缺失和不足，各自为政的微观监管机构无法及时有效识别系统重要性金融机构产生系统性金融风险，更无法通过监管协调机制准确了解系统重要性金融机构风险传导的动态和路径，一再错失防范系统性金融风险的时机，造成无可挽回的后果。因此，保障信息共享和沟通顺畅、防止监管冲突和监管疏漏、构建“无缝隙”的系统重要性金融机构监管体系重在构建成熟高效的监管协调机制。

3. 抵御金融危机的最后防线

本次金融危机与以往金融危机不同，系统重要性金融机构成为诱发系统性金融风险和最终导致金融危机的主因。无可争议的是，成功有效的金融危机处置需要相关监管机构的协调配合，最大限度地发挥监管合力，筑成抵御金融危机的最后防线。以本次金融危机为例，加拿大①、澳大利亚②等国监管协调机制相对成功，特别是在处理系统重要性金融机构问题上均采取了较高层次的监管协调措施，有效地抵御了金融危机。结合其他国家失败教训，传统金融监管协调机制在应对金融危机时存在以下问题：一是缺乏法律约束力，如英国三方谅解备忘录等；二是未指定处置危机的牵头者，如美国联邦金融机构检查委员会等；三是因监管职能的淡化和剥离，作为最后贷款人的央行逐渐丧失监管协调的主导权，削弱了其在处置危机中的权威性和执行力，最终影响到其维护金融稳定职能的发挥。

二、危机前后各国金融监管协调机制实践

1. 美国

（1）危机前。美国“双层多头”金融监管体制相对较为复杂，涉及联

① 加拿大金融监管体系由财政部、中央银行、金融监管局、存款保险公司四家联邦监管机构和省级金融监管机构构成，为协调各金融监管机构，加拿大建立了三个由 4 家联邦监管机构组成的金融监管协调机构：金融机构监管委员会、高级顾问委员会、存款保险公司董事会，其中金融机构监管委员会至少每季度召开一次会议，研究金融监管问题。

② 澳大利亚成立了一个由澳大利亚储备银行、审慎监管局和证券与投资委员会三个监管机构组成的金融监管理事会，进行监管机构间的沟通与协调。

邦和州两个层面的多个监管主体，自然面临多重目标的协调问题。为统筹协调各监管主体开展监管工作，美国早在1978年通过《金融机构的监管和利率管制法案》，并于1979年3月10日成立美国联邦金融机构检查委员会（Federal Financial Institutions Examinations Council，FFIEC），主要成员包括货币监理署（OCC）、美联储（FED）、联邦存款保险公司（FDIC）、储蓄机构监管署（OTS）和国家信用社管理局（NCUA）。该委员会主要负责制定统一的监管准则和报告格式，如制定"骆驼评级体系"（CAMEL）、《外包技术服务的风险管理指引》等。但是，这种监管协调体制最大问题在于没有一个获得法律授权的牵头者对系统性金融风险进行负责，导致面对危机时各机构间的协调没有法律约束力，延误了防范和救助时机，最终带来灾难性后果。

（2）危机后。美国总统奥巴马于2010年7月21日签署颁布《多德—弗兰克法案》明确设立金融稳定监督委员会（FSOC）。FSOC主要职能是识别和监测系统性风险，促进金融稳定。FSOC由美国财长任主席，其余15名成员包括9名来自美联储、货币监理署、联邦存款保险公司、新成立的消费者保护局等联邦层面监管机构的负责人；5名不具有投票权的成员来自金融研究办公室、联邦保险办公室以及州层面的银行、保险和证券监管部门代表；1名独立成员由总统任命作为监督副主席，来自美联储董事会成员。

2012年5月16日，美联储、联邦存款保险公司、消费者金融保护局、货币监理署以及全国信用社管理局五大金融监管机构共同签订了监管备忘录（Memorandum of Understanding on Supervisory Coordination），并在2012年6月4日对外公布，阐明各监管机构如何根据《多德—弗兰克法案》来协调各部门之间的监管行为，以促进提高监管行为的一致性和效率，尽量减少银行担负的监管成本。根据监管协调备忘录，5家监管机构将协调对那些获得联邦存款保险且资产规模在100亿美元以上的银行及其分支机构的重要监管活动。这些协调包括制定检查计划、同时对监管对象进行检查（除非某一监管机构提出要进行单独检查）以及共享有关用于置评的初步检查报告等。备忘录旨在消费者金融保护局与其他审慎监管部门之间建立协调与合作的制度安排，尽量减少不必要的监管负担，避免重复监管，减少监管指令之间的冲突风险，提高监管协同效应。

2. 英国

（1）危机前。英国自1997年起建立由英格兰银行、财政部和金融服务局（FSA）组成的“三方”（Tripartite）金融监管体制，协调机制主要通过签订“谅解备忘录”（MOU）来实现。此次危机显示“三足鼎立”的局面带来的问题是应对危机时没有明确分工，也没有任何一个主体能够具备足够权威和手段来负责宏观审慎管理，即从整个金融体系角度实施监测、识别潜在风险以及采取协同措施。英国财政部于 2010 年 7 月发布的《金融监管改革的新方法：判断、焦点及稳定性》白皮书指出，“三方”体制存在固有不足和缺陷：FSA 被赋予所有的金融监管职责，小到商业街金融顾问的客户行为监管问题，大到全球大型投行运行的安全与稳健问题；英格兰银行虽然名义上有维护金融稳定的责任和义务，但并没有授予其履行职责的工具和手段；财政部拥有维护总体法律和制度框架的职责，但未明确其在危机中有效防范数百亿英镑的公共资金处于风险的具体安排。

（2）危机后。英国废弃了原有三方监管体系，撤销 FSA，在英格兰银行内部设立负责宏观审慎管理的金融政策委员会（FPC），新设隶属于英格兰银行的审慎监管局（PRA）和隶属于财政部的金融行为监管局（FCA），分别负责微观审慎监管和行为监管。英国相继出台《2012 年金融服务法草案》等一系列法案确立了以央行及其附属机构 FPC 为核心的协调机制，协调内容主要包括：英格兰银行和财政部之间、PRA 与 FCA 之间、FPC 与 PRA 和 FCA 之间、英格兰银行与 FCA 之间、英格兰银行与 PRA 之间的协调。

第一，审慎监管局与金融行为监管局之间的协调。从监管内容来看，PRA 与 FCA 存在一定的重叠，都是针对具体的金融服务机构，但两者监管侧重点和范围有所区别。PRA 负责对吸收存款机构（包括银行、建筑互助协会和信用合作社）、保险公司及大型或复杂投资公司（证券公司）进行审慎监管，而 FCA 除对上述机构主体进行行为监管外，还负责对一般投资公司、投资交易所（证券交易所）及其他金融机构（如保险经纪公司、基金管理公司等）进行审慎和行为监管。法案明确规定了两部门之间的协调义务和方式。

一般协调机制。根据法案规定，PRA 和 FCA 必须签订备忘录，说明其在行使与监管被许可机构或具有共同监管利益的事项有关的限定职能时各自扮演的角色，及其在行使此种职能时如何履行上述协调职责。

具体监管领域内的协调机制。一是经营许可事宜。对于受到 PRA 和 FCA 双重监管的机构，PRA 在向该机构颁发金融业务经营许可之前必须征得FCA同意。二是监管规则的制定和豁免。规定PRA和FCA在制定任何监管规则之前都必须相互协商，以确保监管的连贯和协调，特别是涉及双重监管机构时。PRA和FCA在做出监管规则豁免或修改决定之前也必须相互协商。

第二，FPC与PRA及FCA之间的协调。作为微观监管者的PRA和FCA与作为宏观审慎管理者的FPC之间的关系主要表现为事关金融稳定的信息、建议和专业知识的双向交流。FPC需要充分了解PRA和FCA各自监管领域内可能影响金融稳定的情况。反过来，FPC可以就事关金融系统稳定及其风险的所有问题向PRA和FCA提供建议和专业知识。如前所述，在必要时FPC还可以向两家微观监管机构发出有约束力的指示和具有准约束力的“或履行或解释”的建议。

第三，英格兰银行与财政部之间的危机协调机制。法案要求财政部与英格兰银行共同制定《金融危机管理备忘录》来明确界定各相关机构的职责。其中英格兰银行在金融危机管理中主要承担操作性的职责，财政部则主要承担涉及公共资金的决策职责。当英格兰银行正式通知财政部可能存在危及公共资金的实质性风险后，财政部可以通过指令权（Power of Direct）批准英格兰银行向一个或者几个机构提供紧急流动性支持的提议、批准英格兰银行行使涉及公共资金使用的维护金融稳定的权力以及对某家银行行使“暂时国有化”的权力。

3. 欧盟

（1）危机前。欧盟金融监管危机前是在莱姆法路西框架（Lamfalussy Framework）下展开的，因不存在统一监管机构，具体监管是由各成员国来实施，欧盟委员会负责各成员国的金融监管协调工作。在应对金融危机时，欧盟监管协调主要依靠四个谅解备忘录。第一个谅解备忘录签署于2001年，主要用于在处理银行流动性或偿付能力问题时，加强各国银行监管者和中央银行之间的信息交流和传递。第二个谅解备忘录签署于2003年，仍旧是用于各国银行监管者和中央银行之间，目的是确保欧盟和国家层面上建立系统性危机的早期评估体系，包括制定原则、程序和信息要求等。第三个谅解备忘录签署于2005年5月，范围扩大到各国银行监管者、中央银行和财政部，目的是促进危机管理的合作和信息共享。第四个谅解备忘录签署于2008年6月，进一步将2005年谅解备忘录的内容扩展至跨境系统性金融危机的处理和解决方面的协调合作。由于谅解备忘录对于原本分散的欧盟金融监管体系的约束力不强，不利于识别和解决系统性风险，分工不够明细和协调范围不够广泛也不利于欧盟整体的监管与协调。

（2）危机后。欧盟 2009 年颁布《欧洲金融监管体系改革法案》，于 2011 年 1 月 1 日生效，从超国家层面成立了两大金融监管机构分别负责宏观审慎管理和微观审慎监管，即欧洲系统性风险委员会（ESRC）和欧洲金融监管体系（ESAS），同时这两大超级机构之间的协调主要依靠信息共享和及时预警的方式，ESAS 将所收集的微观信息和发现问题共享给 ESRC，ESRC 结合欧盟整体宏观经济形势将潜在的系统性风险通过预警传递给 ESAS。2013 年 10 月，欧洲理事会批准设立欧洲银行单一监管机制，建立协调小组（Mediation Panel），由各成员国派代表组成，旨在解决成员国之间意见分歧。

4. 德国

（1）危机前。德国自 2002 年 5 月成立联邦金融监管局（BaFin）后，德央行和 BaFin 之间的监管协调主要依靠高层会谈机制，银行业监管方面多由 BaFin 主导。除了在制定资本和流动性的原则时需要双方达成一致意见，其他监管政策层面，德央行更多是行使参与协商权。直到 2008 年 2 月德国才出台指导原则用以厘清央行和 BaFin 之间的监管分工和协作关系。

（2）危机后。德国于 2012 年 5 月通过《金融监管体系改革法案》，决定成立德国金融稳定委员会，维护金融市场稳健性和促进金融监管协调性。该委员会由德国财长担任主席，9 名有投票权的成员组成“三三制”，即由财政部、央行和 BaFin 各 3 名；1 名无投票权成员来自联邦金融市场稳定署（FMSA）。

5. 法国

（1）危机前。法国于 2003 年的《金融安全法》设立金融市场监管局（AMF），由证券交易委员会（COB）、金融市场理事会（CMF）和金融管理纪律理事会（CDGF）合并而成，AMF 为证券市场的统一监管机构 。法国银行业由法兰西银行（央行）负责监管，同时对一般监管事务共同协调工作起牵头作用。

（2）危机后。法国于 2008 年 8 月出台《经济现代化法》，将原有银、证、保分业监管机构统一合并为审慎监管局，隶属于法央行。法央行被赋予更多的协调职能，由危机前的一般监管事务的牵头者提升到负责全面监管事务、防范系统性风险和维护金融稳定的地位。

6. 俄罗斯

（1）危机前。俄罗斯银行（央行）监管银行业，俄金融市场局对证券商、保险公司、小金融组织、交易所投资和养老基金等非信贷金融机构进行监管 。俄罗斯自 2003 年以来一直试图推行统一金融监管的改革，但直至此次金融危机后才成功。

（2）危机后。俄罗斯于 2013 年 7 月 24 日通过《将金融市场领域调节、监督和检查职能转交中央银行的若干有关法规修正案》，明确俄央行取代原金融市场局对非信贷金融机构的监管权，进而成为唯一的统一金融监管者。同时，俄央行还接管了财政部和政府的金融市场监管标准、会计标准、相关监管法律等制定的权力。俄央行设立相关内部部门行使上述职权，俄央行原有与原金融市场局、财政部和政府之间需要外部协调的事宜衍化为央行内部事宜。

7. 巴西

（1）危机前。巴西自 20 世纪 60 年代起开始采用分业监管模式，由国家货币委员会（CMN）牵头，负责协调 4 个机构对金融市场实施监管：巴西央行（BCB）监管银行业，证券交易委员会（CVM）监管资本市场，私营保险监理署（SUSEP）监管保险业，补充养老金秘书局（SPC）监管私人养老金。2006 年，巴西成立了金融、证券、保险和补充养老金监管委员会（COREMEC），以央行为核心，进一步加强各监管机构间的协调配合。由于多头监管在应对混业经营的弱势逐渐显现，巴西金融监管协调机制仍在不断完善中。

（2）危机后。巴西于 2011 年 5 月在央行内部设立金融稳定委员会（COMEF），专司宏观审慎政策功能，负责巴西央行内部协调各部门之间的职责。此外，巴西拟对原有 COREMEC 进行升级，将金融监管机构、信用保障基金和财政部纳入新的协调框架内，央行仍居核心地位。

8. 印度

（1）危机前。印度根据 1934 年的《印度联邦储蓄银行法》和 1949 年的《银行管理法》，实行分业监管体制。印度储备银行（RBI）作为央行，执行货币政策的同时对银行业、非银行金融机构、外汇市场进行监管，证券交易委员会（SEBI）和保险发展监管局（IRDA）分别对证券业和保险业实施监管 。印度监管协调体系是以央行为核心构建的，除了金融监管委员会（BFS）负责协调银行业监管行动外，金融资本市场高层协调委员会

(HLCCFCM) 专门负责资本市场的协调，该委员会由 RBI 行长担任主席，成员包括 SEBI 和 IRDA 的负责人以及财政部秘书。

(2) 危机后。印度于 2010 年 12 月成立金融稳定和发展委员会（FS-DC），由财政部长担任主席，成员包括 RBI 行长以及 SERI、IRDA、养老金监管和发展局的负责人。RBI 仍居核心地位，负责 FSDC 的日常工作。

9. 南非

(1) 危机前。南非依据 1990 年的《银行法》和 1993 年的《互惠银行法》，由南非储备银行（央行）和金融服务局分别负责银行和非银行金融机构的监管 。危机前南非金融监管框架内没有一个统一协调的机构。

(2) 危机后。南非财政部于 2011 年 2 月发布文件 "A Safer Financial Sector to Serve South Africa Better"，宣布南非金融监管体制转为"双峰式"模式，并于 2011 年成立金融稳定监督委员会（FSOC），财政部长担任主席，成员来自南非储备银行、金融服务理事会和财政部，负责监管协调工作。

三、金融监管协调机制改革的国际经验

总体来看，国际金融监管改革实践重点从法律、体制、目标、信息和执行五个层面强化金融监管的协调性。

1. 法律协调：明确监管协调机制的地位

美国颁布《多德—弗兰克华尔街改革与消费者保护法案》，明确设立金融稳定监督委员会。英国出台《2012 年金融服务法草案》等一系列法案，确立了以央行及其附属机构金融政策委员会为核心的协调机制。欧盟颁布《欧洲金融监管体系改革法案》和《欧洲银行业单一监管机制法案》，成立了包括欧洲系统性风险委员会、欧洲金融监管者体系和银行业单一监管机制在内的跨国协调机制。德国通过《金融监管体系改革法案》，赋予金融稳定委员会协调职能。法国出台《经济现代化法》，增加了法兰西银行（央行）在危机处置和防范系统性风险中的协调职权。俄罗斯通过法案明确俄央行为统一金融监管者，将监管协调内部化。巴西、印度、南非等国也从立法层面明确了相应的监管协调机制的制度安排。

2. 体制协调：设立专门机构负责监管协调

从体制层面上可以分三种方式：一是建立跨部门的协调机制，美国的金融稳定监督委员会、德国的金融稳定委员会、印度的金融稳定和发展委

员会、南非的金融稳定监督委员会等，其成员包括财政部、央行和主要监管者。二是以央行或其内设机构为核心，如英国的英格兰银行及其附属机构金融政策委员会，法国、俄罗斯、巴西等国的央行负责监管协调。三是成立超主权的协调机制，在联盟范围内统一监管规则和防范系统性金融风险。比如欧洲系统性风险委员会、欧洲金融监管者体系以及近期建立的银行业单一监管机制。

3. 目标协调：注重各监管主体的目标统一

一是宏观审慎管理和微观审慎监管的协调。除由跨部门机构负责宏微观审慎监管协调外，一些国家央行为宏观审慎管理和微观审慎监管统一监管者，使二者的协调内部化，降低协调成本，提升监管效率，如英国、俄罗斯、法国等。而另一些国家将宏观审慎管理和微观审慎监管职责纳入统一监管体系，赋予宏观审慎管理部门更多的权力以减少监管摩擦，如监督权、建议权、信息获取权等，如美国。二是货币政策与金融监管政策协调。特别是那些同时肩负金融监管职责的央行，更需要重视将货币政策与金融监管政策结合使用，如美国、英国、俄罗斯、法国、巴西等。三是中央和地方金融监管协调。美国财政部下设国家保险办公室，为联邦层面牵头者，与各州共同监管保险业，从而改变过去由州牵头监管保险业的局面。

4. 信息协调：保障信息共享途径的畅通

信息共享是金融监管协调的基础。建立畅通的信息共享途径不仅能够提高监管效率，降低监管成本，而且能解决因信息不对称引发的监管冲突。一些国家通过法律直接就信息共享机制做出安排。德国明确规定必要时，德联邦金融监管局和金融机构必须向德央行提供数据和信息。美国财政部下设金融研究办公室，为金融稳定监督委员会及其成员收集数据和提供分析。部分国家通过签署联合谅解备忘录（MOU）形式促成信息交流机制。英国的财政部与英格兰银行共同制定《金融危机管理备忘录》来明确各自职责。

5. 执行协调：突出央行的牵头作用和特殊地位

在金融消费者权益保护、危机处置、事前协商和紧急冲突协调机制的具体执行过程中，特别是对于系统重要性金融机构监管行动协调问题，各国均不约而同地明确央行牵头者地位或强化央行的特殊地位。美国金融稳定监督委员会授予美联储对具有系统重要性金融机构和非银行金融机构的监管权，金融消费者权益保护也由美联储下设消费者保护局具体实施。英国央行负有维护金融稳定的责任以及在危机时对某家金融机构行使“暂时国有化”的权力。欧央行负责监管资产规模较大和接受救助的银行①，并在必要时对其他中小银行实施直接监管。

第四节　对现有系统重要性金融机构监管环境的评述

一、监管启示

由前文分析可知，上述典型国家纷纷出台了旨在降低金融系统性风险的金融改革方案，相比危机前来说，这些改革方案对于各国金融体系的系统性风险监管更加宏观化和全局化。作为主要经验之一，危机后各国改革中都加强了对系统重要性金融机构的监管，总体来看，主要是从以下几个方面入手：一是提高资本要求，各国监管机构都或多或少地加强了系统重要性金融机构的最低要求；二是强化日常监管要求，各国监管机构都提出了相应的风险事前预防机制；三是提高应对危机能力，各国监管机构为了避免系统性重要性金融机构破产或出现问题时引发系统性风险甚至金融危机，在改革方案中根据本国特点，致力于研究制定相应的风险处置和清算机制，以期能够在危机中做出快速反应。

本书在逐一论述和归纳了美国、英国、澳大利亚、荷兰等国的金融业结构特点的基础上，以本次金融危机为节点，深入分析各国监管模式及政策变化的侧重点，认为系统重要性金融机构是一国金融业的代表，对其进行监管必然会涉及监管机构对于本国金融业结构的判断和调整问题，系统重要性金融机构的特征和监管机构对其监管实践与该国金融业历史变迁和金融改革演变有着千丝万缕的联系。因此，本书并没有孤立地研究系统重要性金融机构的问题，而是将其置于各国金融结构和监管改革的背景下进行分析研究。

① 根据欧洲银行业单一监管机制规定，欧央行负责监管以下三类银行：一是资产总额在300亿欧元以上，或占其所属国GDP的20%以上的银行；二是资产总额在所在国排名前3的银行；三是已接受欧洲金融稳定基金或欧洲稳定机制救助的银行。

表 7－9　各国系统重要性金融机构监管情况

		美国	英国	澳大利亚	荷兰
金融结构	银行业在本国金融业的地位	市场主导	市场主导	绝对主导	绝对主导
	历史上银行数量是否有减少趋势	有且趋势明显	有	有且趋势明显	有且趋势明显
	历史上集中度是否有提高趋势	有且趋势明显	有	有且趋势明显	有且趋势明显
	历史上是否经历过并购浪潮	有	有	有	有
	历史上是否有促进集中度提高的监管政策驱动	不明确	不明确	有	有
	危机后集中度是否提高	有	不明确	集中度一直较高	集中度一直较高
	危机后金融结构的最大变化	业务隔离法案影响待定	业务隔离法案影响待定	无	无
系统重要性金融机构特征	在国民经济中是否具有重要地位	是	是	绝对地位	绝对地位
	是否有混业经营的特征	是	是	是	是
	历史上是否引发过金融体系危机	无	无	无	无
	历史上是否成为金融改革的主导因素	是	是	是	是
	是否是本轮危机的诱发因素	是	是	无	无
	有几家全球系统重要性金融机构	8	4	0	1
	危机中是否有被救助的系统重要性金融机构	是	是	无	是
监管框架	危机前框架	多头监管	统一监管	双峰监管	双峰监管
	危机前系统重要性金融机构是否属于监管空白地带	是	是	无	无
	危机后框架是否进行调整	是	是	基本无	基本无
	是否针对系统重要性金融机构的政策调整	是	是	基本无	基本无

本书在对主要国家进行国别分析的同时，针对影响到系统重要性金融机构监管的关键问题，即金融监管协调机制问题进行专门论述。

二、面临挑战

各国的监管政策也面临着挑战，可以说，危机后各国金融监管改革是长期以来多方政治势力博弈的一个缩影，与各国的政治和经济体制密切相关。其中，英美时逢政权交替，其金融监管改革方案自然打上了新旧两届政府的烙印。根据自身政治体制，英国的金融监管改革，其实也是金融危机后英国的一个缩影，与其政治体制密切相关，是以卡梅隆为首相的英国新一届政府对危机反思的举措之一。但英国商业银行和银行协会对此都有些不同的意见，颇有反对的声音，对改革的效果仍存争议。有些观点认为英格兰银行的权威在此次金融改革后被重新确立起来，其实是重回 FSA 成立之前的旧路，没有实质性的改进。还有一些观点认为，PRA 和 FCA 之间势必存在交差监管，未来的监管主体和监管职责仍可能不清，监管的沟通协调也是一个挑战。

英美等国实施的结构化分离监管措施，政策制定的出发点是加强包括系统重要性金融机构在内的金融机构的监管，但是实施中难免面临诸多挑战。以旨在有效保护本国零售银行业务的英国“圈护法则”为例，主要困难包括：一是如何区分零售业务中的支持性业务的概念。根据“圈护法则”规定，所有受圈护银行不得从事于批发性业务和衍生品业务，除了其提供的零售业务中的支持性业务可以豁免，但是这一概念无法在实际操作中准确定义。二是如何解决风险对冲机制上的问题。按照“圈护法则”，受圈护银行不可以通过借贷和衍生品交易与其他银行进行风险对冲，只能依赖于集团内部的支持，这给集团和受圈护银行风险管理都带来了问题。三是如何解决集团内部风险暴露提高的问题。同样是由于风险对冲机制的问题，受圈护银行的风险对冲只能依赖于集团内部的支持，这将大幅提高集团内部的风险暴露，进而影响到受圈护银行。

此轮国际金融危机后，欧美金融监管理念发生了变化。一方面，监管者意识到跨国金融机构在国外的活动可能影响国内的金融稳定。跨国金融机构在一个国家的分支机构出现问题，可能迅速蔓延至其所涉足的其他国家。监管跨国金融机构在本国的分支机构并不足以避免危机传导至本国。

另一方面，由于跨境监管套利将使监管宽松的国家获益，这将导致各国竞相降低监管标准，出现“底线竞争”式的恶性竞争，最终带来全球金融监管水平下滑，危及全球金融稳定。因此，监管者希望将跨国金融机构的全球活动都纳入其监管范畴。在此背景下，欧美金融监管新法规具有较强的域外管辖权（Extraterritoriality）色彩，即不仅要求本国机构遵守本国法律，还要求某些外国机构和跨境金融活动也遵守本国法律。这不可避免地对外国金融机构产生影响，带来较大的合规成本。

美国金融监管法规的域外效力主要体现在以下三个方面：

（1）《多德—弗兰克法案》。一是关于衍生品监管的规定。该法案新创设了两类须受监管的从事衍生品交易的实体，一类为“互换交易商”和“证券类互换交易商”；另一类为“主要互换参与商”和“主要证券类互换参与商”。这两类实体需要向美国商品期货交易委员会（CFTC）和美国证券交易委员会（SEC）注册，并遵守关于中央清算、集中交易、信息报告和记录、资本和保证金要求、商业行为标准、风险管理和利益冲突标准等一系列监管规定。有关法规的域外管辖权问题主要体现在以下方面：①法案规定只要交易一方为美国实体，或交易对美国有重大影响，即受到该法案管辖。这意味着一些外国实体将被要求在美国监管机构注册，并遵守相关监管规定。②有美国实体参与的跨境衍生品交易须在 CFTC/SEC 指定的中央清算机构清算，遵守其关于资本金、风险准备金、治理结构等各方面监管要求。这意味着外国清算机构须向 CFTC/SEC 注册并接受其监管，否则将无法从事这类交易的中央清算。③虽然法案提出了“替代合规”的概念，即如果美国监管当局认定外国的监管要求与美国的相关要求相类似，则外国互换交易商或主要互换参与商只要遵守其母国的类似监管要求，就被视为遵守多德法案的相关规则。但“替代合规”仅限于具体条款，且美国监管当局在“替代合规”的判定上有很大的自由裁量权。二是关于“沃克尔规则”的规定。该法案规定，“沃克尔规则”不仅适用于在美国设立的各类银行，还适用于在美国设立分支机构的外国银行以及该外国银行的外国分支机构。因此，在美国设立分支机构的外国银行的全球业务也需满足“沃克尔规则”监管要求。虽然业务完全在美国之外的外国银行机构不受此条款约束，但豁免范围很小，许多非美国银行的非美国业务无法得到豁免。三是关于 RRP 的规定。对于在美设有分支机构的外国银行，无论其在美业务规模大小，设立何种形式的分支机构，只要全球并表总资产在 500 亿美元以上，即在规定适用的金融机构范围之列。金融机构应由其控股公司（或称母公司）层面准备 RRP，直接向美联储和 FDIC 提交（而不是向其在美的主监管机构提交）。

（2）《海外账户税收合规法案》（FATCA）。为打击美国居民将资产转移至海外进行避税的现象，美国国会于 2010 年通过《海外账户税收合规法案》（FATCA），从 2013 年 1 月起实施。要求所有外国金融机构须与美财政部签署协议，成为"FATCA 参加机构"，该机构须建立客户尽职调查、记录及报告制度，跟踪并记录客户从美国取得的收入信息，从 2013 年 1 月 1 日起向美国国税局提供上述信息。不愿意配合的外国金融机构在取得来源于美国的"可预提付款"时将被扣以 30% 的预提税。这将迫使众多国家的金融机构违反当地客户隐私方面的法规，同时可能对支付系统及全球金融体系产生影响。

（3）《银行保密法》和《爱国者法案》。为加强对洗钱活动的监管，美国颁布了《银行保密法》和《爱国者法案》。《银行保密法》规定美国的金融机构通过对特定金融交易保留记录和上报的方式帮助美国政府发现和防范洗钱活动。《爱国者法案》对《银行保密法》做出修订之后，美国当局可以要求美国境外的银行通过该行的美国账户（包括代理行账户）来没收可疑洗钱机构的资产。这使外国银行面临很大的合规压力。

欧盟金融监管法规的域外效力主要体现在以下方面：

（1）《欧洲市场基础设施监管规则》（EMIR）。2010 年 9 月，欧盟委员会发布了《欧洲市场基础设施监管规则》，旨在通过加强对场外衍生产品的监管，推动中央对手方、交易信息库等市场基础设施的进一步应用，以提高市场的透明度、安全性与有效性，从而降低系统性风险。EMIR 有关条款规定，如果第三国机构在欧盟达成的衍生品交易将对欧盟产生直接、实质性影响，就必须服从法案有关清算和风险控制要求。由此可见，当两家非欧盟机构进行交易时，也可能被迫遵守 EMIR 规定。此外，法案还要求第三国中央对手方和交易数据库为欧盟机构提供服务时需得到欧盟监管当局的认可。这使非欧盟机构参与欧盟市场时不能自由选择清算机构和交易报备机构。欧盟内部中央对手方或交易数据库由于政策保障而处于竞争优势。

（2）《资本要求指引》。其是规定欧盟银行业资本要求的重要文件，旨在加强金融机构和整个金融体系的稳健性。该指引第 122a 条涉及域外管辖权问题，要求投资证券化产品或持有证券化头寸敞口的机构需获得证券化

"发起人、保荐人或初始贷款者"的确认，表示该机构已经并将继续持有不低于5%的证券化经济利益，从而确保"利益一致性"。这意味着无论证券化机构或相关资产所处何处，此类欧盟投资者必须满足5%的要求，否则将被禁止购买证券化产品。这一条款将迫使那些希望向欧盟机构销售的发行机构必须遵守欧盟和其他"利益一致性"规则。

（3）《信用评级机构监管规则》。欧盟于2009年11月出台《信用评级机构监管法规》并在之后进行两次修订。规定如果非欧盟经济区的信用评级机构希望其评级可在欧盟内使用，则其所在经济体必须具备与欧盟相当的信用评级监管机制。以上规定迫使新加坡、中国香港等地建立了类似的信用评级监管机制，并可能对未建立类似机制地区信用评级业的发展造成不良影响。

（4）《另类投资基金经理指引》（AIFMD）。为加强欧盟各类基金监管，欧盟于2010年11月发布了《另类投资基金经理指引》。该指引限制非欧盟基金经理在欧盟内营销和管理另类投资基金，而非欧盟的基金经理向欧盟投资者营销非欧盟的另类投资基金时，也可能适用该指引。这些条款对欧盟基金的跨境服务提出诸多限制，从而限制了非欧盟经理人进入欧盟市场的渠道。

（5）《金融产品市场指引Ⅱ》。为应对危机暴露的金融市场监管不足问题，欧盟对金融产品有关监管法规进行修订，出台《金融产品市场指引Ⅱ》。该指引在第三国金融机构准入问题上建立欧盟统一标准，规定在欧盟设立分支开展业务的第三国金融机构应事先取得授权，提交授权申请时，第三国金融机构应表明其母国监管与欧盟监管具有同等效力，并证明母国与欧盟在有关审慎监管准则上相互认可。此外，母国与东道国监管机构应签署合作协议，以在一定程度上限制有意在欧盟开立分支的第三国金融机构数量。上述规定虽然以保护投资者利益为出发点，但具有一定的保护主义色彩。

（6）《偿付能力监管指引Ⅱ》。为强化对保险机构偿付能力、公司治理及信息披露等的监管，欧盟于2009年发布《偿付能力监管指引Ⅱ》，拟于2013年起实施。该指引要求欧盟保险集团定期上报涵盖全球业务的合并偿付能力指标。计算方法如下：一是将非欧盟业务纳入合并报表，采用其规定的方法计算集团总偿付能力；二是若非欧盟子公司所在国监管准则被确认为与其具有同等效力，可单独认定该子公司的偿付能力。在其框架下，非欧盟保险集团的欧盟子公司都将被视为独立的欧盟保险集团，遵守其关于保险集团的相关要求。其实施对于非欧盟子公司的影响最为显著。若东道国与母国监管准则被视为不可替代，该子公司将不得不面临双重监管。且由于欧盟监管往往较所在国更为严格，可能迫使母公司为实现合并偿付能力充足率达标，在子公司资本已相对充足的情况下仍需额外补充资本，极端情况下甚至可能需要关闭该子公司来提高集团的整体偿付能力充足水平。

总体上，一国金融监管规则的域外管辖权扩张将带来以下问题：一是将外国金融机构的操作纳入本国监管机构的管辖区域，将使相关金融机构面临母国和东道国监管重复甚至矛盾的问题，可能引发法律冲突，阻碍金融监管改革进程。二是扩大本国监管机构管辖范畴将会增加全球市场参与者的合规成本，甚至阻碍市场参与者与本国有关的金融活动。市场参与者可能被迫在短期内调整经营模式，或取消某些业务，这将影响本国市场的稳定性和流动性，可能造成市场分割与流动性抽离，并加剧监管套利。三是降低监管效率，可能导致监管扭曲和保护主义，最终削弱监管有效性。此外，各国从自身利益出发、企图借助域外管辖权解决国内监管问题的做法会损害国与国之间的相互信任，不利于通过合作来制定和执行全球标准。

事实上，自全球金融部门改革实施以来，G20 领导人一再重申各国应在监管规则制定上保持协调，致力于推进全球金融市场一体化进程。跨境监管规则应在最大程度上与相关国家监管法规实现兼容或可替代性。各国应加强监管协调与合作，就新监管规则的域外效力进行协商，扩大“替代合规”的使用范围，消除监管重叠与真空，推动建立国际一致、非歧视性的全球金融监管框架，确保本投资者和外国投资者能基于平等、合理的规则开展交易。

欧美金融监管域外管辖权的扩张，将对中国金融机构产生不可忽视的影响。除了在欧美的分支机构，中资金融机构的国内总部和所有分支机构都可能被要求同时遵守母国和东道国的监管要求，而这些要求可能有所冲突，并加大中资机构的合规成本，不利于正处于国际化起步阶段的中资机构在海外的发展和运营。对此，我国监管部门和金融机构应积极采取应对措施。

(1) 通过政府与非政府渠道与欧美监管当局沟通，维护中资金融机构合法权益。有关监管部门可通过外交渠道与欧美监管机构就域外管辖权问题进行交涉，争取达成双方都可接受的解决方案。除了政府层面的金融外交，自律组织、行业协会等机构可以发挥“第二轨道外交”的作用，代表中国金融机构向相关国家监管机构表达有关诉求，对这些规则的制定施加影响，配合政府维护中国金融机构的权益。

（2）中资金融机构要积极关注国际监管动态，做好应对准备。针对欧美监管新要求，中资机构要加强对欧美业务经营合规问题的研究分析，密切关注法规的实施进展，评估对自身业务的具体影响。在此基础上，及时与人民银行和有关监管部门沟通，需求支持和协助，同时逐步调整业务模式，将负面影响降到最低。

（3）积极参与国际规则制定，引导有关规则的调整向于我有利的方向发展。作为 FSB 等多家国际标准与准则制定机构的成员，中国应在有关国际标准与准则的讨论和制定中积极发挥自身影响力，反映发展中国家和发达国家金融市场发展程度的区别以及不同的利益诉求，为我国金融市场的发展创造良好的条件。

此外，诸如美国在内的金融监管改革大多是在危机后各方呼吁加强对系统重要性金融机构监管的背景下产生的，因此部分政策制定过程较短，但是随着后续相关政策措施的出台，监管规则越细化，也意味着执行成本将越高，落实可能越难，其后效有待观察。

（1）金融监管改革的阻力在加大，博弈仍将继续。一是系统重要性非银行机构识别、“沃尔克规则”、“生前遗嘱”等措施的规则制定过程中存在大量政治博弈，预期成效可能大打折扣。二是新发布的法令，除持仓交易限制外，约束力普遍偏弱，并非真正做到“长牙齿”。三是由于主要发达国家的经济持续低迷，目前主要精力放在提振经济和增加就业上，部分系统重要性金融机构借机利用其影响力进行政治游说，对放松监管的呼声渐高。

（2）如何平衡金融创新和金融稳定。以美国为例，《多德—弗兰克法案》于2010 年颁布，其核心思想是实施意在强调金融稳定的“沃尔克规则”。但是自法案颁布以来，遭到了以摩根大通等为首的金融机构的强烈反对，认为限制了金融创新力。原定于2012 年7 月21 日正式实施的“沃尔克规则”不得不推迟，包括美联储在内的5 家监管机构于2012 年4 月19 日表态推迟实施，将过渡期延迟两年。然而一味地推迟并没有起到真正的警示作用，相反纵容了系统重要性金融机构的冒险行为。最为典型的案例是摩根大通“伦敦鲸”事件，根据其2012 年5 月10 日披露，摩根大通首席投资办公室（CIO）因其交易员 Bruno Michel Iksil（业内誉为“伦敦鲸”）在合成债券上的仓位的投资，在此前 6 周内巨额亏损达 20 亿美元以上。

（3）在系统性风险监管等重要领域，尚未形成成熟有效的监管工具和方法。目前国际组织和各国监管机构在系统重要性机构的监管强度、逆周期政策推出时机、系统性风险的边际贡献度等具体技术环节方面，尚未达成成熟的监管共识。以美国为例，金融稳定监督委员会与美联储的职责分工界限一直较为模糊，有待进一步理顺。系统重要性非银行金融机构的识别仅是系统重要金融机构监管的初步阶段，系统重要性银行控股公司的识别标准还在研究讨论，后续还有大量问题有待解决。

（4）目前金融监管改革尚停留在法规制定层面，目前国际组织和各国监管机构在系统重要性机构上很多监管措施和手段还未真正付诸实施，监管改革的有效性尚待实践检验。一方面各国金融监管架构及其工作责任的成熟完善将是一个长期过程，执行过程比规则制定更为重要；另一方面随着金融业对严格监管的抵制不断增强，监管执行难度加大。监管法规细则的制定仅是万里长征第一步，改革的具体实施将是更大的挑战。

（5）未来的工作量仍然巨大，改革的成本也是比较高昂的。以美国为例，自《多德—弗兰克法案》出台后，美国监管机构职责更加庞杂，金融稳定监管委员会、财政部、美联储、证监会、货币监理署、商品期货交易委员会等为满足《多德—弗兰克法案》要求，均须出台几十份甚至上百份法规细则。部分监管机构如美联储和商品期货交易委员会等需要大幅度扩张监管队伍，大量监管法规的出台也将大大增加金融机构的合规成本。

第八章　系统重要性金融机构的监管政策与措施

目前国际上对于金融监管体制改革已初步完成，系统重要性金融机构监管基础已初步构建成形，但是对系统重要性金融机构监管的具体政策措施安排尚在积极探索之中。总体上看，为了更好地提高系统重要性金融机构宏观审慎监管的有效性，国际机构和各国监管当局围绕事前、事中和事后的监管进行了一系列的监管政策探索。国际实践证明，任何一种监管都是不够的，唯有三者的有效结合才是上策。

第一节　系统重要性金融机构的事前监管

一、系统重要性金融机构事前监管的重要性

在事前监管方面，主要采用“结构性分离”方式，旨在限制系统重要性金融机构的规模、可替代性、关联性，从根本上防止过大和过于复杂的金融机构出现。“结构性分离”倒逼系统重要性金融机构经营重心从过度综合化经营业务回归传统业务，切断金融风险的传递链条，从而降低系统重要性金融机构危机发生的概率，进一步奠定系统重要性金融机构长期稳定发展的基础。由此可见，“结构性分离”旨在通过深化改革，降低银行经营失败的可能性，增强可处置性，从而解决金融业，特别是银行业存在的结构性问题。本次金融危机显示高度复杂的金融产品交易、对房地产领域的大量贷款以及过分依赖短期融资导致金融业特别是银行业承担了过多的风

险，机构间的高度关联更加大了系统性风险的积聚。

二、系统重要性金融机构事前监管的国际实践

系统重要性金融机构事前监管最具有代表性的就是美国的“沃尔克法则”、英国的“圈护法则”、欧盟的“利卡宁报告”。

1. 美国“沃尔克法则”

2010 年 7 月通过的美国《多德—弗兰克法案》提出实施“沃尔克法则”（Volcker Rule），限制银行从事自营交易和拥有对冲基金或私募股权基金。“沃尔克法则”是该法案最重要也最具争议性的改革内容之一。历经三年多的艰难讨论、妥协和修改，2013 年 12 月 10 日，美联储、商品期货交易委员会、联邦存款保险公司、货币监理署和证券交易委员会 5 家监管机构联合发布了“沃尔克法则”最终条款，并于 2014 年 4 月 1 日正式生效。

“沃尔克法则”适用对象为银行实体（Banking Entity），包括接受联邦存款保险的机构及其控股公司，在美国设有分支机构的外国银行或外国银行控股公司，以及这些实体的附属机构。

“沃尔克法则”主要内容包括以下几方面：

（1）限制银行实体运用自有资金进行自营交易。《多德—弗兰克法案》允许银行实体为“做市、风险对冲和代客交易等”从事自营交易。最终条款详细规定了自营交易中豁免的允许业务，明确了自营交易范围，对争议较大的条款进行了适度放松。具体如下：

第一，承销：允许银行实体作为承销商，对证券（包括公募和私募）发行进行分销，其交易部门的承销头寸要和该分销相关。承销头寸不应超出客户或对手方近期的合理需求。

第二，做市：在必须遵从最终条款中指定的风险管理程序以及商业上合理范围的前提下，允许交易部门定期购买或出售与金融风险暴露相关的一种或多种金融工具，对冲做市风险。在历史需求的基础上结合考虑市场因素，上述金融工具的存货不能超过客户或对手方近期合理的需求。

第三，风险对冲：允许开展与银行实体的个别或总体仓位、合约或其他持仓有关的风险对冲业务，目的是有利于降低或极大减缓具体、可识别的风险。银行实体需对其对冲策略进行支持性分析（包括相关性分析），在必要时对对冲交易的有效性进行监测和校准。此外，银行实体在从事存在

高度合规风险的交易时，必须同时记录相关的对冲原理。

第四，交易政府债务：允许银行实体继续投资美国政府、机构、州政府和市政府的债务。此外，在交易委托人不能是接受存款保险的机构以及金融工具债务需由外国政府发行、担保等限制条件下，允许银行实体参与外国主权债务或其他区域性债务的自营交易。

第五，外国银行实体交易活动：允许外资银行机构在某些特定情况下从事自营交易，如交易决定及主要风险发生在美国境外时。当交易涉及美国实体时，豁免交易应当作为委托人通过独立的市场中介（Unaffiliated Market Intermediary）进行交易，或者作为代理人以匿名的方式在美国交易所、类似的交易机构进行交易。

第六，其他允许的业务：在符合相关要求下，允许银行实体以受托人身份代表一般账户或者独立账户客户作交易，或者从事保险公司的无风险自营交易活动。

第七，澄清例外条款：最终规则澄清了哪些活动不属于自营交易的范围，如纯粹以代理人、经纪商或托管人身份进行交易；采用递延报酬（Deferred Compensation）或类似的安排；履行某些回购及证券借贷协议；根据详细记录的流动性计划进行流动性管理等。

（2）限制银行实体发起、收购并持有对冲基金或私募股权基金，及其任何股份、合伙权益或其他所有者权益。

其中，“沃尔克法则”对“对冲基金”和“私募股权基金”的定义将其适用范围扩大到大宗商品池和某些外国基金，排除了一般企业目的的实体，如全资子公司、合资公司、收购工具、在证券交易委员会注册的投资公司和商业发展公司等，以及某些在国外公募的外国基金、贷款证券化、保险公司独立账户、小企业投资公司和公共福利投资等基金。

被豁免允许的业务：在适当的条件下，允许银行实体投资或发起与以下业务相关的对冲基金或私募股权基金，包括组织和募集基金、承销或与做市相关的交易、某些以降低风险为目的的对冲交易、仅在美国境外的交易活动和保险公司的业务交易。投资规模不得超过基金所有者权益和银行一级资本的3%，并且在每只基金中的投资不得超过该只基金募集资本比例的3%。在计算合并资本充足率时上述投资应全额从其资本中扣除，并要充分考虑该项投资对其声誉的影响，必要时追加额外的资本要求。

“沃尔克法则”对于合规要求进行了明确规定。

（1）合规制度：为确保遵守“沃尔克法则”中禁止和限制的条款，银行实体需构建详尽的内部合规体系，包括合规政策和程序、内部控制和监测、高管人员问责管理制度、独立合规测试和审计、交易人员的培训和合规档案记录等内容。其中，资产超过500亿美元的大型银行必须制定更严格的合规制度，包括要求首席执行官公开签字确认本行合规体系有效。从事业务不受“沃尔克法则”限制（美国的政府和市政债除外）的银行实体无须建立上述合规制度。

（2）档案记录：银行实体必须保留档案记录，必要时向监管机构报告规模和风险敞口较大的交易的相关信息和数据，以便监管机构监控并防范违规情况。

（3）指标报告：要求银行实体将交易活动的信息进行量化，变成可衡量和评估的指标，并向监管机构定时上报。内容包括风险和头寸的限制与使用、风险因素敏感度、风险价值和压力风险价值、综合盈亏分布分析、存货周转率、存货折旧和客户服务交易7项指标。上报要求根据银行实体交易活动的类型和规模逐步实施。

“沃尔克法则”已于2014年4月1日正式生效。美联储已将合规期延长至2015年7月21日。自2014年6月30日起，资产超过500亿美元的大型银行要按月报告上述量化衡量指标；资产为250亿美元以上500亿美元以下的银行实体将于2016年4月30日适用此规则，按季度进行报送；资产为100亿美元以上250亿美元以下的银行实体于2016年12月31日按季度进行数据报送工作。

2. 英国“圈护法则”

2012年6月14日，英国财政部代表政府发布《银行业改革：维护稳定和支持经济可持续发展》（以下简称白皮书），采纳了银行业独立委员会于2011年9月提出的银行业改革方案核心建议，包括改革银行结构、银行资本要求以及提高银行竞争力。改革银行结构的主体内容是隔离（Ring - Fencing）要求，即银行集团内部应通过独立实体隔离零售银行业务与投行业务，限制零售银行经营的地域、业务和交易对手。白皮书已公开征求社会意见，于2012年9月后进入议会立法程序。

白皮书认为，金融危机教训表明，不可或缺又难以替代的银行服务一旦中断，必然对一国经济金融体系，特别是普通储户和中小企业产生直接的重大影响。在银行业务中，最应当受到保护和加以隔离的是普通个人和中小企业的存款。将高风险投行业务与面向普通个人和中小企业的信贷业务相隔离，能够实现两个目标：一是提升银行的抗风险能力，确保信贷、支付结算等重要服务在危机时免受市场冲击；二是有利于及时、高效开展风险处置，减少银行救助的复杂性，降低政府隐性担保的道德风险。

“圈护法则”的主要内容包括：

（1）零售银行（Ring – fenced Banks）的业务范围。白皮书提出，只有零售银行才能吸收普通个人和中小企业的存款。其中，中小企业包括：根据英国现行公司法（2006）规定年营业额低于650万英镑的小型企业，以及年营业额在650万~2590万英镑的中型企业。按照这一标准，将分别有96%、97%的英国企业必须在零售银行存款。普通个人是指高收入阶层之外的个人，高收入是指在一家银行的可投资资产（Free and Investable Assets）在25万英镑以上或75万英镑以上（采用哪个标准尚未最终确定），按照上述标准，高收入阶层将占人口的0.2%或0.1%。高收入阶层之外的普通个人都必须在零售银行存款，而大型企业、高收入阶层可选择在零售银行或非零售银行存款。

（2）对零售银行的限制。零售银行可以向普通个人和中小企业提供全方位的金融服务，但不得从事可能妨碍风险处置、增加风险敞口的业务，这包括了绝大部分的投行业务。具体要求如下：

第一，地域限制。为避免跨境业务给零售银行的风险处置增加困难，零售银行不得在非欧洲经济区（Non – European Economic Area，Non – EEA）设立分支和附属机构开展任何银行业务，而应将绝大部分资产保留在欧洲经济区内。但在不影响风险处置的前提下，零售银行可在非欧洲经济区开展主权债投资、批发融资等活动。银行集团可以继续通过集团内的其他独立实体，包括非零售银行的海外分支和附属机构在非欧洲经济区开展业务。

第二，机构限制。为防止变相涉足高风险业务，零售银行不得与下述机构建立风险敞口：①金融中介，即基于自身资产负债表对金融资产和负债进行期限、规模、风险等方面的转换；②杠杆率过高、流动性和期限错配严重、与金融体系关联性强的机构。

具体包括：①非零售银行或从事其他禁止性活动的银行；②投资公司；③基金和基金管理公司；④保险公司。限制措施延伸至上述公司的表外业务，以及在英国开展业务而总部位于非欧洲经济区的公司，但互助会（Friendly Societies）、小型互保险公司、小型基金除外。

第三，业务限制。零售银行不得开展以下业务：①证券（包括结构性投资产品）和衍生产品的发行、交易、借贷及做市；②在二级市场购买贷款和其他金融产品；③零售银行之外的融资和资产证券化；④证券承销。

在满足以下安全性要求的前提下，零售银行可以为客户提供简单的衍生产品：①在合约方面，衍生产品的设计要以固定或覆盖客户的利率或汇率风险敞口为目的，或者被审慎监管局认定为在标准化、容量大、流动性好的市场对冲利率和汇率风险的金融产品；②在客户方面，衍生产品只能提供给普通个人、中小企业和非金融机构；③在管理方面，零售银行的衍生品管理要独立于其所属银行集团的其他部门，采用标准化合约，合约中不得包括有关跨境违约或早期终止处置行动的条款，除非出现难以通过抵押品移交来追缴保证金的情况。

（3）允许零售银行开展的其他业务。为便于零售银行更好地管理流动性风险和融资，除上述允许开展的衍生品业务外，零售银行还可持有其他金融机构的短期债券、买卖主权债、在非欧洲经济区发行债券等。从长期来看，零售银行应降低对短期批发性融资的依赖性，落实巴塞尔银行监管委员会推动的国际银行业流动性监管改革要求。

“圈护法则”认为零售银行应与银行集团内的其他实体充分隔离，保持法律地位、业务运营、经济利益方面的独立性，避免不当关联交易，确保核心业务的安全。

（1）法律地位和业务运营独立。在法律地位方面，零售银行与非零售银行应是独立的法人实体，零售银行不得投资控股集团内的非零售银行，其子公司也要有数量限制。在运营方面，当银行集团的信息管理系统、员工结构等运营环境有损零售银行的独立性及其核心服务的开展时，应及时加以调整。此外，零售银行向非零售银行提供支付服务要在风险承受范围内，有适当的抵押，并获得批准。

（2）交易独立。具体要求体现在以下八个方面：①零售银行应独立满足资本和流动性要求；②零售银行与集团内其他实体应将彼此视作第三方机构，限制大额风险敞口，防范风险在集团内的无序传递，零售银行和非零售银行的资本和融资也应完全独立；③零售银行应降低对银行集团其他实体的融资依赖程度，监管部门要对相应的融资比例、融资期限加以限制；④贷款、资产转换和销售等集团内部交易不得优于市场条件，限制或禁止集团内担保，禁止集团内零售银行与非零售银行之间的衍生品净额交易；

⑤零售银行要完善公司治理结构，建立独立的董事会、风险委员会以及薪酬委员会，董事会成员在最近3年内不得同零售银行以及集团内其他实体有实质性的业务关联，代表集团其他实体的董事会成员不得超过1/3；⑥零售银行应满足巴塞尔资本协议第三支柱提出的信息披露要求，监管部门在必要时可在欧盟法律框架下提出额外要求；⑦应尽量消除集团合并缴纳增值税问题给零售银行带来的不当义务和损失补偿负担；⑧应免除零售银行为整个银行集团承担的养老金缺口融资义务，在一定过渡期内将其自身的员工养老金与集团其他实体的养老金相隔离。

“圈护法则”对隔离要求的适用范围进行规定，隔离措施适用于所有在英国开展银行业务的机构，包括英国银行、外国公司在英国的附属机构，但豁免以下机构：

（1）住房协会。但会对《住房协会法案》（Building Societies Act，1986）进行适当修订，以与隔离要求保持一致。

（2）普通储户和中小企业存款规模低于250亿英镑的银行。目前这类存款数据暂不可得，可以使用受金融服务补偿计划（Financial Services Compensation，FSCS）保护的存款规模来替代，依此标准约有87%的银行适用隔离措施。

（3）非欧洲经济区公司在英国的分支机构。但如果其吸收的英国零售存款超过了限定标准，就必须在英国设立一个子公司吸收零售存款（目前此类分支机构都不太可能超过限定标准）。

2013年12月18日，英国《金融服务（银行改革）法》最终签署，“圈护法则”得以立法确认。

3. 欧盟“利卡宁报告”

2012年10月，由欧盟委员会设立、芬兰央行行长埃尔基·利卡宁（ErKKi LiiKanen）担任主席的银行业结构改革高级专家组发布研究报告。针对2008年国际金融危机暴露的金融机构过度承担风险等问题，建议对欧盟银行业进行结构性改革，在银行集团内由相互独立的“交易实体”（Trading Entity）和“存款银行”（Deposit Bank）分别开展特定的高风险交易业务和存贷款业务。欧盟委员会将在征求意见、评估影响后，决定是否采纳该建议。

“利卡宁报告”核心是强制隔离“交易实体”和“存款银行”。“利卡宁报告”建议隔离的业务范围包括以下高风险业务由具有独立法人地位的

“交易实体”（Trading Entity）集中运作：①自营交易；②做市交易形成的所有资产或衍生品头寸；③与对冲基金（包括对冲基金的主经纪商业务）相关的任何贷款、贷款承诺或无担保信用敞口；④特殊投资工具（SIVs）以及私募股权投资等具有相似特性的业务。“交易实体”可以是投资公司或者银行集团内的银行。隔离要求同时适用于集团层次和子公司层次。

除非针对特定银行的恢复和处置计划另有要求，其他业务仍由以参保存款为融资来源的“存款银行”（Deposit Bank）经营，包括但不限于：企业贷款、贸易融资、消费贷款、抵押贷款、银行间借贷、银团贷款、以融资为目的的证券化、私人财富管理与资产管理、对受监管的货币市场基金的信用敞口、为自身资产负债管理开展的衍生品交易、为管理流动性资产组合进行的资产买卖等。

需要强调的是：①只有“存款银行”可以提供零售支付服务，“交易实体”不能吸收存款及提供零售支付服务；②“存款银行”仍然可以开展对自有资金影响不大、针对非银行客户的对冲业务（如汇率、利率期权和互换）和证券承销，但要密切关注这两类业务的风险。

“利卡宁报告”制定隔离的法定标准。只有当交易业务达到一定规模，或者可能对金融稳定构成威胁时，才能实施法定隔离。具体标准为：银行交易资产总额超过1000亿欧元，或者交易资产占银行总资产比重达到15%～25%的某个比例。下一步，欧盟委员会将对这一比例门槛进行测算，以确保法定隔离措施适用于交易业务占有重要地位的所有银行，并给予业务隔离一定的过渡期。

“利卡宁报告”认为隔离的目的是：①限制银行集团用纳税人提供隐性担保的零售存款进行高风险交易；②降低纳税人承担银行交易业务亏损的风险；③避免“存款银行”过度从事与服务实体经济不相关的业务；④降低银行体系和影子银行体系的关联性；⑤防止交易业务受到公共保护的市场预期，提高融资成本的风险敏感度，促进银行集团和投资银行在交易业务领域的公平竞争。

“利卡宁报告”制定隔离的相关要求：①为保持银行向客户提供多元化服务的能力，允许“存款银行”和“交易实体”存在于同一个银行集团内，并不改变欧洲传统的银行综合经营模式。②“存款银行”除了可以继续开展特定对冲和证券承销业务外，在服务公司客户方面也可享有较大空间和弹性，“交易实体”的业务范围也比较宽泛，但同时要加强二者之间的风险隔离。例如，“存款银行”和“交易实体”在集团内的风险和资金转移应当遵循市场原则和银行间大额风险敞口限制，不得影响“存款银行”的资本充足水平。③为确保经营的稳健性，“存款银行”和“交易实体”应当分别满足欧盟对金融机构资本、并表监管等各个方面的监管要求，只有在满足最低资本以及资本缓冲要求的前提下，才能发放股息。

“利卡宁报告”制定隔离措施的划分原则：为使隔离措施在成员国简便易行，专家组建议以性质相同为原则对银行业务进行划分。例如，将自营交易和做市交易同时纳入隔离范围，从而避免难以明确界定这两类业务的情形。

同时，“利卡宁报告”为配合恢复和处置计划制定额外的隔离措施。欧盟委员会2012年6月发布的《银行恢复和处置指令》（BRR）提出，处置当局可以要求银行改变组织和运营架构，以增强可处置性，确保恢复和处置计划（RRP）维持银行核心功能的发挥，同时避免纳税人承担损失。专家组认为，要保证恢复和处置计划的切实可行，可能需要进一步扩展隔离的业务范围，并特别关注银行隔离零售业务和交易业务、在危机时期降低衍生品等交易风险敞口的能力。欧洲银行管理局（EBA）在评估可能导致RRP废弃的触发因素时，应当考虑交易工具的复杂性、交易业务的运营结构、风险敞口大小及其相应的市场份额，这些因素对交易业务的可处置性具有重要影响。

“利卡宁报告”认为，应当强力支持银行使用BRR建议的自救（Bail－in）工具，以增强损失吸收能力。BRR定义了自救工具的一些特征，包括必须与其他重组措施结合使用、不能改变原有的债务清偿顺序等。同时，专家组建议进一步提高自救工具使用的可行性，对某类债务工具明确提出“自救”要求，清晰界定自救债务工具在银行债务中的等级，提前告知投资者最终的清偿顺序。为了降低银行体系的关联性、便于监管机构在系统性危机应对中切实启用这一工具，银行业金融机构最好不要相互持有各自发行的自救债务工具，投资基金、寿险公司等非银行机构投资者也应限制持有。

“利卡宁报告”指出，需要改进交易资产和房地产相关贷款的资本要求计算方法。基于模型计算的、与交易账户资产风险相关的资本要求可能存在模型风险和计算误差。实践证明，交易业务普遍面临操作风险、交易对手风险和集中度风险，现有的以收入法计算的操作风险资本要求不能反映交易账户资产规模。为避免这些风险波及整个银行集团和金融体系，专家组建议改进交易账户资本要求计算方法：在基于风险的资本要求之上，对所有交易账户资产设置一个额外的、不基于风险的资本缓冲要求；或者引入一个基于风险的最低资本要求（即制定一个风险加权资产的最低标准）。专家组建议巴塞尔银行监管委员会对此进行评估，确定上述方法能否充分覆盖“存款银行”和“交易实体”的所有风险。同时，欧盟委员会应当重新审视房地产贷款相关资产的资本要求，如欧洲系统风险委员会（ESRB）建议的引入贷款价值比（LTV）和贷款收入比（LTI）上限。此外，可考虑将金融机构之间（Inter - Institution）的大额敞口限制扩展至集团内部（Intra - Group），这对限制集团内“存款银行”和“交易实体”的风险敞口十分重要。

“利卡宁报告”认为，应当强化公司治理和风险控制。由于越来越多地从事更加复杂和不透明的交易业务和市场相关（Market - Related）业务，银行的复杂性和关联度大大增加。“大而不能倒”道德风险的普遍存在，既降低了市场参与者进行外部监督的积极性，也增加了监管机构的监管难度。因此，专家组建议进一步强化公司治理：①增强董事会和管理层经营管理大型复杂银行的能力，引入相应的资质认定标准；②立法和监管机构应严格执行资本要求指令Ⅲ和资本要求指令Ⅳ，明确第二支柱要求（如制定清晰的风险报告路径），强化银行集团的风险管控机制，在各层级机构普及风险管理文化；③建立与长期经营业绩一致的薪酬激励机制，可考虑以自救债券形式支付一定比例的浮动薪酬，评估进一步限定浮动收入与固定收入比例的影响，并对总体薪酬的绝对水平加以限制；④详细披露银行集团各个法律实体和业务链条的财务报告，提供盈利和亏损指示，力求通俗、易得、可比，强化市场约束；⑤赋予监管机构履行职责必要的处罚权，如终身取缔执业资格、“钩回”薪酬等。

三、对系统重要性金融机构事前监管国际实践的评析

1. 三大结构性改革本质相同

美国“沃尔克法则”旨在限制银行业实体参与证券、衍生品、商品期货等高风险自营交易。英国“圈护法则”要求银行集团在内部设立独立实体分别开展零售银行业务和投资银行业务，限制零售银行经营的地域、业

务和交易对手。欧盟“利卡宁报告”旨在银行集团内隔离“存款银行”和“交易实体”。这三大结构性改革是遵循金融业综合经营的发展趋势，在保留全能银行优势的同时构筑不同业务之间的防火墙，确保存款人资金安全，从而保证银行体系风险可控以及整个金融体系稳定，三大结构性改革本质相同。

2. 三大结构性改革侧重点不同

目前这三大结构性改革推进的速度和改革重点有着较大不同。总体来看，美国“沃尔克法则”推行得最快，已要求银行业于2014年7月21日以前剥离所有自营业务。而英国和欧盟的结构性改革尚在推行之中。造成这种差异的主要原因是各国金融业结构存在较大不同。美国是以直接融资为主的国家，其银行业在整个金融业的占比不到一半，市场上能够接受对“沃尔克法则”的冲击。英国与美国相同，也是以直接融资为主，但不同的是英国银行业海外资产占比很高，其资产规模可达到本国GDP的4倍多。因此，英国推行“圈护法则”相对较为谨慎，一方面希望保持住国际金融中心地位，另一方面需要消除海外业务和批发业务产生的负面影响。与英美完全不同的是，欧盟以全能银行模式为主，银行业总资产是欧盟GDP的3.5倍，在银行业总资产中，三成为传统存贷款业务，七成为交易业务，欧盟银行业不具备将传统存贷款业务和交易业务完全隔离的条件，故欧盟“利卡宁报告”着眼于银行集团内部不同法人实体的机构隔离。

3. 欧盟、英国的业务隔离要求比美国更加严格

上述方案在隔离业务范围的具体设定和严格程度上有所不同。美国“沃尔克法则”只是对高风险业务进行限制，银行在不涉足被禁止的自营交易的前提下，可以开展做市商、承销和相关对冲业务。英国“圈护法则”要求最为严格，几乎禁止吸收普通个人和中小企业存款的银行从事与信贷、支付结算不直接相关的任何业务，其中包括证券承销，而且明确要求调整相应的业务组织架构以保持独立性。欧盟作为一个区域性组织，为了促进改革措施在成员国的统一执行，“利卡宁报告”业务隔离措施更多地考虑了操作的简易性，严格程度介于美英之间，虽然也要求设立独立实体从事高风险业务，但“存款银行”和“交易实体”的业务范围都有一定弹性，允许“存款银行”开展证券承销和特定的对冲业务。

4. 欧盟改革新规和监管标准差异可能增加交易成本

有欧盟官员称，此项改革建议揭示了银行业风险，有助于银行改善风

险管理。但是，市场普遍担心隔离措施会大幅提升银行的交易业务成本，不利于提高综合竞争力。据估计，欧洲有14家大型银行集团将受新规影响，包括分别拥有8000亿欧元（在总资产中占比51%）和1万亿欧元（在总资产中占比39%）交易资产的德意志银行和巴黎银行。由于向客户提供综合金融服务的成本大幅增加，交叉销售变得相对困难，在与结构性改革相对较松的美国银行业的国际业务竞争中，欧洲大银行可能处于不利地位。此外，对于在欧美英三地经营业务的国际大银行，各地业务隔离标准、严格程度不同的监管新规可能进一步增加风险管理成本以及合规经营的复杂性。

第二节　系统重要性金融机构的事中监管

一、系统重要性金融机构事中监管的重要性

事中防范是指主要通过强化监管要求、提高吸损能力等方式，尽可能在系统重要性金融机构现有规模和业务的基础上，维持其存续状态下的稳健经营，进一步降低其倒闭的可能性。鉴于事前监管所采用的结构性分离的方法目前只是在部分国家和地区适用或试点，而事后监管均在探索实施阶段，故事中监管将会成为各国系统重要性金融机构监管的要点所在。

国际上采取的系统重要性金融机构事中监管的方法主要方式包括：

（1）资本附加。目的在于提高系统重要性金融机构的损失吸收能力，要求系统重要性金融机构采用资本附加、或有资本或其他工具等提高吸损能力，以增加资本数量和提高资本质量。巴塞尔Ⅲ的出台进一步强化了资本监管的要求。

（2）流动性附加。在此次金融危机中，包括系统重要性金融机构在内的所有金融机构的流动性瞬间消失且难以恢复，引发挤兑风潮，流动性风险之于系统重要性金融机构而言，已成为“压死骆驼的最后一根稻草”。危机以来，国际组织和各国监管者高度重视流动性风险管理。巴塞尔委员会2010年4月公布《流动性风险测量的国际框架、标准和监测》引入了流动性覆盖率（LCR）和净稳定资金比率（NSFR）这两个流动性风险计量指

标。LCR 用于测量金融机构在压力情景下能否充分满足短期（1 个月）流动性需要。NSFR 用于衡量金融机构在较长期限内使用的稳定资金来源对其表内外资金业务发展的支付能力。

（3）大额风险暴露限额。风险集中度过高是此次金融危机中一些系统重要性金融机构出现问题、倒闭甚至引发国际金融危机浪潮的原因。因此，降低系统重要性金融机构的大额风险暴露，特别是减少大额风险暴露占金融机构净资本的比例。

（4）并表监管。系统重要性金融机构往往涉及多个监管机构的监管工作，其分设的附属机构也让监管者之间面临职责划分不清、信息收集共享困难等问题。危机以来，重视系统重要性金融机构的并表监管也成为各国监管者关注重点。

二、系统重要性金融机构事中监管的国际实践

1. 国际组织

（1）G20 系列峰会。

自 2007 年危机爆发以来，国际经济和金融合作明显增强，作为国际首脑交流的平台，七国集团（G7）已被 G20 所取代，一系列 G20 系列国际峰会①就国际金融监管改革这一问题，相继明确监管目标、过渡期和时间表安排、定期交流和审议改革进展、确定改革方案等。而系统重要性金融机构作为国际金融监管改革的重要内容，成为了历次峰会上国际金融改革的重要议题。

在 2008 年 11 月 15 日 G20 华盛顿峰会上，提出了一些原则性的呼吁，比如提高透明度、明确问责制等，强调加强金融监管，特别是审慎监管，要求共同行动改进金融监管国际间合作，进一步提升金融市场诚信。

G20 伦敦峰会于 2009 年 4 月 2 日闭幕，对于在全球范围内建立一致的、强有力的金融监管框架达成了共识。这次会议旨在“展示团结、达成共识”，虽然没有达成新的协调经济刺激方案，但是这次会议对于国际金融监

① 20 国集团（G20）成立于 1999 年 9 月 25 日，其成员包括美国、日本、德国、法国、英国、意大利、加拿大、俄罗斯、中国、阿根廷、澳大利亚、巴西、印度、印度尼西亚、墨西哥、沙特阿拉伯、南非、韩国、土耳其和作为一个实体的欧盟。

管改革来说有着实质性的历史意义。主要内容为：一是为了更好地识别和应对系统性风险，从宏观审慎角度重构全球金融监管架构；二是首次提出将系统重要性金融机构纳入金融监管框架，并明确范围包括机构、市场和工具，从而进一步扩大了审慎监管的范围；三是加强金融机构的薪酬监管；四是改变杠杆率累积现象，要求各国金融体系注重提高资本的质量和数量；五是对现有的国际会计规则进行改革，比如准备金计提标准、金融工具估值等。

G20 匹兹堡峰会于 2009 年 9 月 25 日发布声明称，G20 被指定为国际经济合作的平台，并形成制度化，每年召开一次。本次会议在金融监管改革上有了新的突破，并提出了时间表要求。一是要求巴塞尔Ⅱ新协议实施，主要经济体需在 2011 年底前开始实施；二是资本和流动性监管改革，主要经济体需在 2010 年底完成，并从 2012 年底开始实施新标准，用以缓解亲周期效应，从而进一步建立高质量的监管资本；三是对场外衍生品市场加强监管，要求所有标准化的场外衍生合约必须在 2012 年底前通过中央交易对手清算；四是针对降低系统重要性金融机构道德风险，要求于 2010 年底前提出方案；五是要求 FSB 出台金融机构稳健薪酬机制相关实施原则和执行标准。

G20 多伦多峰会于 2010 年 6 月 25 日发布宣言，虽然对于之前热议的征收银行税的问题没有达成共识，并将巴塞尔协议Ⅲ实施强化资本数量和质量等问题延后，但是在求同存异方面取得了进展，针对国际金融监管问题，首次明确其四大支柱。一是确立强健的金融监管框架。要求各国金融体系提升自身的应对系统性冲击的能力，强化对场外衍生品和对冲基金的监管，对外部评级机构采取监管措施。二是实施有效监管。明确监管目标、能力和资源，强化监管权力，尽早识别系统性风险，并适时择机采取监管干预以避免危机进一步蔓延。三是针对系统重要性金融机构的风险处置和解决机制的相关政策框架制定，包括建立风险处置机制，强化审慎监管工具和框架，加强监管机构的权力等。四是建立公开透明的同行评议和国际评估制度，进一步推动国际金融监管新标准的实施。要求 G20 成员国必须接受同行评议（Peer Review），主要是由 IMF 和世界银行组成的金融部门评估规划（FSAP）及 FSB 的同行评议。

2010 年 11 月 12 日 G20 首尔峰会中财长和央行行长会议进一步提出，为了避免新的经济金融危机，需要对包括大银行在内的金融机构加强监管力度，明确要求这些机构的优质资本占总资本的比例需要从之前的2%上升至7%。

G20戛纳峰会于2011年11月4日批准FSB公布“Policy Measures to Address Systemically Important Financial Institutions”（《关于系统重要性金融机构的政策措施》）。其内容包括以下方面：一是加强监管，包括对于全球系统重要性金融机构的额外资本要求等。二是建立有效处置机制，包括对于全球系统重要性金融机构的处置机制等。三是其他政策建议，包括危机后FSB所出台的所有关于系统重要性金融机构和全球系统重要性金融机构的政策建议。在此基础上，FSB将每年11月更新发布全球系统重要性金融机构的名单。2011年11月，FSB公布了第一批全球系统重要性金融机构的名单共29家，其中包括中国银行。根据相关监管政策要求，所有29家全球系统重要性金融机构需要在2012年底前达到额外资本要求。

（2）金融稳定理事会。

第一，出台相关文件。按照20国集团的要求，金融稳定理事会（FSB）于2009年10月提出了《降低系统重要性金融机构道德风险的工作计划》，明确了应对金融机构“大而不能倒”问题的总体框架，并将于2010年向G20提交工作报告。该工作计划拟从三个方面应对“大而不能倒”问题：一是降低系统重要性金融机构经营失败的可能性及其负面影响，主要是加强监管约束。二是提高监管当局的危机应对处置能力，包括增强风险处置、危机预警、应急预案、监管合作和信息共享的有效性。三是强化核心基础设施和金融市场功能，降低金融体系关联性。

FSB在2010年10月20日出台《降低系统重要性金融机构的道德风险的政策建议及时间表》的报告，针对如何降低系统重要性金融机构的道德风险问题，从国际监管层面提出了监管政策框架，同时明确了相关实施步骤的时间表要求。

在征求IMF意见的基础上，FSB于2010年10月27日公布《系统重要性金融机构监管的强度与有效性》（Intensity and Effectiveness of SIFI Supervision），并于2011年11月提交G20峰会审议。这份报告指出监管机构面临的七大挑战：一是数据集中；二是监管资源；三是业务模式和财务分析；四是风险偏好；五是风险管理；六是模型风险；七是外部审计。同时，进一步提出监管系统重要性金融机构应当更加关注过程而非结果，这份报告没有建立新的监管规则和政策，但是就如何更加严格有效提高对系统重要性金融机构的监管提出了32条建议，主要包括明确监管机构的授权、保障监管机构的独立性、配置相适应的监管资源、加强监管机构权力、提高监管技术、注重集团和并表监管、增加监管的持续性和全面性、建立同业及母国或东道国监管机构间信息共享机制、实施宏观审慎监管和前瞻性监管、运用独立第三方10个方面。具体相关监管措施的负责机构和截止时间情况，如表8-1所示。

表8-1 金融稳定理事会（FSB）系统重要性金融机构监管措施的负责机构和截止时间情况

措施	负责机构	截止时间
1. 提高吸收损失能力（Higher Loss Absorbency）		
研究额外吸收损失机制	BCBS	2011年6月
法律、操作、市场能力评估以及有关合同式和强制式自救机制的研究	FSB及其成员国	2011年6月
吸收损失程度和工具的建议	FSB与BCBS协商	2011年12月
2. 相关措施		
评估系统重要性金融机构可处置性所需的法律和监管改革	FSB成员国	2011年12月
规范可处置标准以及关键因素和有效处置领域	FSB与BCBS，CBRG，IMF，IAIS，IOSCO协商	2011年3月
评估可处置标准以及国家间处置范畴和政策所需变化和改进涉及的关键因素	FSB成员国	2011年12月
关于有效处置领域的关键因素的同业专题评议	FSB与BCBS，CBRG协商	2012年末
从法律和操作层面对合同式和强制式自救机制的建议	FSB工作组（待建立）	2011年3月
机构层面上全球系统重要性金融机构跨境合作协议	全球系统重要性金融机构的母国和主要东道国监管机构	2011年末
机构层面上全球系统重要性金融机构的恢复和处置计划进展报告	FSB跨境危机管理小组（CBCM）	2011年末
3. 增强系统重要性金融机构的监管（Strengthening SIFI Supervision）		
与BCP相关有效监督的自我评估	FSB成员国	2011年3月

续表

措施	负责机构	截止时间
与 ICP 相关有效监督的自我评估	FSB 成员国	2012 年初
与核心监管原则相关的监管权力、职能和并表监管的评价	BCBS，IAIS，IOSCO	2012 年末
监管机构同行改进报告	BCBS，IAIS，IOSCO	2012 年末
关于实施系统重要性金融机构监管的强度和有效性建议的法律性报告	FSB 高层监管者小组	2011 年末
4. 增强核心金融市场基础设施（Strengthening Core Financial Market Infrastructures）		
金融市场基础设施标准的评价	CPSS，IOSCO	2011 年初（征求意见稿） 2011 年末（正式稿）
FSB 场外衍生产品工作组建议实施进展评估	FSB 场外衍生产品工作组	2011 年 3 月
5. 全球系统重要性金融机构政策的同行评议（Peer Review of G – SIFI Policies）		
FSB 拟初步采用的全球系统重要性金融机构建议的决定因素	FSB 和各国监管当局与 BCBS，CGFS，CPSS，IOSCO，IAIS 协商	2011 年 6 月
系统重要性评估方法论	BCBS	2010 年末（草稿） 2011 年初（定稿）
全球系统重要性金融机构政策评估框架	FSB 与标准制定者协商	2011 年末
建立 PRC 同行评议委员会	FSB	2011 年末
全球系统重要性金融机构政策初步评估	FSB，PRC	2012 年末

资料来源：FSB 于 2010 年 10 月 27 日公布《系统重要性金融机构监管的强度与有效性》（Intensity and Effectiveness of SIFI Supervision）。

2011 年 11 月，FSB 发布《金融机构有效处置框架的关键要素》（Key Attributes of Effective Resolution Regimes for Financial Institutions，简称《处置关键要素》）政策报告，明确了系统重要性机构处置框架的基本要素，并要求全球系统重要性银行在 2012 年底前制订恢复和处置计划，并从 2013 年起金融稳定理事会将开展对相关国家全球系统重要性银行监管框架的评估，将恢复和处置计划的制定情况作为评估的重点内容。根据要求，FSB 自

2011 年起将在每年 11 月对全球系统重要性金融机构的名单进行审查和更新。同时按照巴塞尔Ⅲ的要求，全球金融机构的最低核心资本充足率需要在 2013 年进一步提高到 7%，而在此基础上，全球系统重要性金融机构需要实施额外吸损要求，按分组不同，为 1% ~2.5%，即总体上需达到 8% ~9.5%，上述额外要求生效于 2016 年 1 月，2019 年将全面实施。

表 8-2 金融稳定理事会（FSB）关于系统重要性金融机构的出台文件

	时间	文件名称	主要内容
1	2009 年 10 月	《降低系统重要性金融机构道德风险的工作计划》	明确应对“大而不能倒”问题的总体框架
2	2010 年 10 月	《降低系统重要性金融机构的道德风险的政策建议及时间表》	从国际监管层面提出降低系统重要性金融机构的道德风险问题的监管政策框架，并明确了时间表
3	2010 年 10 月	《系统重要性金融机构监管的强度与有效性》	提出了 32 条关于如何更加严格有效提高对系统重要性金融机构监管的建议
4	2011 年 11 月	《金融机构有效处置框架的关键要素》	明确系统重要性机构处置框架的基本要素，对全球系统重要性银行制订恢复和处置计划进行要求

资料来源：根据 FSB 出台系统重要性金融机构相关文件整理。

第二，出台相关全球系统重要性金融机构名单。按照分工协定，FSB 与巴塞尔委员会、国际保险监督者协会、国际证监会组织协商，待评估方法和政策出台后，择机出台全球系统重要性银行、全球系统重要性保险机构、全球系统重要性非银行非保险金融机构的名单。

首先，推出的是全球系统重要性银行名单。

经过多番讨论和协商之后，2011 年 11 月 4 日，FSB 公布了首批全球系统重要性银行名单，共有 29 家，其中美国有 8 家，包括美国银行（Bank of America）、纽约梅隆银行（Bank of New York Mellon）、花旗银行（Citi Bank）、高盛集团（Goldman Sachs）、摩根大通（JP - Morgan Chase）、摩根斯坦利（Morgan Stanley）、道富银行（State Street）、富国银行（Wells Fargo）；英国有 4 家，包括苏格兰皇家银行集团（Royal Bank of Scotland）、劳埃德银行集团（Lloyds Bank）、巴克莱银行（Barclays）、汇丰控股（HS-

BC)；法国有 4 家，包括法国巴黎银行（BNP Paribas）、农业信贷银行（Credit Agricole）、人民银行（Banque Populaire）、兴业银行（Societe Generale）；德国有 2 家，包括德意志银行（Deutsche Bank）、德国商业银行（Commerzbank）；意大利 1 家，裕信银行（UniCredit Bank）；瑞士有 2 家，包括瑞士银行（UBS）、瑞士信贷集团（Credit Suisse）；比利时 1 家，德克夏银行（Dexia）；荷兰 1 家，荷兰国际集团（ING）；西班牙 1 家，桑坦德银行（Banco Santander）；瑞典 1 家，北欧联合银行（Nordea）；日本有 3 家，包括三菱日联金融集团（Mitsubishi UFJ）、瑞穗金融集团（Mizuho Financial Group）、三井住友金融集团（Sumitomo Mitsui Banking Corporation）；中国 1 家，也是新兴国家中唯一一家，即中国银行（Bank of China）。

2012 年 11 月 1 日，FSB 公布了第二批全球系统重要性银行名单，共有 28 家。与第一批名单相比，变化在于增加了 2 家银行，即西班牙对外银行（BBVA）和英国渣打银行（Standard Chartered Bank）；减少了 3 家，即英国劳埃德银行集团（Lloyds Bank）、德国商业银行（Commerzbank）和比利时德克夏银行（Dexia）。

2013 年 11 月 11 日，FSB 更新了第三批全球系统重要性银行名单，共有 29 家。与第二批名单相比，除了新增 1 家银行，即工商银行之外，其余基本不变。

其次，FSB 推出的是全球系统重要性保险公司名单。

2013 年 7 月 18 日，FSB 公布首批全球系统重要性保险公司（Global Systemically Important Insurers，G－SIIs）名单，共有 9 家。中国平安保险集团成为新兴国家中唯一一家入选机构。其余 8 家包括美国 3 家，即美国国际保险集团（American International Group Inc.，AIG）、美国大都会保险集团（MetLife Inc.，MET）和美国保德信金融集团（Prudential Financial Inc.，PRU）；德国 1 家，安联保险（Allianz SE.）；意大利 1 家，忠利保险（Assicurazioni Generali S. P. A.）；法国 1 家，安盛保险（Axa S. A.）；英国 2 家，保诚集团（Prudential PLC）和英杰华集团（Aviva PLC）。FSB 规定，未来这 9 家 G－SIIs 将实施更严格的监管要求和资本要求。2014 年 7 月前，监管当局应成立危机管理小组（CMGs），并于 2014 年底前完成 G－SIIs 的恢复和处置计划（RRPs），对于系统性风险管理计划（SRMP）需要于 2014 年 7 月前完成，并于 2016 年 7 月开始对 SRMP 执行情况进行评估。

最后，出台全球系统重要性非银行非保险金融机构名单，目前尚未公布。

表 8-3 金融稳定理事会（FSB）公布系统重要性金融机构名单情况

类型	批次	时间	家数	较前期变化	涉及国家（个）
全球系统重要性银行	第一批	2011 年 11 月 4 日	29		12
	第二批	2012 年 11 月 1 日	28	增 2 减 3	11
	第三批	2013 年 11 月 11 日	29	增 1	11
全球系统重要性保险机构	第一批	2013 年 7 月 18 日	9		6
全球系统重要性非银行非保险金融机构	尚未公布				

资料来源：根据 FSB 公布全球系统重要性银行和全球系统重要性保险机构名单整理。

第三，发布进展报告。2013 年 9 月 2 日，FSB 向 G20 汇报《应对“大而不能倒”的进展和下一步计划》(Progress and Next Steps Towards Ending“Too - Big - To - Fail”(TBTF))，认为对系统重要性金融机构监管框架建设进展是卓有成效的，主要包括评估系统重要性机构、附加吸损要求、提高监管强度、提高处置机制有效性、夯实金融市场基础等方面。

表 8-4 金融稳定理事会（FSB）总结关于系统重要性金融机构监管框架建设情况

方面	进展情况
评估系统重要性机构	明确全球系统重要性银行和全球系统重要性保险机构名单
附加吸损要求	对全球系统重要性银行的附加吸损要求进行明确
提高监管强度	对强化监管和加强监管者关于风险管理、风险集中和风险报告的预期提出建议并付诸实施
提高处置机制有效性	明确关键要素，并从全球系统重要性银行开始落实
夯实金融市场基础	夯实核心金融市场基础，如核心交易对手（Central Counterparties，CCPs）和明确金融系统的传染性风险

资料来源：根据 FSB《应对“大而不能倒”的进展和下一步计划》第 2 页整理。

针对下一步计划，FSB 认为未来 G20 需从六个方面着手应对“大而不能倒"：一是就实施关键要素的法规性改革更新有关承诺要求，特别是非银行系统重要性金融机构的落实进度大大落后；二是跨境处置的障碍有待解决；三是提高机构的结构和操作程序的可处置性；四是考虑国内推行的结构性改革和有效系统重要性金融机构监管框架的协调性；五是实施国内系统重要性金融机构的政策要求；六是确保监管资源以提高监管有效性。

第四，推动有效处置机制建设。推进 G－SIFIs 有效处置机制建设。2012 年，FSB 致力于推动《金融机构有效处置机制的核心要素》（以下简称《核心要素》）在各国的具体实施。2012 年 1 月，FSB 各成员国对照《核心要素》的要求，向 FSB 报告了本国金融机构处置机制的现状及下一步改革措施。2012 年 8 月，FSB 启动成员国处置机制专题同行评估，评估发现：非银行金融机构的处置机制建设明显落后于银行业金融机构，大多数处置当局缺乏对金融集团的处置权，处置措施的跨境有效性仍不明确，多数处置当局缺乏对金融合约的临时接管权，对债权人的偿付缺乏灵活性，处置成本分摊机制仍不够合理，对国内系统重要性金融机构的恢复处置计划没有明确要求。按照 FSB 要求，全球系统重要性金融机构（G－SIFIs）的母国应会同东道国建立 CMGs，制订恢复和处置计划并开展可处置性评估（RAP）。2013 年，FSB 的问卷调查显示，包括中国银行在内的所有 G－SIBs 都建立了 CMGs，在制定处置策略和可操作性处置措施方面取得显著进展，但各国进度不一，赋予处置当局充分的权力和金融集团跨境处置的协调等方面工作仍需大力推进。多数 CMGs 倾向于从集团层面对金融机构实施"单点处置"（Single Point of Entry，SPE）。FSB 要求 G－SIIs 于 2014 年 7 月前成立 CMGs，并于 2014 年底前制订恢复和处置计划。

指导制订恢复和处置计划。为指导各国当局和金融机构落实《核心要素》关于制订恢复和处置计划的要求，2013 年 7 月，经 G20 峰会批准，FSB 公布了制定有效的处置策略、识别关键功能和共享服务、触发机制和压力情景三份指引文件。指引提出了两种处置策略，由一国统一从集团层面对金融机构总体实施"单点处置"，或是由多国分别对集团的不同子公司实施"多点处置"（Multiple Point of Entry，MPE），并对不同的策略提出了相应的前提条件和内容。指引认为，关键功能是指金融机构为第三方开展的活动，该活动一旦中断将影响实体经济和金融稳定，如支付结算、托管、存贷款、资金批发业务等；共享服务是指向其他机构提供的、影响其他机构发挥关键功能的活动，如为银行提供信息技术、用于管理的科技服务等。

同时提出，金融机构处置的触发和压力情景应当包括但不依赖定量指标，既要体现金融体系和宏观经济的情况，也要适合机构的自身特点。

推动《核心要素》在非银行金融机构的实施。FSB 会同其他标准制定机构制定非银行金融机构适用《核心要素》的具体指引和金融集团处置的指导文件。针对 2012 年处置机制专题评估中发现的非银行金融机构处置机制建设明显落后的情况，2013 年，FSB 致力于协助各国当局按照《核心要素》的要求，建立对金融市场基础设施（FMIs）、保险机构和持有客户资产的金融机构的处置机制。2013 年 8 月，FSB 公布了《核心要素》适用于非银行金融机构的指引文件。对于支付清算体系、中央证券存款机构、证券结算体系、中央交易对手等 FMIs 的处置，需重点维护 FMIs 在金融市场上所发挥的关键功能的连续性，并建立合理的损失分担机制；对于保险机构的处置需加强对保单持有人利益的保护；对于代表客户直接或间接持有资金、金融工具、抵押物和资产等客户资产的金融机构（包括交易商、资产管理人、券商、托管人等），需注重处置机制与客户资产保护规则的协调，确保客户资产能够快速有序地转移或返还至持有客户资产的金融机构。FSB 会同支付结算体系委员会（CPSS）和 IOSCO 初步制定了金融市场基础设施恢复和处置指引。

修订《有效存款保险核心原则》。2009 年 6 月，BCBS 和国际存款保险协会（IADI）发布《有效存款保险核心原则》（以下简称《核心原则》），并于 2010 年 12 月发布有关评估方法。2013 年 2 月，IADI 着手对《核心原则》和评估方法进行修改，涉及存款保险资金的使用、处置中的融资安排、早期干预机制、机构自救工具、跨境处置、公众意识、防范道德风险等内容，旨在体现各国存款保险机构实施《核心原则》的经验以及 FSB 同行评估和 FSAP 评估经验，并满足《核心要素》的相关要求。IADI 计划于 2014 年 7 月向 FSB 提交修改后的《核心原则》和评估方法。

第五，降低对信用评级机构的依赖。2010 年 10 月，FSB 发布《降低信用评级依赖的原则》，并敦促有关国际标准制定机构落实。2011 年 2 月，IOSCO 发布了《关于信用评级机构原则声明的落实情况》报告，认为四项原则已基本成为成员国制定监管制度的基础。此后该领域的进展比较缓慢。2012 年 6 月，G20 洛斯卡沃斯峰会再次要求各国当局和国际标准制定机构加快工作进展。11 月，FSB 向 G20 财长和央行行长会议递交了降低信用评级依赖的路线图提出：一是短期内应制定有针对性的指引或替代方案，有效改善标准、法律和监管规定中对信用评级的依赖程度；二是应强化金融机构自身的信用风险评估能力建设，加强信息披露，避免对信用评级的机械性依赖。2013 年，FSB 启动了降低对信用评级机构（CRA）依赖的同行评估，推动各国按照 2012 年 G20 峰会制定的路线图开展改革。评估分为两个阶段，第一阶段的评估已于 2013 年 8 月结束，评估报告显示，美国和欧盟在消除法律法规对 CRA 评级的硬性依赖方面进展显著，美国《多德—弗兰克法案》设定了比 FSB 原则更为严格的规定，要求完全取消对 CRA 评级的使用；欧盟实施的信用评级机构监管条例，就如何落实 FSB 原则提供了最为全面的实施方案。报告认为，不同金融行业对于 CRA 评级的依赖程度不同，银行业监管规则仍大量依赖 CRA，而保险业和其他非银行监管对 CRA 的依赖较少。BCBS 已于 2013 年 12 月公布关于修订巴塞尔证券化业务框架的征求意见稿，针对证券化业务对于外部评级的机械性依赖、资本要求的陡壁效应等提出了建议措施，并正在研究资本标准法计量中可替代的评级方式。第二阶段的评估于 2013 年 10 月启动，目前包括中国在内的 FSB 成员国均提交了推动金融机构开发内部信用评级方法的行动计划。

第六，改进数据缺口（Data Gap）。FSB 联合 IMF 向 G20 提交了《金融危机和信息缺口报告》，从金融部门风险监测、国际网络关联度、部门数据和其他金融经济数据、官方统计数据的发布四个方面提出了 20 条建议。目前，FSB 推动实施“数据缺口与系统连接”项目，即在国际清算银行内建立一个数据中心，由各国金融主管部门将辖内 G - SIBs 的相关数据报送给该数据中心，在特定范围内实现数据的国际共享，促进金融监管的国际合作。

为加强 G - SIBs 的数据收集和共享，FSB 计划分三个阶段实施“数据缺口与系统连接”项目。第一阶段已于 2013 年 3 月实施，主要内容是采集 G - SIBs 的信贷风险敞口数据，机构需按周向国际清算银行（BIS）下设的数据中心（Data Hub）报送对前 50 名交易对手的信贷风险敞口。除中国和瑞典外，其余 G - SIBs 母国均加入了该项目。2013 年 6 月，数据中心向参与机构的母国监管部门共享了数据信息。按计划，第二阶段和第三阶段分别将于 2014 年和 2015 年实施。

第七，推动建立法人机构识别编码（LEI）。为加强对全球参与金融交易机构的信息管理、便于机构识别交易对手身份、改善对全球金融体系的监管，FSB 提出了“法人机构识别编码”（Legal Entity Identifier，LEI）的改革动议，对全球所有参与金融交易的机构进行统一登记并设置编码。该体系将建立独立于 FSB 的三层非营利体系，由各国监管机构代表组成的监督委员会（ROC）负责进行总体决策，ROC 下设中央运行机构（COU），负责全球数据的集中和处理，各国设立本地运行机构（LOU），负责本国、本领域 LEI 编码的注册运行维护。所有机构将获得唯一的由数字和字母组成的 20 位编码，其中前 4 位是分配给 LOU 的国家代码，5～18 位为 LOU 分配，最后两位是校验位。目前，美国、德国、爱尔兰和巴勒斯坦等国已申请获得 LEI 国家代码。

（3）巴塞尔委员会。

第一，出台巴塞尔协议Ⅲ相关文件。2010 年 12 月，巴塞尔委员会发布了巴塞尔协议Ⅲ，在更广泛的层面上增强银行弹性，进一步补充巴塞尔协议Ⅱ及 2.5 框架。为了应对系统性重要机构的“大而不能倒”，巴塞尔协议Ⅲ要求引入额外资本缓冲，实施的期限开始于 2013 年 1 月 1 日，过渡期安排截止到 2019 年 1 月 1 日。

表 8－5 Basel Ⅱ与 Basel Ⅲ的资本要求标准对比

风险加权资产百分比（%）	资本最低要求（%）			资本额外要求（%）		
	普通股	一级资本	总资本	资本留存附加	逆周期资本缓冲附加	系统重要性银行的额外吸收损失要求
				在普通股中实现	在普通股或其他可吸收损失的资本中实现	在普通股中实现
BaselⅡ	2	4	8	—	—	—
BaseⅢ	4.5	6	8	2.5	0～2.5	1～2.5（3.5）

资料来源：汤柳、王旭祥：《后危机时代国际金融监管改革动态：回顾，评价与展望》，《上海金融》，2012 年第 7 期，第 60 页。

国际组织各国监管机构目前基本达成共识，即提高系统重要性银行资本附加要求，目的是降低其倒闭对金融系统和财政系统造成的冲击，提高系统重要性银行的风险抵御能力。按照 BCBS 规定，应根据系统重要性银行重要性程度自身的差异，除了 7% 的核心一级资本比例要求外，还按照系统重要性程度的不同将全球系统重要性银行分成四个组别，规定附加资本必须由普通股权益构成，分别实施 1%～2.5% 不等的附加资本金要求；此外，设定了第五组，即空组，并赋予最高附加资本要求（2.5%）。BCBS 给予这些全球系统重要性银行 3 年的过渡期，即 2016 ~ 2018 年，正式实施于 2019 年。

巴塞尔Ⅲ出台后，各国也陆续规定了对于本国系统重要性银行的资本要求，如表 8 – 6 所示。

表 8 – 6　国际组织和各国对系统重要性银行资本要求

	资本充足率（%）	核心一级资本要求（%）	其他要求
BCBS		7	按照系统重要性程度分为 4 组，并实施 1% ~2.5% 附加资本金要求
英国、爱尔兰、意大利		10	
瑞士	19	10	
瑞典		10（2013 年起）；12（2015 年起）	0 ~2.5% 的逆周期资本充足要求
美国	9.5（2019 年前）		对大型银行和中小型银行实行相同的资本充足率标准，并要求这些银行在 2019 年前达到 9.5%

资料来源：王飞、郑弘：《系统重要性银行的国际监管经验及启示》，《国际金融》，2012 年第 10 期，第 64 页整理。

针对此次国际金融危机中，很多国际大型银行资本金充足但因流动性短期内迅速枯竭陷入困境的问题，危机以来国际社会对流动性风险管理和监管予以了前所未有的重视。BCBS 于 2010 年末出台了《巴塞尔Ⅲ：流动性风险计量、标准和监测的国际框架》，首次提出了全球统一的流动性风险监管框架。此后，BCBS 又进一步着手完善流动性覆盖率（LCR）和净稳定融资比率（NSFR）两个流动性监管指标，并于 2013 年 1 月正式发布《巴塞尔Ⅲ：流动性覆盖率和流动性风险监测标准》，要求各成员经济体于 2015 年初起分步落实 LCR 指标要求，2019 年初达标。

为促进各成员经济体及时、全面、一致地落实巴塞尔协议Ⅲ，巴塞尔银行监管委员会（BCBS）对成员经济体的实施情况进行全面评估。评估分为三个层次：第一层次评估成员经济体监管立法的进度。27 个成员经济体中除印度尼西亚外，其余 26 个均已发布以巴塞尔协议Ⅲ为基础的资本监管新规。其中欧盟和美国的监管规则分别于2013年6月和7月发布，并于2014年1月开始实施。一些成员经济体已经开始引入流动性、杠杆率标准。第二层次评估成员经济体监管标准与巴塞尔协议的一致性。自2012年4月启动巴塞尔协议Ⅲ监管一致性评估项目（RCAP）以来，BCBS已对欧盟、日本、新加坡、瑞士、美国和中国6个成员国进行了评估。我国的评估结论为“符合”，评估报告已于2013年9月公布。第三层次评估成员经济体执行监管标准结果的一致性。BCBS对不同银行在银行账户和交易账户下风险加权资产的计量进行了研究。研究发现，不同银行对于风险加权资产的计量存在重大差异，BCBS计划研究制定可行的政策框架以提高可比性。

为确保巴塞尔Ⅲ在全球范围内得到一致的和稳健的实施，巴塞尔委员会建立了国别评估机制，重点评估各国资本监管制度与国际规则的一致性，评估结论分为“符合”、“大体符合”、“大体不符合”和“不符合”四个档次。

2013年9月27日，巴塞尔银行监管委员会（BCBS）公布了《中国执行巴塞尔Ⅲ情况报告》及其附件《中国执行巴塞尔Ⅲ的监管一致性评估（RCAP）》，并在第149次巴塞尔委员会会议正式讨论通过了对中国资本监管制度的评估报告。对中国银行业资本监管制度给予了积极的评价，总体评估结论为“符合”，资本监管框架的14个组成部分中，12项被评为“符合”，两项被评为“大体符合”。这两项“大体符合”的原因是：一是中国的资本监管规定对国内主权、银行、公共部门债权等设定了固定风险权重，而巴塞尔Ⅲ则参考了外部信用评级；二是某些信息披露要求不够完善，主要是信贷质量和证券化的信息披露。

表8－7　巴塞尔委员会关于中国巴塞尔Ⅲ的评估结论

总体评价：符合	
主要组成部分	评级结果
1. 适用范围	符合
2. 过渡期	符合
第一支柱：最低资本要求	
3. 资本定义	符合
4. 信用风险：标准法	大致符合

续表

第一支柱：最低资本要求	
5. 信用风险：内部评级法	符合
6. 信用风险：证券化	符合
7. 交易对手信用风险	符合
8. 市场风险：标准法	符合
9. 市场风险：内部模型法	符合
10. 操作风险：基本指标法和标准法	符合
11. 操作风险：高级计量法	符合
12. 储备资本要求和逆周期资本要求	符合
第二支柱：监督检查	
13. 监督检查程序和措施的法规要求	符合
第三支柱：市场约束	
14. 信息披露的监管要求	大体符合

资料来源：2013 年 9 月 27 日，巴塞尔银行监管委员会（BCBS）公布了《中国执行巴塞尔Ⅲ情况报告》。

与国际规则相比，中国银行业监管规则存在一定差距：

1）监管适用范围过窄。中国银监会将中国银行业的监管规则的适用范围规定为银行和银行集团，但中国商业银行的控股公司并没有包含在监管范围内。目前，中国还没有出台金融控股公司的相关法规，这些金融控股公司目前并未受任何金融监管部门的监督和约束。从历次金融危机的情况来看，这些金融控股公司往往是金融风险的最大来源，而中国目前的状况显然大大降低了金融监管的效率，出台相关的金融控股公司监管法规也势在必行。

2）一些高级的计量方法不完善，短期难以实施到位。在巴塞尔协议对信用风险、市场风险和操作风险的计量中，除规定了基础的标准法外，对三种风险都规定了较为高级的计量方法。评估发现，中国在信用风险的内部评级法、交易对手信用风险计量方法、市场风险内部模型法、操作风险高级法方面还存在一定的不足，主要体现在：为针对中国当前的市场状况，对部分计量方法进行了简化处理；中国银行业实施这些高级计量方法的基础不足，银行业在未来几年内难以达到高级计量方法的实施条件；这些高级计量方法建模需要变量的历史时间序列还不够完善。

3）少数股东权益降低了监管资本质量。巴塞尔Ⅲ规定的普通股一级资本充足率为4.5%，但中国的规定为5%，在提高资本充足率要求的同时，也提高了对少数股东权益的要求。中国大型银行，特别是国有和股份制商业银行的并表子公司较多，在合并财务报表中可能产生较多的少数股东权益，更高的资本要求可能导致较多的少数股东权益计入银行的监管资本。但少数股东权益是银行并表子公司的其他股东（非母公司）持有的股份，在发生金融风险时，这部分股份难以起到吸收银行损失的作用。大量少数股东权益的存在，可能降低商业银行监管资本的质量。

4）第三支柱下的信息披露要求不够完善。巴塞尔协议第三支柱对商业银行的信息披露进行了详尽而严格的规定。中国监管规则考虑了中国国情，根据中国银行业的特点制定了中国银行业的信息披露要求。与国际规则相比，中国第三支柱的信息披露要求不够完善，其中对信贷质量和证券化的信息披露要求方面明显不足：在证券化方面，中国采用了简化的披露方法，但披露要求未覆盖全部应披露的信息；在信贷质量披露方面，中国监管规则没有专门对已损失贷款和贷款损失准备这两个项目进行细分，并分别提出披露要求。由于信用风险是中国银行业的主要风险因素，上述规则事实上降低了巴塞尔Ⅲ的监管要求。

5）信用风险标准法下，中国监管规则未考虑外部信用评级的影响。在巴塞尔协议信用风险标准法下，对各类债权和贷款等资产都规定了风险权重，用于将这些资产转换为风险加权资产（RWA），但同时又要考虑各种外部信用评级的变动，适时调整该风险权重。而在中国的监管规则中，则没有考虑相关外部信用评级对风险权重的影响。例如，如果中国的主权信用评级被下调到一定程度，依据巴塞尔协议，银行在信用风险标准法下应大幅提高对银行、公共部门的债权的风险权重，中国的监管规则没有体现出这一点，从而降低了巴塞尔协议的审慎性要求。

6）存在的其他差距。除上述五个方面外，中国银行业监管规则还存在一些其他差距，如中国在处理证券化的信用风险时，没有针对流动性便利和资产支持商业票据计提相应的拨备；中国对交易对手信用风险（CCR）的计量方法采用现期风险暴露法（CEM），但银行在收到抵押品作为保证金时，未确认其风险缓释的作用而冲减风险暴露，不利于鼓励银行取得抵押；根据巴塞尔协议第二支柱要求，监管部门应对银行执行的违约参考定义的偏离度进行评估，而中国还没有明确提出该项评估。

第二，出台全球系统重要性银行相关文件。巴塞尔银行监管委员会在2011年11月出台的《全球系统重要性银行：关于评估方法和额外损失吸收能力要求》（Global Systemically Important Banks：Assessment Methodology and the Additional Loss Absorbency Requirement）中提出，针对已分组的全球系统重要性银行，提出从最低的1%到最高的2.5%的额外吸损要求，并对于第五组的额外吸损要求采取3.5%。虽然第五组目前是空组，没有任何一家全球系统重要性银行在此，但对其制定最高的额外吸损要求的目的在于规定上限从而限制银行成为全球系统重要性银行。同时巴塞尔委员会鼓励各国监管当局在此基础上，根据自身监管实践，对相关银行采取更高更严格的要求。这份文件中对于全球系统重要性银行额外吸损要求的实现方式也进行了规定，要求通过核心一级资本（普通股）来实现，而或有资本在受到母银行和巴塞尔委员会监控的同时，本国监管当局可根据需要随时对其额外吸损能力进行要求。当然，上述监管要求是一个逐步实现的过程，时间是2016年初至2018年底，正式生效时间是2019年1月1日。

巴塞尔银行监管委员会按照要求，定期对全球系统重要性银行评估方法等进行必要的修改和更新，以求尽可能反映全球银行业的发展变化和准确描述系统重要性。在持续收集、分析、对比近3年来各国监管机构上报的本国大型银行相关数据的基础上，结合2011年出台第一版评估的应用效果和问题，巴塞尔银行监管委员会于2013年7月发布《更新后的全球系统重要性银行评估方法和额外损失吸收能力要求》（Global Systemically Important banks：Updated Assessment Methodology and the Higher Loss Absorbency Requirement）。相比第一版，更新后的文件主要变化体现在以下几个方面：

1）样本银行的选择。①巴塞尔银行监管委员会认定的总资产（杠杆率分母）全球排名前75位的银行；②之前曾被认定的全球系统重要性银行（除非监管者认为可以去除）；③各国监管者运用监管判断认为需要增加的样本银行。对于监管判断运用，巴塞尔银行监管委员会规定两条原则：一是预期该银行的系统重要性分值将很高；二是该银行可能基于监管判断被列入全球系统重要性银行名单。

2）评估方法的完善。①完善可替代性指标。对于前两轮评估中出现的因可替代性指标影响过高，导致部分银行的评估结果远远偏离其他银行的情况，巴塞尔银行监管委员会决定对可替代性指标设定上限（Cap），将该指标对系统重要性影响程度控制在一定标准下。②更改关联性指标。巴塞尔银行监管委员会将关联性指标中的“批发性融资比率”指标更改为“发行证券余额”（Outstanding Securities）。③调整分母。巴塞尔银行监管委员会考虑到汇率变动因素，将原计划每3年调整一次分母①改为每年更新。

表8-8 目前巴塞尔银行监管委员会评估全球系统重要性银行采用的分母

要素	内涵	指标	分母（欧元）
跨境活动	跨越司法管辖权的业务活动	跨境的债权	16498115035100
		跨境的债务	16093124462531
规模	单个金融机构提供金融服务的总水平	巴塞尔Ⅲ中计算杠杆率所使用的整体敞口	69158725307224
关联性	与其他金融机构的联系	银行间资产	8918054432043
		银行间负债	8162462456211
		发行证券余额	11221392343225
可替代性	如该机构倒闭，其他机构能否提供相同服务	托管金融机构资产余额	98100909211865
		支付结算系统发生额	1664159892820090
		承销各类股票与债券价值	4547081105541
复杂性	业务、结构和运营的复杂程度	OTC衍生品名义值	651933169050368
		Level 3资产	643920283937
		交易账户和可供销售资产	5603879593861

资料来源：巴塞尔银行监管委员会网站。

3）空组设置的明确。巴塞尔银行监管委员会此次明确对原第5组空组和可能出现的新空组的大小进行规定，即未来当银行的系统重要性提高到第5组空组时，将在此之上自动设置新的空组留待后来者，与其他小组的分组界限相同，并规定每上升一组将增加1%的额外损失吸收能力要求。

---

① 在评估全球系统重要性银行过程中，为计算银行的系统重要性分值，各指标（分子）须除以相应指标的评估样本总和（分母）。

表8－9　目前巴塞尔银行监管委员会拟定的全球系统重要性银行的组别和相应分值

组别	分值	额外吸损要求（%）	备注
第5组	530～629	+3.5CET1	该分组方法将持续应用3年，即应用于2013～2015年全球系统重要性银行的分组
第4组	430～529	+2.5CET1	
第3组	330～429	+2.0CET1	
第2组	230～329	+1.5CET1	
第1组	130～229	+1.0CET1	

资料来源：巴塞尔银行监管委员会网站。

4）评估和更新机制的完善。巴塞尔银行监管委员会规定全球系统重要性银行评估方法将每3年评估一次，第一轮将于2017年启动，将着重以下内容：①评估指标、分组划分界限；②可替代性指标的作用、划分和是否取消上限；③支付结算指标的定义和币种；④样本银行的规模；⑤披露门槛2000亿欧元是否合理，即巴塞尔银行监管委员会要求总资产（杠杆率分母）在2000亿欧元以上的银行必须在2014年4月30日前披露计算全球系统重要性所需的12项具体评估指标总额（分母），之后每年更新一次。

5）指标披露的明确。巴塞尔银行监管委员会通过发布《数据收集测试模板与指南》，明确评估全球系统重要性银行所需指标（包括评估和辅助指标）的定义和计算方法，以确保数据的准确和质量。巴塞尔银行监管委员会还要求各成员国应于2014年1月1日前完成本国全球系统重要性银行披露执行政策或法规的制定工作。

第三，出台国内系统重要性银行相关文件。由于各国监管当局对于本国的国内系统重要性银行的风险防范和监管措施可能对其他国家产生外部性影响，因此需要从全球层面考虑如何降低相关溢出效应带来的跨境负外部性和促进国际竞争公平性，制定与全球系统重要性银行政策框架相互补充的国内系统重要性银行政策框架。2011年11月G20峰会要求金融稳定理事会和巴塞尔委员会研究如何尽快将全球系统重要性银行政策框架延伸适用于国内系统重要性银行。巴塞尔银行监管委员会认为，各国经济和金融体系的结构差异较大，适宜对国内系统重要性银行制定指导性原则，同时赋予各国监管当局一定的自有裁量权，可在最低标准之上实施额外附加监管要求。

2012年6月，巴塞尔银行监管委员会起草了《国内系统重要性银行框架

(征求意见稿)》(A Framework for Dealing With Domestic Systemically Important Banks),并于7月向全球公开征求意见,提出了12条指导原则,计划于2016年1月起开始实施。这就意味着各国监管当局需要在2016年之前构建本国的系统重要性银行框架。巴塞尔银行监管委员会未来将对各国实施国内系统重要性银行框架的进展进行同行评议。该12条指导原则分为两类:第一类为评估方法,包括第1条~第7条;第二类为损失吸收能力标准,包括第8条~第12条。

表8-10 巴塞尔银行监管委员会拟定的12条制定国内系统重要性银行框架的指导原则

类别	原则	内容
评估方法	1	一国监管当局应该建立一套量化评估体系以判定金融机构在本国金融体系中的重要程度
	2	D-SIBs评估体系应能衡量出某一金融机构倒闭产生的潜在影响及风险
	3	评估D-SIBs破产造成的影响应以国内经济为参照系统
	4	母国监管当局应依据银行整体运营情况评估银行集团的系统重要性程度,东道国监管当局应评估行政辖区内附属银行(含其下属的子银行)的系统重要性程度
	5	D-SIBs破产对国内经济造成的影响原则上可以通过该银行的以下特征进行评估:①规模;②关联度;③可替代性/金融机构基础设施(包括银行业的集中程度);④复杂性。此外,一国监管当局还可以考虑引入能够反映银行上述特点的其他监测指标,譬如国内经济规模
	6	一国监管当局应定期对辖内银行进行系统重要性评估,及时反映金融体系的运行状况,确保D-SIBs评估频率与G-SIBs的评估频率大致相同
	7	一国监管当局应披露系统重要性银行的评估方法
损失吸收能力标准	8	一国监管当局应以文件形式明确D-SIBs损失吸收能力标准的计算方法和原因。计算方法应运用客观公正的指标,采取量化的计算方式
	9	系统重要性银行适用的损失吸收能力标准应与其系统重要性程度相一致。如果同一行政辖区内存在多个D-SIBs,由于系统重要性程度不同,适用的损失吸收能力标准亦不同
	10	一国监管当局应确保G-SIBs监管体系与D-SIBs监管体系相互兼容。母国监管当局应根据银行集团整体运营情况制定系统重要性银行适用的损失吸收能力标准,东道国监管当局应根据辖内附属银行运营情况制定适用的损失吸收能力标准。如果某一银行集团同时被确立为G-SIBs和D-SIBs,母国监管当局应对其适用两者当中较高的损失吸收能力标准

续表

类别	原则	内　容
损失吸收能力标准	11	如果东道国监管当局认定某一附属行为辖区内系统重要性银行，母国与东道国监管当局应就其适用的损失吸收能力标准加强合作与协调，依据东道国相关法律确立适用标准
	12	D－SIBs 的额外资本要求应全部由一级普通股满足。此外，一国监管当局应制定其他监管措施防范 D－SIBs 带来的潜在风险

资料来源：巴塞尔银行监管委员会：《国内系统重要性银行框架（征求意见稿）》。

第四，完善有效银行监管核心原则。巴塞尔银行监管委员会对《有效银行监管核心原则》进行了修改完善，并于 2012 年 9 月公布新的核心原则。新核心原则由原来的 25 条扩充为 29 条，除将原有的原则 1（目标、独立性、权力、透明度和合作）拆分为 3 条独立原则外，还增加了有关公司治理和信息披露的两条新原则。新核心原则加大了对全球系统重要性银行的关注，要求监管力度和监管投入与银行风险状况和系统重要性程度相匹配，并强调从系统性宏观视角加强银行微观审慎监管。

第五，制定《大额敞口计量与控制监管框架》。2013 年 3 月 13 日，巴塞尔银行监管委员会发布了《大额敞口计量与控制监管框架（征求意见稿）》（以下简称《征求意见稿》），明确了大额风险敞口的定义、计量方法和监管要求。大额风险敞口框架是巴塞尔银行监管委员会对资本监管指标的补充，是银行集中度风险管理的重要手段。为增强大额风险敞口监管的全球一致性，巴塞尔银行监管委员会于 2011 年决定着手制定全球统一的大额风险敞口框架。

《征求意见稿》建议，如果对单个交易对手的风险敞口超过一级资本的 5% 或 10%，则将其定义为大额风险敞口，大额风险敞口上限初步定为一级资本的 25%。《征求意见稿》对如下风险敞口进行了特别规定：一是主权风险敞口不受大额风险敞口上限限制，但需向监管机构报告；二是银行间风险敞口纳入大额风险敞口框架管理，但银行间日间风险敞口及特定银行间隔夜风险敞口①除外；三是建议对基金、证券化产品及其他特殊目的载体的

① 特定银行间隔夜风险敞口应满足如下条件：第一，风险敞口与支付、结算、托管、代理行等服务相关；第二，风险敞口是由客户行为引起的，如客户延迟支付资金或预期外的资金流入；第三，由于执行货币政策而产生的风险敞口，如为满足准备金要求产生的隔夜风险敞口。

投资按照“穿透原则”，将所投资基础资产纳入相应的风险敞口计算；四是两家全球系统重要性银行间的风险敞口应遵循更严格的大额风险敞口上限，初步定为一级资本的 15%。

第六，强化杠杆率监管。作为对风险资本要求的补充，巴塞尔银行监管委员会引入了3%的杠杆率监管标准（监管资本/银行总风险敞口）。2013 年 6 月，巴塞尔银行监管委员会发布《修订后的杠杆率和披露要求（征求意见稿)》，重点对银行风险敞口的计量进行了完善，明确对会计并表和监管并表范围内以及范围外的投资、衍生品和抵押品以及证券融资交易风险敞口的计算方法，并要求银行必须公开披露其杠杆率信息，包括会计资产和杠杆率风险敞口的对比信息、主要杠杆率指标的分解分析等。

第七，强化流动性管理。巴塞尔银行监管委员会于 2013 年 1 月发布流动性覆盖率（LCR）规则，要求银行的流动性覆盖率（优质流动性资产/未来 30 日净现金流出）在没有金融压力的情况下不得低于 100%。规则对优质流动性资产和净现金流出进行了详细定义。优质流动性资产包括一级和二级资产，一级资产为现金、央行外汇储备和某些政府（央行）支持的特定有价证券等，其持有比例不受限制；二级资产为满足一定条件的政府债券、公司债券、住宅抵押贷款支持证券和股票，其持有比例不得超过银行高流动性资产的 40%。该规则计划于 2015 年开始分期实施，最低要求为 60%，平均每年提高 10 个百分点，于 2019 年达到 100%。

（4）国际保险监管者协会。

2010 年 10 月，金融稳定理事会提出全球系统重要性金融机构处置框架应涵盖保险业机构。2011 年 11 月，G20 戛纳峰会重申，国际保险监管者协会（IAIS）应在 2012 年 6 月 G20 峰会前完成全球系统重要性保险机构（G－SIIs）评估方法。根据 G20 和金融稳定理事会的要求，IAIS 于 2012 年 5 月 31 日发布《全球系统重要性保险机构评估方法（征求意见稿)》（Global Systemically Important Insurers（G－SIIs)：Initial Assessment Methodology)，并于 2012 年 10 月 17 日发布《对全球系统重要性保险机构的政策措施（征求意见稿)》(Global Systemically Important Insurers：Proposed Policy Measures)，进一步明确和细化了关于 G－SIIs 的政策措施，主要包括强化监管、有效处置、提高损失吸收能力等。

经过征求意见后，2013 年 7 月 18 日 IAIS 发布关于 G－SIIs 的评估方法（Global Systemically Important Insurers：Initial Assessment Methodology）和政

策措施（Global Systemically Important Insurers：Policy Measures）。

IAIS 通过研究发现，那些经营传统业务的保险机构并不是本次国际金融危机的传递者，反而那些经营非传统保险业务（如保险连接证券等）和非保险金融业务（如 CDS、银行业务等）的保险集团容易受到金融市场波动的影响，不断累积、放大和传播系统性金融风险。因此，IAIS 将非传统和非保险业务视为系统性金融风险的触发因素，无论是在制定 G－SIIs 的评估方法还是政策措施时，IAIS 都对非传统和非保险业务进行了特殊的安排。

在评估方法上：

一是数据采集范围。IAIS 收集全球 14 个（原为 13 个）国家（地区）50 家（原为 48 家）保险机构报送的 2011 年末数据用于 G－SIIs 评估，相关筛选标准包括：①总资产超过 600 亿美元且在其母国以外的保费收入超过总保费收入的 5%；②总资产超过 2000 亿美元且在其母国以外的保费收入占总保费收入的比重为 0～5%；③根据监管判断需要加入的保险机构，如财务保证保险公司。

二是数据采集质量。在评估方法的过程中，IAIS 需要密切加强与各国监管机构部门的合作，将获取的监管数据与公开信息进行比对，以提高数据的质量和连续性。

三是系统性评估过程。

第一，指标评估法（Indicator－Based Assessment Approach）。该方法与巴塞尔银行监管委员会的“G－SIBs 评估方法”类似，但在评估指标的选择、分组和权重设置上将体现保险机构的特殊性（见表 4－2）。5 个指标类别分别为：①规模；②全球活跃性；③关联性；④非传统和非保险业务（NTNI）；⑤可替代性。

第二，IFS 评估法（IFS Assessment Approach）。该方法将保险业务分为传统保险业务、半传统保险业务、非传统保险业务、非保险的金融类业务和非保险的非金融类业务 5 大类，赋予不同的权重。该方法将上述 5 大类业务资产与对应权重相乘再加总得出 G－SIIs 分值（见表 4－3）。

保险机构将资产按照以上 5 种类型进行拆分，然后将各类业务资产与对应权重相乘再加总计算出 G－SIIs 分值。由于 IFS 分类标准与保险机构财务信息披露标准不完全匹配，且机构资产年度变化比较明显，监管部门通常使用 IFS 评估法来验证指标评估法结果的有效性。

IAIS 认为指标评估法可用于衡量 G－SIIs 考察样本内保险机构的相对重

要性，确定 G－SIIs 的初步名单；IFS 评估法可用于验证指标评估法结果的有效性。但这两种方法都不足以确定 G－SIIs 候选者是否真正具有系统重要性，尤其是在两种评估方法结果的差异较大时，还需附加解释与分析。

在政策措施上：IAIS 借鉴 FSB 关于 G－SIFIs 的政策措施，并结合 G－SIIs 的特征，制定了对 G－SIIs 的政策措施框架（Global Systemically Important Insurers：Policy Measures），主要包括强化监管、有效处置、提高损失吸收能力 3 部分内容。

一是强化监管。以前期出台的 IAIS《保险监管核心原则》（IAIS Insurance Core Principles，ICPs）、FSB《加强有效监管建议》（Supervisory Intensity and Effectiveness recommendations，SIE recommendations）、IAIS《国际活跃保险集团监管共同框架》(Common Framework for the Supervision of Internationally Active Insurance Groups,ComFrame）等为基础，IAIS 提出强化 G－SIIs 监管措施，包括要求建立集团监管框架、加强流动性风险管理、制订系统性风险缓解计划（SRMP）等。因 G－SIIs 通常为集团公司，其 NTNI 业务主要由保险集团旗下独立实体来经营，故加强对保险集团的监管就意味着需要对所有控股公司的监管权，特别是针对 NTNI 业务采取措施以降低系统重要性。以 SRMP 为例，SRMP 包括将系统重要性 NTNI 业务从传统保险业务中分离（或禁止某些系统重要性业务）的内容。当 NTNI 业务被分离时，SRMP 要求被分离的实体需要在法律结构和财务能力①能够自给自足，且保证原集团主体不会因 NTNI 业务分离而规避监管。

二是有效处置。根据 FSB 此前发布的《金融机构有效处置关键要素》(Key Attributes of Effective Resolution Regimes for Financial Institutions，“Key Attributes”）的要求，IAIS 制定的 G－SIIs 有效处置措施包括：①建立危机管理小组（CMGs）；②细化恢复和处置计划（RRPs）；③可处置性评估；④制定机构层面跨境合作协议等方面的内容。IAIS 还要求 G－SIIs 明确将 NTNI 业务从传统保险业务中分离出来的计划和执行步骤、业务转移和自然终止安排、投保人保护制度等。为了确保处置的有效性，IAIS 赋予监管当局监管介入权力，以保护投保人利益、维护金融市场稳定。

三是损失吸收（LA）能力。主要适用于全保险集团活动。IAIS 要求

① 法律结构上，所分离出来的实体要求对原集团法人主体履行合同义务不会产生损害；财务能力上，不会产生资本重复计算的问题等。

2014 年底前全部保险集团（包括非保险分支机构）所有业务都要达到损失吸收（LA）要求底线。

四是较高损失吸收（HLA）能力。主要应用于保险集团 NTNI 业务。IAIS 要求对 G－SIIs 的 NTNI 业务设置较高损失吸收要求：如果 G－SIIs 能够有效分离出 NTNI 业务，那么就只针对这部分可分离出来的 NTNI 业务设置 HLA 要求；如果不能分离，HLA 的设定将基于整个 G－SIIs 集团内的全部 NTNI 业务，同时考虑保险集团的关联性。IAIS 将于 2015 年底公布 HLA 实施细节，并于 2019 年开始应用于 2017 年 11 月确认的 G－SIIs。

（5）国际证监会组织。

根据 G20 峰会和金融稳定委员会要求，国际证监会组织（IOSCO）已于 2014 年 1 月 8 日出台《全球系统重要性非银行非保险金融机构（NBNI G－SIFIs）评估方法（征求意见稿）》（Assessment Methodologies for Identifying Non－Bank Non－Insurer Global Systemically Important Financial Institutions）。全球系统重要性非银行非保险金融机构的名单目前正在制定中。

2. 美国

根据《多德—弗兰克华尔街金融改革与消费者保护法案》第 165 章和第 166 章的要求，美联储于 2011 年 12 月 20 日发布了《系统重要性机构审慎监管标准和早期整改要求（征求意见稿）》[①]，旨在进一步提高系统重要性机构的监管标准，加大系统重要性机构的监管强度。本文件的适用范围为美国所有资产规模在 500 亿美元以上的商业银行[②]，以及被金融稳定监督委员会（FSOC）认定为具有系统重要性的非银行金融机构。

（1）资本和杠杆率要求：两个阶段实施。第一阶段，各系统重要性机构应按照美联储 2011 年 11 月发布的资本监管标准，制订年度资本规划，实施压力测试，并保持充足的资本。在普通和压力情境之下，核心一级资本充足率应不低于 5%，一级资本充足率提高到 6%，建立 2.5% 储备资本要求，对使用高级法的银行提出了补充杠杆率不得低于 3% 的要求。第二阶段，美联储将发布具体建议，根据巴塞尔委员会制定的框架和方法，实施 G－SIBs 附加资本要求，该项建议考虑自 2014 年起实施，并要求 G－SIBs

① 各界可在 2012 年 3 月 31 日前对《系统重要性机构审慎监管标准和早期整改要求（征求意见稿）》提出意见。

② 包括资产规模在 500 亿美元以上的外国银行分支机构。

按照2016～2019年的过渡期安排达到相应的附加资本要求。此外，本文件还规定了系统重要性机构的负债—权益比应不高于15。

（2）流动性要求：两个阶段。第一阶段，根据2010年3月发布的流动性风险管理指引，各系统重要性机构①应遵守流动性风险管理的各项定性标准，包括流动性风险治理机制、现金流量预测、流动性压力测试、流动性缓冲、融资应急计划、流动性风险监测、相关档案记录与管理等。第二阶段，美联储将发布一项或多项新的规定，实施基于巴塞尔Ⅲ对流动性规则的定量要求，主要包括流动性覆盖率（LCR）和净稳定资金比例（NSFR）两个定量指标。

（3）大额风险暴露限额：两个层次。一是系统重要性机构对单一交易对手的净信用风险暴露不得超过其自身监管资本的25%；二是大型金融机构②之间互相持有的净信用风险暴露不得超过其自身监管资本的10%。净信用风险暴露的计算及调整根据信用风险暴露的不同类型适用不同的方法。

（4）压力测试要求：两类测试。第一类是监管压力测试，美联储将预设3种不同的经济和金融市场情景（正常情景、压力情景和严重压力情景），每年对各系统重要性机构进行监管压力测试，并将公开压力测试结果以及机构的具体信息。各机构应根据压力测试结果调整其资本结构、风险暴露、集中度和恢复计划，改进风险管理，在美联储认为必要时，还将根据压力测试结果更新其处置计划。第二类是金融机构自行进行的压力测试，系统重要性机构应每年自行进行一次或多次压力测试，并公开压力测试结果。上述两类压力测试是金融机构前瞻性资本规划的重要组成部分，各机构应将压力测试结果纳入资本规划，美联储也将在评估各机构资本规划时参考两类压力测试的结果。

（5）早期整改措施：四类措施。美联储将根据系统重要性机构经营状况恶化的不同程度对其采取相应的早期整改措施：一是更严格的监管检查，适用于有迹象表明金融机构财务紧张或风险管理存在实质性缺陷、机构未来状况可能继续恶化时；二是初步整改，包括对金融机构红利分配、收购

① 适用于所有总资产超过500亿美元的银行控股公司和储蓄贷款控股公司、总资产超过2500亿美元或海外表内资产超过100亿美元的非银行金融机构，对流动性覆盖比率的适用范围与最低要求、优质流动性资产和现金净流出量的计算等做出详细规定。

② 包括资产不少于5000亿美元的商业银行和所有系统重要性非银行金融机构。

和业务扩张的限制等；三是恢复措施，包括禁止业务扩张和红利分配、要求金融机构补充资本、限制管理层薪酬等，也可能更换管理层或根据具体情况提出其他要求；四是处置措施，美联储将决定是否建议按照《多德—弗兰克法案》对系统重要性机构进行处置。同时，美联储规定了一系列实施早期整改措施的触发条件，包括资本和杠杆率水平、压力测试结果、风险管理缺陷、流动性状况和主要市场指标等。美联储应通知达到触发条件的金融机构并要求其采取早期整改措施。如果系统重要性机构发现自身达到相应触发条件或者在本机构情况发生改变时，应及时报告美联储。

（6）过渡期安排。为减轻各系统重要性机构达到上述具体措施要求的压力，美国监管机构对过渡期做出了安排。总体上，若金融机构在征求意见稿生效当天已被认定为系统重要性机构，应自征求意见稿生效后第五个季度的第一天起达到相关规定①；若金融机构在征求意见稿生效之后才被认定为系统重要性机构，应自其被认定为系统重要性机构后第五个季度的第一天起达到相关规定②。除了对银行控股公司的压力测试要求将在法规出台后迅速实施外，美联储提出上述标准成形 1 年后，各金融机构将要遵守更高的监管标准。

（7）薪酬监管。《多德—弗兰克法案》吸取本轮国际金融危机中的教训，决心改变系统重要性金融机构侧重于短期激励的薪酬机制，要求薪酬激励必须与业务风险、股东长期利益相挂钩；要求相关金融机构高管薪酬方案加入追索条款和退休计划，旨在降低因薪酬激励而过度承担风险的倾向。

（8）业务限制。《多德—弗兰克法案》为限制金融机构规模过度扩张、市场集中度过高等问题，对于相关业务之间的比例也进行了限制③。

（9）消费者权益保护。《多德—弗兰克法案》成立消费者金融保护局

---

① 如征求意见稿于 2012 年 7 月 30 日生效，则当天及之前被认定的系统重要性机构应从 2013 年 10 月 1 日起达到相关规定。

② 如征求意见稿于 2012 年 7 月 30 日生效，某金融机构于 2013 年 2 月 10 日被认定为系统重要性机构，则其应从 2014 年 4 月 1 日起达到相关规定。

③ 相关限制为：一是对银行集团关于对冲基金和私募股权基金的投资限制，规定银行集团在此类基金的权益占基金所有权益的 3% 和银行集团自身一级资本的 3%；二是规定银行不得使用 FDIC 的存款从事与客户无关的自营交易；三是规定单个银行在储蓄市场的占比低于 10%；四是要求总资产超过 5000 亿美元的 6 家银行间的净信贷敞口不能超过其监管资本的 10%，相比而言，其他金融机构的比例为 25%。

（CFPB）专司其职。2011 年 7 月 21 日，消费者金融保护局（CFPB）开始运作。2012 年 1 月 4 日，奥巴马总统任命了前俄亥俄州检察长 Ricard Cordray 为局长。消费者金融保护局整合了原来不同银行监管者的职能，是专门致力于保护消费者金融权益的机构。消费者金融保护局运行资金来自美联储，但具有相对独立的权限，能自行拟定消费者保护法规，管理所有提供消费者金融服务的、资产规模超过 100 亿美元的银行，所有与消费者金融产品相关的金融机构以及这些机构发行的信用卡、按揭贷款等金融产品以保证消费者在购买金融产品时，不受隐性费用、欺骗性条款和欺诈行为等的损害。

消费者金融保护局首先发起了“欠款须知”（Know Before You Owe）行动，测试了一套标准表格，内容包含需要向消费者披露的信息。为了让借款人了解借款成本及相关费用，消费者金融保护局测试了月度按揭贷款书，内容包括申请贷款买房、对现存按揭贷款再融资的借款本金、当前利率、下次利率变更、推迟付款费用描述等。消费者金融保护局的做法有利于金融消费者理解承担贷款的后果，对未来有长远的影响。消费者金融保护局还修订了《电子资金汇划法》，要求提供汇款服务的金融机构须向消费者披露汇率、费用、收款人的收款额，该规则 12 月 21 日发布，并于 2013 年 2 月生效。

自 2011 年 7 月以后，消费者金融保护局先后开通了信用卡、抵押贷款、银行账户及服务、私人学生贷款、其他消费贷款的投诉热线，通过自身网站、电话、电子邮件等多种方式接受并处理消费者投诉有关金融产品和服务的问题。截至 2012 年 9 月 30 日，消费者金融保护局接受投诉 79200 起，其中 82% 的投诉要求相关企业予以处置，绝大部分（92%）都得到了企业反馈。为了追踪金融掠夺者（Financial Predators），消费者金融保护局还开通了免费检举热线，鼓励员工、承包商、销售商及竞争对手秘密检举违反消费者金融保护法律的行为。

3. 英国

2009 年 2 ~ 10 月金融服务管理局（FSA）、英国财政部、英国议会陆续颁布了《全球银行业危机的监管对策》（A Regulatory Response to the Global Banking Crisis）、《2009 年银行法案》（Banking Act 2009）、《改革金融市场》白皮书（Reforms in the Financial Markets）、《全球银行业危机的监管对策：系统重要性银行及其影响评估》（A Regulatory Response to the Global Banking Crisis：Systemically Important Banks and Assessing the Cumulative Impact）等法

律法规和研究报告，分别对系统重要性金融机构的资本、流动性、杠杆率、业务规模和范围、恢复与处置计划等方面进行规定。其中，最值得关注的是，英国财政部于2012年6月向议会提交的银行业改革白皮书草案（2012年白皮书）。白皮书有望于2013年通过审议并分步实施，并最终于2019年前全面落实。

（1）资本监管。2012年白皮书提出了相对于巴塞尔协议Ⅲ更高的资本金要求，受圈护银行以及总部设在英国的全球系统重要性银行的主要损失吸收能力（Primary Loss－Absorbing Capacity，PLAC）至少应为风险加权资产的17%，其中，主要损失吸收能力包括股本、额外一级资本、二级资本和无担保的长期债务。基于国际社会达成的共识，杠杆率监管要求则按照巴塞尔协议Ⅲ规定的3%的杠杆率（33倍杠杆系数）执行，不采用高于国际标准的更高要求。

英国受圈护银行因其系统重要性，基本可以视同为英国的系统重要性银行，将受到较高的审慎性要求。根据“圈护法则”，以受圈护银行的风险加权资产（Risk－Weighted Assets）① 占英国GDP为标准比例，若该比例在3%以下，最低核心一级资本充足率要求为7%～10%，杠杆率至少为3%；若该比例超过3%，最低核心一级资本充足率要求为10%，杠杆率至少为4%；如果受圈护银行被认定为系统重要性银行，则需要额外增加具备损失吸收功能的自救债的要求，为7%～10%，因此类似英国的汇丰和巴克莱等系统重要性银行，其资本充足率需要达到17%～20%及以上。这些新的更为严格的资本监管要求，大幅度提高了受圈护银行以及系统重要性银行的资本压力，摊薄了银行盈利，据统计平均每股盈利将摊薄20%左右。

除了资本要求以外，“圈护法则”还有其他结构性隔离规定，尤其是在受圈护银行与母公司的关系方面，基本出发点是要求受圈护银行单独隔离于母公司其他部分。法律层面，受圈护银行应是独立法人，拥有独立的公司治理机制，包括董事会和高级管理层；监管指标层面，受圈护银行需独立于母公司，单独计算自身审慎性监管指标，比如流动性指标、杠杆率、资本充足率等；公司运营层面，要求受圈护银行建立起完全隔离于母公司

① 风险加权资产（Risk－Weighted Assets）是指对银行的资产加以分类，根据不同类别资产的风险性质确定不同的风险系数，以这种风险系数为权重求得的资产。风险加权资产总额＝资产负债表内资产×风险权数＋资产负债表外资产×转换系数×风险加权数（表内外风险加权资产与总资产之比）。

其他部分的、属于自己的运营后台；资金调配层面，受圈护银行不得与母公司及母公司其他部分形成关联交易，必须按照市场价格进行交易。

表8-11 巴塞尔协议Ⅲ与英国银行改革的资本要求 单位：%

	额外风险缓冲资金	非股票资本	普通股（一级核心资本）			对系统重要性机构额外缓冲要求	资本要求总数
			巴塞尔Ⅲ要求留存缓冲	隔离缓冲	下限		
巴塞尔Ⅲ	—	3.5	2.5	—	4.5	0~2.5	10.5~13
对隔离银行的PLAC要求	3.5	3.5	2.5	—	4.5	—	14.0
对大型隔离银行的PLAC要求	3.5	3.5	2.5	3.0	4.5	—	17.0
对总部设在英国的系统重要性金融机构要求	4.0	3.5	2.5	—	4.5	2.5	17.0

资料来源：孟辰、汪建熙：《英国金融监管改革的最新进展及对中国的启示》，《金融监管研究》，2012年第10期，第82页。

（2）流动性监管。针对金融危机中英国金融机构流动性风险衡量与管理缺失问题，2009年10月，原FSA发布新的流动性管理制度——《加强流动性标准》，并于2009年12月1日正式实施。新制度主要包括质量管理和数量管理两方面内容：质量管理方面，制订了全面、系统的流动性风险控制体系，包括强化压力测试、制订紧急筹资计划等。数量管理方面，引入个别流动性充足标准（ILAS），包括个别流动性充足性评估、金融监管机构流动性监管程序，以及个别流动性指导方针；根据个别金融机构的情况，规定了不同的流动性缓冲资产数量；对于营运内容较为单纯或规模较小的金融机构，以及外国银行在英国的分行，采取差别化管理。

在金融危机以前，原FSA实施的是分币种的流动性缺口限额管理，即要求各家银行监控不同时间段（如8天或1个月之内）现金流量的净值。原FSA吸取了此次金融危机的教训，在使用多年的传统期限缺口分析监管方法的基础上，自2010年11月起设计推出新的流动性监管规则（ILG－Individual Liquidity Guidance）。新的流动性监管规则将流动性监管的时间窗口定为3个月，最本质的变化在于计算流动性缺口的同时，原FSA加入了对公司行为及市场行为的压力测试假设条件。这些假设包括：①3个月内到期的公司贷款或公司账户透支全部被视作不能如期偿还，不能作为现金流入；②3个月之内到期的母行集团内融资也被视为不能转期或循环使用，到期后不能再作为现金流入；③同业市场拆入资金中，3个月内到期的只有40%被视为可以转期作为现金流入，而两周内到期则全部被视为不可以转期，不可以作为现金流入；④同业机构与一般企业非定期存款被视同在流动性分析的次日全部提取，作为现金流出；⑤表外或有负债，只能以既定比例的流动性缓冲资产（一般是国债）来覆盖。

综合上述假设，未来3个月内到期负债和资产差额即为银行自身的流动性缺口，这一缺口再乘以原FSA对每家银行设定的系数后（如新设机构150%，老机构过渡期后100%），便得出此银行应当持有的流动性缓冲资产（Liquidity Assets Buffer）。原FSA将流动性缓冲资产定义为欧洲经济区国家、加拿大、澳大利亚、日本、瑞士及美国政府国债或央行债券，而中国国债不在其中。

从上述变化可以看出，英国监管机构自金融危机以后采取了更加严格的流动性监管措施，彻底改变了原来西方金融业普遍存在的“拆短贷长”经营模式，更加强调了期限错配的要求，要求银行建立依靠长期稳定资金支持业务发展的新模式。而且，该流动性要求较巴塞尔Ⅲ流动性覆盖率（LCR – Liquidity Coverage Ratio）更为严格。

（3）业务监管。2012年白皮书中最重要的一条就是建立“圈护法则”（Ring – fencing），即将“重要银行业务”圈护出来，建立“圈护银行”，并通过在公司治理、经营范畴和服务对象等多方面予以严格限制，使其在危机时免受外部冲击，且即便在破产情景下，也可以进行自救和有序清算，而无须动用纳税人的资金。上述“重要银行业务”包括个人和中小企业活期存款、抵押贷款、信用卡和借贷等传统商行业务。预计个人客户以及年营业额在2590万英镑以下的中小企业客户，将被强制要求在圈护银行存款。

第一，受圈护银行（Ring – fenced Banks）的服务对象。白皮书建议，只有受圈护银行才能吸收非高收入个人和中小企业的存款。非高收入个人和中小企业的标准按以下方式进行划分：收入阶层可按个人在单一银行的自由可投资资产（Free and Investable Assets）划分，具体标准可在25万英镑和75万英镑之间选择；根据《英国公司法（2006）》规定，小型企业和中型企业按年营业额划分，上限分别为650万英镑和2590万英镑，受圈护银行对应的中小企业标准可在两者之间选择。

第二，受圈护银行的业务限制。一是地域限制。受圈护银行不得在非欧洲经济区（Non - European Economic Area，Non - EEA）设立下属机构和分支机构开展任何银行业务。银行集团可以通过集团内的其他独立实体，包括非圈护银行的海外下属机构和分支机构在非欧洲经济区开展业务。二是金融机构风险暴露限制。受圈护银行不得与非隔离银行或从事其他禁止性活动的银行、投资公司、基金管理公司、保险公司建立风险敞口，除非交易的目的在于便利支付、流动性管理或者是受隔离银行基于风险管理目的而成为其衍生产品的交易方。三是金融产品限制。受圈护银行的下述业务受到严格限制：①证券（包括结构性投资产品）和衍生产品的发行、交易、借贷及做市；②在二级市场购买贷款和其他金融产品；③受圈护银行之外的通道融资（Conduit Financing）和资产证券化；④证券承销。白皮书同时建议，允许受圈护银行从事简单的衍生产品交易，包括以固定利率、汇率风险暴露为目的的衍生工具，或者是审慎监管当局认定的标准化的、以对冲利率或汇率风险为目的的衍生工具。

（4）机构监管。2012年白皮书的“圈护法则”还规定了受隔离银行与控股集团的关系。为了使风险隔离可行和有效，受圈护银行必须在法律地位、业务运营和经济关系等方面，与控股集团内的其他实体保持高度的独立性，确保集团内某一部分的经营失败不会影响到受隔离银行所提供服务的连续性。其中，受圈护银行不得持有控股集团内其他实体的股份。

（5）高管监管。英国监管当局加大了对系统重要性金融机构高管的监管力度。一是加大高管准入门槛，对高管个人廉洁、诚信程度、履职能力进行评估，以充分保证系统重要性金融机构的安全性和稳健性。在董事会成员、行长、首席风险控制官、资金业务总监等银行内部关键岗位管理人员任职资格核准前，除了审阅其个人简历、评估管理能力外，也将更多听取其前任机构监管员的评价，并选取部分人员进行面谈。二是开始有选择性地尝试列席银行的部分董事会，了解董事会成员履职情况和决策过程。三是会谈力度大大加强。危机后英国监管机构同银行，特别是系统重要性金融机构会谈的频率和力度也明显增强，主动式的监管意图提升。

（6）行为监管。危机后英国银行业改革方案所贯穿的一个基本原则是

“存款人优先”（Depositor Preference），尤其是对普通个人和中小企业的优先保护。例如，受隔离银行的划定标准，以及建议银行破产清算时优先偿还普通个人和中小企业的存款等。英国政府认为危机前的金融管理体制并没有对行为监管给予足够的关注，需要进行更广泛的改革保证对金融体系实施充分的行为监管，其中最基础的工作就是设立合理的体制框架。金融行为监管是保障金融体系稳健有效的重要内容，它将提出所有公司需要遵守的标准并强制执行。同时，2012 年白皮书建议，为个人和中小企业等活期存款客户在不同银行间的转换提供便利，以增强活期存款市场的竞争性。因此，根据英国金融监管架构调整计划，2013 年上半年起将正式设立金融行为监管局（FCA），将采取有效方式加强金融消费者保护，强化银行信息披露的透明度，增强金融消费者知情权和选择权，从而为金融部门施加更多的竞争压力，进一步改革支付系统，增强透明度，加大对支付系统的问责力度。与 FSA 不同，FCA 的风险容忍度更低，赋予金融监管者更大的判断权，更注重事前防御，鼓励使用广泛的信息识别风险，进行更主动的干预。从消费者遭受侵害的现状来看，仅关注监管产品销售过程或信息披露情况难以有效保护消费者的权利，采取更主动的行为干预措施也是很有必要的。

4. 澳大利亚

APRA 现行的监管架构分为两个层级，分别是对单体机构的 Level 1 监管和对同业金融集团的 Level 2 监管。其中，Level 1 监管范围包括经授权的存款性机构（ADI）、一般保险公司（General Insurers）、人寿保险公司（Life Companies）、注册养老金实体（RSE）和经授权的非营业控股公司（Authorized Non - operating Holding Companies，Authorized NOHCs）。Level 2 监管主要适用于银行集团和一般保险集团，目前已经将部分公司治理的要求扩展至人寿保险集团。

虽然，目前尚未有澳大利亚金融机构纳入 FSB 公布的全球系统重要性金融机构中，澳大利亚已将其国内前四大国内银行纳入国内系统重要性金融机构名单，并且 APRA 没有使用巴塞尔协议Ⅲ赋予的自由裁量权，坚持执行现行政策的地区推广，将资本要求向所有授权存款机构（Authorised Deposit - taking Institution）推广。APRA 要求授权存款机构必须在 2013 年 1 月 1 日前达到修订的巴塞尔协议Ⅲ最低资本充足率和监管调整；采取巴塞尔协议Ⅲ逐步剔除资本工具，不再采用一级和二级资本的附属资本。要求现存的明显不符合条件的资本工具严格参照上述时间表逐步剔除；资本留存缓冲将于 2016 年 1 月 1 日全面启用。对资本工具的过渡性补贴不能再作为一级和二级资本，授权存款机构应该可以到将普通股一级资本最低要求和资本留存缓冲在这个日期时相结合；任何逆周期资本缓冲将从 2016 年 1 月 1 日进行调整并合理评估和校验其是否是必需的；将执行巴塞尔协议Ⅲ的资本充足率时间表，在 2018 年 1 月 1 日纳入支柱一；一旦发生严重的金融危机，需要寻求银行业外部的应对之道是保证危机爆发时监管工作有效性的重要保证，如政府和澳大利亚储备银行（央行）采取的财政和货币刺激政策等。

5. 荷兰

（1）明确国内系统重要性金融机构名单。荷兰将其前四大国内银行纳入国内系统重要性金融机构名单实施全球系统重要性银行监管标准。同时，利用银行规模、关联性、可替代性以及存款保险体制四大因素，分析银行倒闭的影响，将国内银行分为五类，针对每类银行采取不同强度和频率的监管措施。

（2）提高吸收损失能力。荷兰央行根据测算的前四大银行最低倒闭概率，对国内三大银行提出 3% 的附加资本要求（高于金融稳定理事会 1% 的要求）和 10% 的一级核心资本要求。

（3）加强监管合作。为更好地对系统重要性金融机构开展跨境监管合作，荷兰监管机构于 2011 年正式实行监管联席会议工作机制。

（4）完善有效的清算机制和危机处置预案。进一步明确了央行和财政部在处置有问题金融机构时所拥有的权力、能运用的工具及启动处置的时机。其中，央行主要负责处置中小银行危机，工具包括寻找过桥银行、拆分问题机构的资产负债等；财政部负责系统重要性金融机构的危机处置，工具包括国有化、改变银行的治理结构等，财政部长还拥有干预有问题机构的运营，包括任命董事会成员等权力。

三、对系统重要性金融机构事中监管国际实践的评析

1. 提升系统重要性金融机构公司治理和风险管理水平是事中监管的前提

事中监管强调的是在系统重要性金融机构存续状态下进行监管的行为。良好的公司治理和风险管理机制是系统重要性金融机构得以维持存续状态的必要基础。加强对系统重要性金融机构的董事会和高级管理层成员的任职资格审查和履职行为监督，成为危机以来各国监管者日常监管的重要抓

手。无论是美国分阶段实施事中监管方式，还是英国以业务、机构、高管为主线的监管方式，均体现出了对系统重要性金融机构的公司治理和风险管理能力要求的提高，以确保系统重要性金融机构安全稳健运行。

2. 实施名单制管理是事中监管的重要基础

在吸取此次金融危机教训之后，无论全球还是国内系统重要性金融机构，无论是银行、保险还是非银非保机构，都要实施名单制管理。这种名单制管理方式的好处有三个：一是便于明示。与传统非名单制的管理方式相比，公示所有系统重要性金融机构，有利于对系统重要性金融机构实施分组，并采取不相同的资本附加等监管要求。二是便于统一标准。目前系统重要性金融机构因银行、保险等类别不同，具体识别标准不统一，但规模、关联性、复杂性和可替代性这些国际通用识别标准相对统一，有利于系统重要性金融机构本类型的排序公平性，以及各类型间的相对统一性。三是便于动态管理。名单制可定期更新，识别标准也将定期评估和更新，一旦系统重要性金融机构通过自身努力降低了其在金融体系中的系统重要性，将其移除名单。

3. 不断完善监管政策框架和监管工具是事中监管的重要手段

系统重要性金融机构的监管理念及监管方法的进步，推进了相关监管政策框架的完善和监管工具的应用。无论是旨在有效破解系统重要性金融机构“大而不能倒”的难题、防范系统性风险、避免金融危机重演的美国《多德—弗兰克法案》，还是意图强调同时履行宏观审慎管理和微观审慎监管两大职责的泛欧金融监管机制，欧美国家对系统重要性金融机构监管重点从个体监测转向整体监测、从微观监管转向宏微观监管并举、从事后救助转向事前预防和建立处置和清算机制、从银行监管为主转向整个金融机构的系统监管。

第三节　系统重要性金融机构的事后监管

一、系统重要性金融机构事后监管的重要性

针对系统重要性金融机构“大而不能倒”引发的道德风险，FSF（即FSB前身）于2009年4月首次提出恢复和处置计划（Recovery and Resolution Plan,

RRP）的概念，其设计理念是即使系统重要性金融机构面临经营困难甚至倒闭时，或通过自身恢复，或由监管机构酌情处置和采取措施，使其破产救助的成本不再由纳税人承担，从而对金融系统造成的冲击影响降至最低。

二、系统重要性金融机构事后监管的国际实践

1. 美国

《多德—弗兰克法案》关于“生前遗嘱”（Living Wills）核心要求有两点：一是由债权人来承担更多的倒闭风险，要求债务人针对未来可能出现的财务危机或倒闭情形，提前制定详细的恢复和自救方案，比如发行应急资本工具和自救债券等；二是保证纳税人的利益不受损害，明确要求系统重要性银行破产救助的成本不得由纳税人承担，而是按照事先定好的处置方案进行拆分或者直接清算。

危机后，美国监管当局就开始以系统重要性程度较高的大型银行作为试点，要求其制订恢复和处置计划。美联储要求花旗银行、美国银行、摩根大通银行、高盛、摩根斯坦利 5 家大型美国银行制订恢复和处置计划。目前，摩根大通银行已经按照监管部门的要求制订了恢复计划，正根据联邦存款保险公司发布的监管规则制订处置计划。

根据《多德—弗兰克法案》相关监管要求，美联储和美国联邦存款保险公司于 2011 年 10 月 17 日联合出台恢复和处置计划的有关规定，要求 125 家大型银行提供方案，详述其核心业务和资产，并假设危机再次发生时应如何被拆分和破产，而并表资产超过 500 亿美元的银行控股公司和被 FSOC 认定的系统重要性非银行金融机构分阶段制定处置计划。其中，非银行资产规模超过 2500 亿美元的银行应在 2012 年 7 月 1 日前完成处置计划的制订，非银行资产规模在 1000 亿 ~2500 亿美元的银行应在 2013 年 7 月 1 日前完成，非银行资产规模在 1000 亿美元以下的银行应在 2013 年 12 月 31 日前制定完成。规定还为拆分方案设置了具体的标准，包括对方案要素的策略分析、拆分具体步骤的详细描述、对公司组织架构的分析等。值得注意的是，美国监管当局已明确要求集团资产规模超过 500 亿美元的外资银行子行和分行制订适用于该子行和分行的恢复和处置计划。该计划可以相对简化，但应当与母行的整体恢复和处置计划保持一致。

2012 年 7 月 3 日，美联储和美国联邦存款保险公司公布了首批 9 家大

型银行[①]提交的“生前遗嘱”（Living Will）初步方案，包括对关键业务领域的说明，执行人员配置和其他财务信息。2012 年 10 月 4 日，美联储和美国联邦存款保险公司继续公布了两家大型银行——纽约梅隆银行（Bank of New York Mellon）和美国道富银行（State Street）的“生前遗嘱”。至此，按要求向美监管机构提交“生前遗嘱”的大型银行机构数量达到了 11 家。

与此同时，《多德—弗兰克法案》第 2 章设立了有序清算效力（Orderly Liquidation Authority，OLA）的新框架，以解决银行控股公司或其他金融公司经营失败时的清算问题，避免影响金融稳定。在 OLA 的框架下，美国联邦存款保险公司将作为破产公司的接受方，负责清算。2011 年 7 月，美国联邦存款保险公司委员会批准了实施第 2 章法案的最终规则。2012 年 3 月，美国联邦存款保险公司公布了实施破产清算的条件、要求的建议规则并征求意见。2012 年 4 月，美国联邦存款保险公司通过了关于互助保险控股公司作为适用法案第 2 章保险公司的条件。按照法案第 2 章规定，美国联邦存款保险公司有权从财政部借入资金，承担部分与清算相关的义务，2012 年 6 月，美国联邦存款保险公司和美国财政部就如何计算最大义务限额联合公布了最终规则。

2. 英国

从 2009 年起，英国监管当局就开始以系统重要性程度较高的大型银行作为试点，要求其制订恢复和处置计划。2009 年 4 月，英国金融服务局要求苏格兰皇家银行、汇丰银行、巴克莱银行、劳埃德银行、渣打银行等 6 家大型银行制订恢复和处置计划。英国监管部门高度关注银行破产处置方案的可信度，并要求机构改变业务模式或持有更多金融资源来降低破产的可能性。2011 年 8 月 9 日，原英国金融服务局（FSA）在全球范围内率先公布了《恢复和处置计划》征求意见稿。原英国金融服务局在其《恢复和处置计划》征求意见稿中，也要求在英国办理存款业务的外资银行子行制订恢复和处置计划。对于外资银行在英营业性机构的 RRP 计划，英国监管部门认为最大的困难之处在于和母国监管当局的信息互换。当问题真正来临时，外国银行分支机构有可能根据母国法律拒绝提供相关信息，因此跨地区监管合作和信任显得尤为重要。对于欧盟银行来说，有关问题可以通过欧洲

① 首批根据要求提交“生前遗嘱”的 9 家银行包括美国银行、巴克莱银行、花旗集团、瑞士信贷集团、德意志银行、高盛集团以及摩根大通、摩根斯坦利和瑞银。

银行监管局（EBA - European Banking Authority）这一平台得到协调和解决；而对于非欧盟银行来说，就要困难得多，但也可以通过国际监管联席会议等渠道建立互信。此外，监管部门对银行风险的分析也还不够深入，关注的仅仅是他们的分支机构数，市场份额等业务拓展问题，并未真正理解其对整个金融体系的影响等深层次问题，这有赖于宏观审慎监管作用发挥。

根据《2009 年银行法》要求，监管部门应设立特别处置机制（Special Resolution Regime）来迅速处理出现问题的金融机构。2012 年 12 月，英格兰银行和美国联邦存款保险公司（FDIC）联合发布了全球系统重要性金融机构破产处置方案。根据方案规定，一旦系统重要性金融机构出现问题，英美监管当局将采取“自上而下”的处理方式，直接从集团控股公司层面入手，迫使股东及无担保债权人分担损失而不是将其转嫁给纳税人，同时责令高管人员离职并追究其责任。

三、对系统重要性金融机构事后监管国际实践的评析

1. 恢复和处置计划三大组成部分互为关联但又有所区别

恢复和处置计划由恢复计划（Recovery Plan）、处置计划（Resolution Plan）及自救机制（Bail - in）组成，这三个部分互为关联，但又有所区别，具体如表 8 - 12 所示。

表 8 - 12　恢复和处置计划三大组成部分的区别

	恢复计划	处置计划	自救机制
定义	金融机构在严重压力情况下，恢复自身财务实力和自我生存能力的方案	在恢复措施不可行或无效时，监管机构对陷入困境的银行进行有序处置的方案	通过合同约定或法律强制规定，通过将债权核销或债权转换成股权的方式要求债权人承担金融机构损失的制度安排
适用阶段	金融机构虽处困境，但仍由其管理层负责和控制，仍具备清偿能力，可维系持续经营而无须进入处置环节	当恢复计划不足以使银行从困境中恢复过来，且由于清偿能力不足或丧失，导致银行无法维系持续经营状态时	当金融机构达到无法存活的临界点或进入处置的临界状态时
制定/决定方	金融机构	监管机构	监管机构决定

续表

	恢复计划	处置计划	自救机制
特点	动态变化性	动态变化性	既是吸损工具，又是补充性处置工具
主要内容	降低机构风险、保全和改善资本、剥离某些业务、债务重组、提高融资能力等	触发条件设计、处置行动、干预行动、跨境协调行动等	债务冲销、债转股机制等

2. 恢复和处置计划与其他监管工具的关系

恢复和处置计划采用逆向思维，明确认为系统重要性金融机构也可以倒闭，并以此为基础制订相关计划。但是恢复和处置计划与以传统正向思维为基础的监管工具之间存在着千丝万缕的关系。原英国 FSA 在 2011 年公布的《恢复和处置计划（征求意见稿）》中对此进行了归纳和总结，如图 8－1 所示。

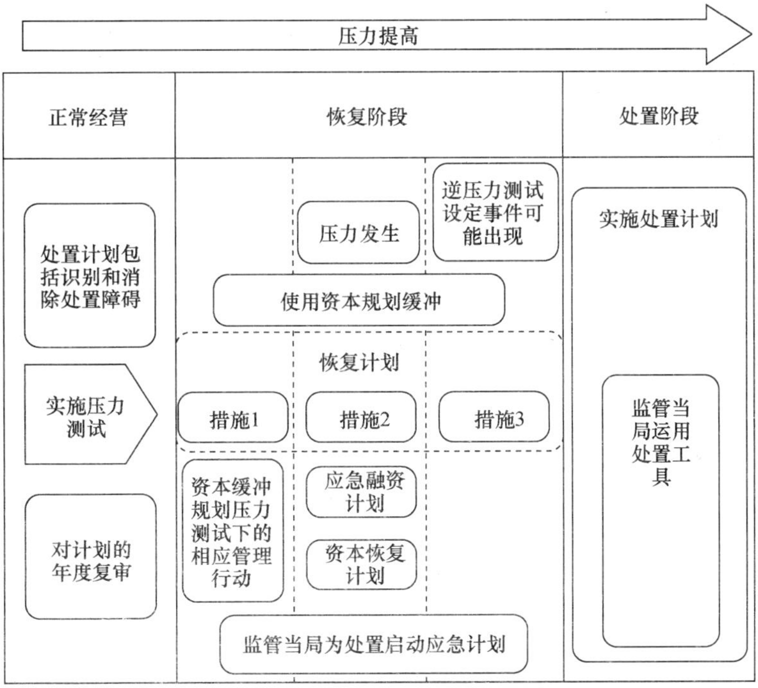

图 8－1 恢复和处置计划与压力测试、资本规划、流动性应急预案等监管工具的关系

3. 恢复和处置计划推进的方式各有特色

在国际监管实践方面，FSB 关注的是制订恢复和处置计划的目的、基本要素、职责分工和审批主体等，同时针对全球系统重要性金融机构实施恢复和处置计划的时间表也进行了规定，即 2012 年底前完成恢复计划，2013 年 6 月前完成处置计划，2013 年底前完成可处置性评估。巴塞尔委员会也将清晰的恢复和处置框架列入《有效银行监管核心原则》第三版的有效监管六项前提中。目前，主要国家监管机构均对系统重要性金融机构提出了恢复和处置计划的监管要求。总体来看，英国是最早进行试点并从法律层面推行政策落实的，而美国的特点是“分阶段、分机构”。

第九章　我国系统重要性金融机构的识别与监管框架设计

在阐述完国际上系统重要性金融机构监管的相关内容后，本章重点对我国系统重要性金融机构监管框架进行设计。本书认为，我国系统重要性金融机构监管框架设计要在充分借鉴国外经验的基础上，结合我国国情因地制宜地进行，总体框架设计方案要在以下几个方面进行重点建设：一是方法上建立评估体系；二是体系上引入行为监管；三是技术上完善监管工具。

第一节　我国系统重要性金融机构的识别与监管现状

相比国际社会，我国系统重要性金融机构的识别与监管工作尚处于起步阶段。识别是监管的基础，由于我国缺乏整体的识别标准框架，迟迟未出台相关机构名单，加之现有监管机构各管一段，缺少统一协调行动的统筹安排，最终导致我国系统重要性金融机构的识别与监管工作踯躅不前。

当前，我国金融业以间接融资为主，而我国系统重要性金融机构的主体组成部分是商业银行。其中，我国 5 家大型银行市场份额基本占到整个银行业的一半，将这些银行作为系统重要性银行已经成为业界和监管部门的共识。相比之下，我国系统重要性银行的识别与监管工作开展得较早一些，但仍与国际社会存在一定差距。

一、我国系统重要性金融机构的识别现状

目前，我国尚未正式出台国内系统重要性银行的识别标准。但是有信息显示相关工作正在积极开展。2011 年末，《关于国内系统重要性银行划分标准的征求意见稿》由我国相关监管机构向商业银行下发。该征求意见稿在指标选取和权重赋予上都给出了初步意见。一是拟采用“规模、关联度、不可替代性、复杂性”这四个指标。二是赋予每个指标权重相同，都为 25%。对于每个具体指标来说，“规模”指标主要包括“表内资产余额、表内负债余额、总收入、市值”等子指标，“关联度”指标主要包括“批发融资规模、金融机构互持资产负债”等子指标，“不可替代性”指标主要包括“支付系统、托管量”等子指标，“复杂性”指标主要包括“境外资产、业务、机构数量”等子指标。

表 9－1　中国系统重要性银行拟采用的识别指标

类别	权重（%）	识别指标
规模	25	表内资产余额
		表内负债余额
		总收入
		市值
关联度	25	金融机构互持资产负债
		批发融资规模
不可替代性	25	支付系统
		托管量
复杂性	25	境外资产
		业务
		机构数量

然而，我国国内系统重要性保险机构、证券公司等识别工作都在探索之中。

目前，我国根据国际社会规定，开始要求相关商业银行对识别系统重要性的关键指标进行披露。2013 年 7 月，巴塞尔委员会发布修订后的《全

球系统重要性银行：评估方法和损失吸收能力》，进一步明确了披露要求，即调整后的表内外资产余额（即杠杆率分母）在2000亿欧元以上或者上一年度被认定为全球系统重要性银行的商业银行，应当从2014年开始，在每个会计年度终了后4个月内，最晚不迟于每年7月31日，披露评估全球系统重要性的12个指标。各国监管当局应当在2013年底前发布法规或指引，明确对本国银行的具体披露要求。根据我国履行国际组织职责的承诺，我国制定了《商业银行全球系统重要性评估指标披露指引》，要求被巴塞尔委员会认定为全球系统重要性银行的商业银行以及年末调整后的表内外资产余额为1.6万亿元人民币以上①的商业银行进行全球系统重要性评估指标的信息披露，由中国银监会实施监督管理。其中，商业银行需要披露的全球系统重要性银行评估指标包括调整后的表内外资产余额、金融机构间资产、金融机构间负债、发行证券和其他融资工具、通过支付系统或代理行结算的支付额、托管资产、有价证券承销额、场外衍生产品名义本金、交易类和可供出售证券、第三层次资产、跨境债权和跨境负债共12个指标。这12个指标是用于评估商业银行全球系统重要性的定量指标。巴塞尔委员会基于12个指标对商业银行的全球系统重要性进行测算并确定全球系统重要性银行名单。信息披露银行应当原则上于每个会计年度终了后的4个月内，在银行网站或年度报告披露相关信息，披露时间不得晚于每年7月31日。

二、我国系统重要性金融机构的监管现状

目前，我国并没有针对系统重要性金融机构出台专门的监管政策，以除了部分出台文件的方式涉及相关内容，比如银监会《商业银行资本管理办法（试行）》，多数情况下是没有对系统重要性金融机构进行区别，而是按照现有分业管理框架进行监管。

---

① 根据巴塞尔委员会的要求，调整后的表内外资产余额（即杠杆率分母）在2000亿欧元以上或者上一年度被认定为全球系统重要性银行的商业银行，应当从2014年开始披露计算全球系统重要性分值所需的12个指标数值。根据巴塞尔委员会提供的2012年12月31日欧元对人民币的汇率8.2207，2000亿欧元折算为人民币1.6441万亿元。因此，《商业银行全球系统重要性评估指标披露指引》将信息披露银行的范围设定为调整后的表内外资产余额为1.6万亿元以上的商业银行。

1. 我国系统重要性银行的监管现状

在我国监管实践中，CARPALs 监管体系曾经一度成为相关监管部门对大型银行实施监管的手段。CARPALs 监管体系最初由国有银行“三大类七项指标”演化而来，后来又根据我国实际情况和国际良好做法补充完善成为“七大类十三项”指标，最终建立了 CARPALs（即七类指标英文单词的首字母）指标体系。该体系七大类指标包括资本充足性（Capital Adequacy）、贷款质量（Asset Quality）、大额风险集中度（Risk Concentration）、拨备覆盖（Provisioning Coverage）、附属机构（Affiliated Institutions）、流动性（Liquidity）、案件防控（Swindle Prevention Control）。虽然，CARPALs 监管体系业已不再适用，但其在一定程度上体现了系统重要性银行监管的一些特征，可为今后系统重要性银行的识别和监管提供依据。

（1）资本监管方面。

20 国集团首尔峰会于 2010 年 11 月批准了巴塞尔委员会起草的《第三版巴塞尔协议》（巴塞尔Ⅲ），确立了银行业资本和流动性监管的新标准，要求各成员国从 2013 年开始实施，2019 年前全面达标。根据这一要求，2012 年 6 月 7 日，我国《商业银行资本管理办法（试行）》（中国银行业监督管理委员会令 2012 年第 1 号发布）（简称《资本办法》）已于 2013 年 1 月 1 日起正式实施，该办法整合了巴塞尔资本协议Ⅱ和巴塞尔资本协议Ⅲ，形成了中国版的巴塞尔协议。

《资本办法》出台之前，现行资本监管规则仅明确了商业银行的最低资本要求，即资本充足率不得低于 8%，核心资本充足率不得低于 4%。《资本办法》将商业银行资本充足率监管要求分为四个层次：第一层次为最低资本要求，即核心一级资本充足率、一级资本充足率和资本充足率分别为 5%、6% 和 8%；第二层次为储备资本要求和逆周期资本要求，分别为 2.5% 和 0 ~ 2.5%；第三层次为系统重要性银行附加资本要求，为 1%；第四层次为根据单家银行风险状况提出的第二支柱资本要求。《资本办法》实施后，我国大型银行和中小银行的资本充足率监管要求分别为 11.5% 和 10.5%，符合巴塞尔最低监管标准，并与国内现行监管要求保持一致。多层次的监管资本要求既符合巴塞尔Ⅲ确定的资本监管新要求，又增强了资本监管的审慎性和灵活性，确保资本充分覆盖国内银行面临的系统性风险和个体风险。

《资本办法》出台之前，按照资本充足水平对商业银行实施分类监管是行之有效的监管实践。我国现行资本监管规则将商业银行分为资本充足、资本不足和资本严重不足三类，三分类方法主要是基于2004年初国内银行资本充足率普遍不达标的实际而确定的。鉴于目前国内银行资本充足率已远高于最低资本要求，《资本办法》对商业银行分类标准和分类方法进行较大修改，依据资本充足水平将商业银行分为四类：第一类银行（满足全部四个层次资本监管要求的银行）；第二类银行（满足前三个层次资本要求（最低资本要求、超额资本要求和附加资本要求），但未达到第四个层次资本要求（第二支柱资本要求）的银行）；第三类银行（仅达到第一个层次资本要求（最低资本要求），但未满足其他三个层次资本要求（超额资本要求、附加资本要求和第二支柱资本要求）的银行；第四类银行（未达到最低资本要求的银行）。

《资本办法》在坚持与国际标准基本一致的前提下，注重与中国国情相结合，主要表现为以下特点：一是下调了对小微企业、个人贷款及信用卡授信的风险权重。小微企业风险权重从100%下调至75%，未使用信用卡的信用转换系数从50%细分为20%和50%两个档次。二是鉴于国内银行贷款损失准备较高的实际情况，《资本办法》提高了实施内部评级法的商业银行超额贷款损失准备计入二级资本的上限。三是对银行已发行的不合格资本工具给予10年过渡期逐步退出，缓解银行资本补充压力。同时，根据我国银行实际情况，在国际最低标准的基础上，《资本办法》也适当提高了部分监管要求。例如，考虑到我国商业银行资本构成中绝大部分是核心资本，《资本办法》规定核心一级资本充足率要求为5%，略高于国际规定的最低标准（4.5%）。目前，我国绝大多数商业银行已经达到这一监管要求，不会产生实质影响。

为了稳妥推进《资本办法》实施，银监会于2012年11月30日颁布《关于实施〈商业银行资本管理办法（试行）〉过渡期安排相关事项的通知》（银监发〔2012〕57号）对于过渡期内资本充足率监管有关问题进行明确，商业银行资本充足率监管要求包括最低资本要求、储备资本要求以及逆周期资本要求、系统重要性银行附加资本要求、第二支柱资本要求。2013年1月1日，商业银行应达到最低资本要求；国内系统重要性银行还应满足附加资本要求。过渡期内，逐步引入储备资本要求（2.5%），商业银行应达到分年度资本充足率要求；其间，如需计提逆周期资本或监管部门对单家银行提出第二支柱资本要求，将同时明确达标时限，商业银行应在规定时限内达标。同时，对于合格资本工具的认定标准也进行了规定，包含减记条款的资本工具和包含转股条款的资本工具。

同时，银监会发布《关于商业银行资本工具创新的指导意见》，在《资本办法》资本工具合格标准等相关规定的基础上，进一步明确了非普通股新型资本工具的触发条件和损失吸收机制。该指导意见分别设置了其他一级资本工具和二级资本工具的损失吸收触发条件。其他一级资本工具的触发条件采用数量化的触发指标，设定为商业银行核心一级资本充足率降至5.125%（或以下），与巴塞尔委员会的相关规定保持一致，有助于降低其他一级资本工具的发行成本。二级资本工具的触发条件采用了监管判断的原则性方式，符合巴塞尔Ⅲ的原则性要求，同时兼顾了灵活性和可操作性。

2013年10月30日，证监会和银监会联合发布公告《关于商业银行发行公司债券补充资本的指导意见》要求于2013年11月6日实施，旨在拓宽商业银行资本补充渠道和利用债券市场满足商业银行资本工具创新需求。该指导意见先行推出商业银行发行包含减记条款的公司债券（以下简称减记债）。同时规定了“商业银行发行其他类型的公司债券补充资本，由中国证监会、中国银监会依照法律、行政法规另行规定”，为将来商业银行发行其他类型的创新资本工具预留空间。商业银行发行减记债，应满足相应资本属性要求并提高损失吸收能力。

此外，银监会为了更好地推进巴塞尔新资本协议的实施，成立了中国银行业实施巴塞尔新资本协议专家指导委员会，充分发挥外部专家的作用，对高级方法实施工作进行指导、对实施质量进行把关；出台了《商业银行实施资本管理高级方法监管暂行细则》，明确了核准高级方法的标准、程序和后续监管框架，为高级方法的实施工作奠定了制度基础和实施方向；完成了对6家银行实施高级方法的验收工作，全面评价银行实施质量、指出了存在的问题、提出了整改要求。

2014年，银监会根据《商业银行资本管理办法（试行）》，核准了工商银行、农业银行、中国银行、建设银行、交通银行、招商银行6家银行实施资本管理高级方法①。6家银行经过规划设计、开发建设到应用完善，反复

① 《商业银行资本管理办法（试行）》对高级方法的内涵做了规范，它包括信用风险内部评级法、市场风险内部模型法和操作风险高级计量法，其中内部评级法又分为初级内部评级法、高级内部评级法；同时，《商业银行实施资本管理高级方法监管暂行细则》又进一步将第二支柱内部资本充足评估程序与第一支柱资本计量高级方法称为资本管理高级方法。

优化，建成了第一支柱资本计量高级方法体系。通过高级方法实施准备工作，6 家银行打造了“升级版”的风险管理体系：一是风险量化、资本约束成为经营管理的核心要求，形成了风险、收益平衡的经营理念；二是董事会、监事会、高管层厘清了风险管理的职责边界，构建了前、中、后台多层次的风险防控体系；三是研发了一批将国际模型技术与我国银行业实际相结合的计量模型，实现了风险计量的科学化和精细化；四是风险量化结果逐步运用于信贷政策、授信审批、风险定价、绩效考核等领域，以风险计量促管理；五是强化了 IT 系统建设和数据质量管理，以模型助推数据质量，不断完善 IT 系统；六是逐步培养、锻炼了一支掌握先进风险技术，具有自主研发能力的风险管理队伍。实施资本管理的高级方法，将推动商业银行的资本管理工作迈上一个新的台阶。

（2）流动性风险监管方面。

2009 年 9 月 28 日，银监会出台了《商业银行流动性风险管理指引》，自巴塞尔Ⅲ出台后开始着手制定管理办法。其间，2013 年 6 月我国银行间市场出现阶段性流动性紧张、市场利率快速上升现象，引起了国内外广泛关注，也暴露了商业银行流动性风险管理存在的问题，反映其流动性风险管理未能适应业务模式和风险状况的发展变化。

2014 年 1 月 17 日，银监会出台《商业银行流动性风险管理办法（试行)》(中国银监会令 2014 年第 2 号)，并于 2014 年 3 月 1 日起施行。该办法旨在借鉴巴塞尔银行监管委员会的改革成果，进一步完善我国银行业流动性风险监管框架，促进商业银行提高流动性风险管理的精细化程度，合理匹配资产负债结构，增强应对流动性冲击的能力。明确要求商业银行流动性覆盖率应当于 2018 年底前达到 100%；在过渡期内，应当于 2014 年底、2015 年底、2016 年底及 2017 年底前分别达到 60%、70%、80%、90%。而对于巴塞尔Ⅲ提出的另一个指标——净稳定资金比例，由于目前巴塞尔委员会正在修订净稳定资金比例相关标准，计划于 2014 年底前定稿。因此，此版银监会的《商业银行流动性风险管理办法（试行)》暂时移除了净稳定资金比例的相关内容，待巴塞尔委员会完成对净稳定资金比例的修订后，将结合我国实际进一步修订。

与巴塞尔委员会于 2013 年发布的《巴塞尔Ⅲ：流动性覆盖率和流动性风险监测标准》相比，银监会的《商业银行流动性风险管理办法（试行)》有以下几点不同：一是银监会增加了存贷比和流动性比例两个定量风险监管指标要求。存贷比和流动性比例两个指标在我国一直以来是商业银行法定监管指标，在管控流动性风险方面曾发挥过积极作用。但随着商业银行资产负债结构、经营模式和金融市场的发展变化，流动性监管指标也应与时俱进，不断完善。二是流动性覆盖率的适用范围不同。巴塞尔委员会流动性框架仅适用于国际活跃银行，而银监会认为鉴于流动性覆盖率在监测、防范银行流动性方面的较强作用和更强风险敏感性，其适用范围可扩展至大部分商业银行。同时考虑到合规成本问题，对规模较小和复杂程度较低的商业银行进行了例外规定。三是对流动性覆盖率指标中合格优质流动性资产的要求不同。巴塞尔委员会允许各国在合格优质流动性资产中增加2B资产，主要包括信用评级为 BBB^- 至 A^+ 的公司债券、满足特定条件的股票和住房抵押贷款支持证券。但由于我国法律禁止商业银行在境内投资股票，国内的住房抵押贷款支持证券品种少、规模小、交易不活跃，我国银行业在境外持有的股票和住房抵押贷款支持证券数量也很有限。因此，银监会对合格优质流动性资产提出了更为严格的要求，只增加了 BBB^- 至 A^+ 的公司债券作为2B资产，未纳入股票和住房抵押贷款支持证券。

（3）风险集中度监管方面。

虽然《商业银行法》第39条规定，商业银行对同一借款人的贷款余额与商业银行资本的比例不得超过10%，但商业银行同业间交易一直不受该项规定约束。2006年银监会发布《商业银行风险监管核心指标（试行）》，规定单一客户贷款集中度不应高于10%，单一集团客户授信集中度不应高于15%，前10大客户贷款集中度不超资本净额的50%。2009年银监会进一步要求，对单一企业或单一项目的融资总额超过贷款行资本金余额10%的，或单一集团客户授信总额超过贷款行资本金余额15%的，都要组织银团贷款；不符合这一要求的，必须进行贷款重组。

其中，对于商业银行的同业敞口，银监会的《商业银行资本管理办法（试行）》已上调了商业银行同业风险权重。其中，商业银行对我国其他商业银行债权的风险权重为25%，其中原始期限3个月以内（含）债权的风险权重为20%；对其他金融机构债权的风险权重统一为100%。

2014年4月24日，人民银行、银监会、证监会、保监会、外汇局联合发布《关于规范金融机构同业业务的通知》（银发〔2014〕127号），明确了同业业务的主要类型包括同业拆借、同业存款、同业借款、同业代付、买入返售（卖出回购）等同业融资业务和同业投资业务；规定金融机构办理同业业务的融资期限，即同业借款业务最长期限不得超过 3 年，其他同业融资业务最长期限不得超过 1 年，业务到期后不得展期；要求单家商业银行对单一金融机构法人的不含结算性同业存款的同业融出资金，扣除风险权重为零的资产后的净额，不得超过该银行一级资本的 50%。其中，一级资本、风险权重为零的资产按照《商业银行资本管理办法（试行）》的有关要求计算。单家商业银行同业融入资金余额不得超过该银行负债总额的 1/3，农村信用社省联社、省内二级法人社及村镇银行暂不执行。

2014 年 5 月 8 日，银监会发布《关于规范商业银行同业业务治理的通知》（银监办发〔2014〕140 号），要求商业银行法人总部于 2014 年 9 月底前实现建立或指定专营部门负责经营同业业务，并要求商业银行由法人总部对表内外同业业务进行集中统一授信，不得进行多头授信，不得办理无授信额度或超授信额度的同业业务。

我国商业银行风险集中度管理与巴塞尔银行监管委员会于 2013 年 3 月 13 日发布的《大额敞口计量与控制监管框架（征求意见稿）》的主要区别在于：一是大额风险敞口的定义和上限不同。我国商业银行集中度管理没有定义大额风险敞口，仅规定了敞口上限，并对单一客户和集团客户区分处理。而巴塞尔银行监管委员会则给出了大额风险敞口定义，且其上限不区分单一客户和集团客户。二是框架覆盖范围不同。我国商业银行集中度管理主要针对非金融机构客户，而巴塞尔银行监管委员会的大额风险敞口框架则覆盖了企业、银行同业、中央对手方等，并对特殊目的载体的投资进行了规定。

（4）金融稳定压力测试方面。

2013 年底，人民银行组织我国 17 家具有系统重要性的商业银行开展了 2014 年金融稳定压力测试。此次压力测试包含信用风险压力测试、市场风险压力测试和流动性风险压力测试，目的是基于 2013 年底 17 家商业银行的资产负债表等数据，评估商业银行在不利冲击下的稳健性状况。

此次测试涵盖大型商业银行和股份制商业银行共 17 家。大型商业银行包括中国工商银行、中国农业银行、中国银行、中国建设银行和交通银行；股份制商业银行包括招商银行、上海浦东发展银行、中信银行、兴业银行、中国民生银行、中国光大银行、华夏银行、广发银行、平安银行、恒丰银行、浙商银行和渤海银行。截至 2013 年末，17 家商业银行资产总额约占银行业金融机构总资产的61%，具有较强的代表性。

本次压力测试以外部测试和内部测试两种方式展开，外部测试以17家商业银行为考察对象，由各商业银行根据给定口径提交数据，人民银行汇总后实施；内部测试主要考察单家商业银行或不同组别商业银行的风险状况，各商业银行自行开展测试并由人民银行对结果进行汇总和分析。

本次压力测试方法为：信用风险压力测试采用敏感性压力测试和情景压力测试两种方法，敏感性压力测试直接考察重点领域信用敞口质量恶化的影响；情景压力测试测算银行体系的整体不良率和资本充足率在宏观经济下行时的变化情况。市场风险压力测试主要考察利率或汇率波动对商业银行资本充足率的影响。流动性风险压力测试测算政策因素和宏观经济因素对商业银行流动性比例的影响。

本次压力测试情景如下：信用风险情景压力测试选择GDP增长率、M2增长率和CPI涨幅3个压力指标来表征宏观经济下行的情景。信用风险敏感性压力测试以整体信贷资产和6个重点领域的不良贷款率、违约或损失作为压力指标。银行账户利率风险压力测试分别以平移和收窄的存贷款利率作为压力指标；交易账户利率风险压力测试以人民币债券收益率作为压力指标。汇率风险压力测试以人民币/美元汇率作为压力指标。流动性压力测试的压力指标包括有价证券价格、不良贷款占比、存款规模和同业存款（拆入）规模。具体压力情景如表9－2所示。

表9－2　人民银行设计的金融稳定压力测试情景

<table>
<tr><th>风险种类</th><th>测试类型</th><th>测试对象</th><th>压力情景</th></tr>
<tr><td rowspan="4">信用风险</td><td>情景压力测试</td><td>整体信贷资产</td><td>轻度冲击为GDP增长率下降至7%；中度冲击为GDP增长率下降至5.5%；重度冲击为GDP增长率下降至4%（M2增长率和CPI涨幅根据专家意见综合设定）</td></tr>
<tr><td rowspan="3">敏感性压力测试</td><td>整体信贷资产</td><td rowspan="2">轻度冲击为不良贷款率上升100%；中度冲击为不良贷款率上升250%；重度冲击为不良贷款率上升400%</td></tr>
<tr><td>长三角地区贷款</td></tr>
<tr><td>客户集中度</td><td>轻度冲击为前1家最大集团（法人）客户违约；中度冲击为前2家最大集团（法人）客户违约；重度冲击为前3家最大集团（法人）客户违约</td></tr>
</table>

续表

风险种类	测试类型	测试对象	压力情景
信用风险	敏感性压力测试	地方政府融资平台贷款	轻度冲击为不良贷款率增加 5 个百分点；中度冲击为不良贷款率增加 10 个百分点；重度冲击为不良贷款率增加 15 个百分点
		产能过剩行业贷款	
		表内外理财产品敞口	轻度冲击为表内外理财产品余额损失 10%；中度冲击为表内外理财产品余额损失 20%；重度冲击为表内外理财产品余额损失 30%
		房地产贷款	轻度冲击为个人住房贷款、房地产开发贷款（含土地储备贷款）不良率分别增加 3 个和 5 个百分点；中度冲击为个人住房贷款、房地产开发贷款（含土地储备贷款）不良率分别增加 4.5 个和 10 个百分点；重度冲击为个人住房贷款、房地产开发贷款（含土地储备贷款）不良率分别增加 7.5 个和 15 个百分点
市场风险	利率风险压力测试	银行账户	利率平移风险： 轻度冲击为存贷款利率上升 50 个基点；中度冲击为存贷款利率上升 125 个基点；重度冲击为存贷款利率上升 250 个基点 利率基础风险： 轻度冲击为存款利率上升 50 个基点，贷款利率不变；中度冲击为存款利率上升 125 个基点，贷款利率下降 25 个基点；重度冲击为存款利率上升 250 个基点，贷款利率下降 50 个基点
		交易账户	轻度冲击为各种人民币债券收益率曲线上升 100 个基点；中度冲击为各种人民币债券收益率曲线上升 250 个基点；重度冲击为各种人民币债券收益率曲线上升 350 个基点
	汇率风险压力测试	银行账户和交易账户	轻度冲击为人民币/美元汇率变化 ±10%； 中度冲击为人民币/美元汇率变化 ±20%； 重度冲击为人民币/美元汇率变化 ±30%

续表

风险种类	测试类型	测试对象	压力情景
流动性风险	情景压力测试	银行账户和交易账户	轻度冲击为30日内到期贷款转为不良贷款的比率为4%，有价证券价格下跌4%，存款流失4%，同业存款和拆入规模下降10%；中度冲击为30日内到期贷款转为不良贷款的比率为7%，有价证券价格下跌7%，存款流失6%，同业存款和拆入规模下降30%；重度冲击为30日内到期贷款转为不良贷款的比率为10%，有价证券价格下跌10%，存款流失8%，同业存款和拆入规模下降50%

资料来源：中国人民银行：《中国金融稳定报告（2014）》。

2. 我国系统重要性保险机构的监管现状

2013年5月3日，保监会发布《中国第二代偿付能力监管制度体系整体框架》（保监发〔2013〕42号），宣布对我国保险机构实施“中国风险导向的偿付能力体系”（以下简称“偿二代”），英文名称为China Risk Oriented Solvency System（C－ROSS）。

“偿二代”的整体框架由制度特征、监管要素和监管基础三大部分构成。其中，制度特征包括统一监管、新兴市场、风险导向兼顾价值三大特征；监管要素包括定量资本要求、定性监管要求、市场约束机制三个支柱；监管基础是指公司内部偿付能力管理。这三大部分密切联系、相互依赖，构成一个有机统一的完整体系。“偿二代”确立了“三支柱”的监管体系。第一支柱是定量资本要求，主要防范能够量化的风险，通过科学地识别和量化各类风险，要求保险公司具备与其风险相适应的资本。主要包括五部分内容：第一支柱量化资本要求、实际资本评估标准、资本分级、动态偿付能力测试和第一支柱监管措施。第二支柱是定性监管要求，是在第一支柱的基础上，进一步防范难以量化的风险。主要包括四部分内容：风险综合评级、保险公司风险管理要求与评估、监管检查和分析，以及第二支柱监管措施。第三支柱是市场约束机制，是引导、促进和发挥市场相关利益人的力量，通过对外信息披露等手段，借助市场的约束力，加强对保险公司偿付能力的监管。一是通过对外信息披露手段，充分利用除监管部门之外的市场力量，对保险公司进行约束；二是监管部门通过多种手段，完善市场约束机制，优化市场环境，促进市场力量更好地发挥对保险公司风险管理和价值评估的约束作用。

“偿二代”遵循国际保险监督官协会的核心原则，借鉴欧美等国成熟有效的经验，坚持与国际监管接轨的大方向，主要体现在两个方面：一是监管的基本理念和基本原则与国际趋同；二是三个支柱的主要内容包括定量监管、定性监管和市场约束，体现了国际偿付能力监管模式的变革趋势与共识，也与银行业的资本监管体系保持一致。同时，“偿二代”也充分考虑我国保险业的发展实际，与我国国情相结合，建立了一套具有新兴市场代表性的偿付能力监管模式。

第一，具有三个中国特色的制度特征。一是统一监管。我国保险市场是全国统一监管，这与美国以州为单位和欧盟以成员国为单位的分散保险监管体制有重要区别，我国“偿二代”不用考虑分散监管导致的复杂技术和制度安排，可以简化监管机制，提高监管效率；同时，“偿二代”也要考虑到地区之间的差异和协调。二是新兴市场。整体框架充分考虑了我国作为新兴保险市场的特征，更加注重保险公司的资本成本，提高资本使用效益；更加注重定性监管，充分发挥定性监管对定量监管的协同作用；更加注重制度建设的市场适应性和动态性，以满足市场快速发展的需要；更加注重监管政策的执行力和约束力，及时识别和化解各类风险；更加注重各项制度的可操作性，提高制度的执行效果。三是风险导向兼顾价值。“偿二代”以风险为导向，全面、科学、准确地反映风险，识别和守住行业不发生系统性和区域性风险的底线。同时，资本要求标准将兼顾保险业资本使用效率，有效提升保险公司的个体价值和保险行业的竞争力。

第二，增加了监管基础——公司内部偿付能力管理，建立外部偿付能力监管与公司内部偿付能力管理之间的激励相容机制。

第三，在第一支柱中，引入了宏观审慎监管资本要求和调控性资本要求，在技术原则中建立了体现新兴市场特征的资产负债评估原则。

第四，在第二支柱中，建立风险综合评级制度，将操作风险纳入第二支柱。

第五，在第三支柱中，不仅强调公开信息披露要求，同时注重对市场约束机制相关主体的培育和引导。

3. 我国系统重要性非银行非保险金融机构的监管现状

与银行和保险机构相比，我国非银行非保险金融机构规模普遍较小，参与国际业务的程度也较低。目前来看，我国机构列入全球系统重要性非银行非保险金融机构名录的可能性较小。但全球系统重要性非银行非保险金融机构的评估方法，对判断我国非银行非保险金融机构作为国内系统重要性金融机构可能对国内金融体系的系统性影响仍有借鉴意义。按照国际上对于非银行非保险金融机构的定义，目前我国银监会监管的企业财务公司、汽车金融公司、金融租赁公司以及商务部管理的融资租赁公司等应被纳入金融公司范畴，证监会监管的证券期货公司应被纳入市场中介机构范畴，证监会监管的证券投资基金和私募股权投资基金应被归属投资基金范畴，均是近年来业务范围拓展较广，资产规模增长较快的金融机构。由于非银行非保险金融机构业务类型差异较大，加之我国金融业实行分业经营、分业监管体制，使目前对各类非银行非保险金融机构的监督管理分散于各个部门，监管主要从微观审慎考虑。随着市场金融创新力度的加大以及各类非银行非保险金融机构跨业合作或经营的日益普遍，迫切需要从宏观审慎角度对相关非银行非保险金融机构业务规模快速扩张可能给其他金融机构和金融市场带来的系统性风险进行评估。

2014 年 3 月 13 日，银监会立足当前我国金融租赁行业改革发展的需要，放宽准入门槛，公布《金融租赁公司管理办法》（中国银监会令 2014 年第 3 号）修订稿，对准入条件、业务范围、经营规则和监督管理等内容进行了修订完善。一是将主要出资人制度调整为发起人制度，不再区分主要出资人和一般出资人，符合条件的五类机构均可作为发起人设立金融租赁公司，取消了主要出资人出资占比 50% 以上的规定。同时考虑到金融租赁公司业务开展、风险管控以及专业化发展的需要，规定发起人中应该至少包括一家符合条件的商业银行、制造企业或境外融资租赁公司，且其出资占比不低于 30%。二是扩大业务范围，放宽股东存款业务的条件，拓宽融资租赁资产转让对象范围，增加固定收益类证券投资业务、为控股子公司和项目公司对外融资提供担保等。三是实行分类管理制度，在基本业务基础上，允许符合条件的金融租赁公司开办发行金融债、资产证券化以及在境内保税地区设立项目公司等升级业务。四是强化股东风险责任意识，要求发起人应当在金融租赁公司章程中约定，在金融租赁公司出现支付困难时，给予流动性支持，当经营损失侵蚀资本时，及时补足资本金，更好保护利益相关方的合法权益，促进公司持续稳健经营。五是丰富完善经营规则和审慎监管要求，强调融资租赁权属管理和价值评估，加强租赁物管理与未担保余值管理等，同时完善了资本管理、关联交易、集中度等方面的审慎监管要求。六是允许金融租赁公司试点设立子公司，引导金融租赁公司纵向深耕特定行业，提升专业化水平与核心竞争力。

鉴于我国非银行非保险金融机构分业监管的现状，以及相关评估指标（特别是关联性指标）依赖的跨部门数据，依靠现有的单个部门的监管数据尚无法满足，可考虑以全球系统重要性非银行非保险金融机构评估为契机，借鉴评估的思路和方法，结合我国实际，对我国现有非银行非保险金融机构的风险特征和跨业影响进行认真梳理。在此基础上，依托金融监管部际协调机制，建立健全我国金融业综合统计制度，加强对不同行业非银行非保险金融机构之间以及非银行非保险金融机构与银行和保险之间风险敞口和集中度的监测，适时建立我国国内系统重要性非银行非保险金融机构的名单，并有针对性地制定监管规则，切实防范此类机构超越自身风险承担能力，快速发展高风险业务可能诱发的系统性风险。

4. 我国系统重要性金融机构的监管协调现状

2013 年 8 月 15 日，国务院要求设立金融监管协调部际联席会议制度，由人民银行牵头金融监管协调工作。与以往联席会议不同，近期国务院设立的金融监管协调部际联席会议制度是正式的制度安排，开启了我国金融监管协调的新篇章。根据国务院规定，金融监管协调部际联席会议重点围绕金融监管开展工作，不改变现行金融监管体制，不替代、不削弱有关部门现行职责分工，不替代国务院决策，重大事项按程序报国务院。联席会议通过季度例会或临时会议等方式开展工作，落实国务院交办的事项，履行工作职责。联席会议建立简报制度，及时汇报、通报金融监管协调信息和工作进展情况。

回顾我国金融监管历程，此次建立部际联席会议已是第三次重启协调制度。早在 2000 年银监会尚未成立之时，人民银行、证监会和保监会以联席会议形式每季度碰头讨论。2008 年国务院建立了“一行三会”金融工作旬会制度并成立了应对国际金融危机小组，这是第二次启动。在法条修改方面，2003 年 12 月，已将“国务院建立金融监督管理协调机制，具体办法由国务院规定”和“中国人民银行应当和国务院银行业监督管理机构、国务院其他金融监督管理机构建立管理信息共享机制”的条文增加到《人民银行法》修正案中。在分工方面，2004 年 6 月，银监会、证监会和保监会就签署了《在金融监管方面分工合作的备忘录》，分别从指导原则、职责分工、信息收集与交流、工作机制等方面确定了监管协调的框架。2008 年 1 月银监会和保监会签署了银保深层次合作和跨业监管合作的谅解备忘录。2008 年 8 月 14 日公布的人民银行“三定”方案中，明确了央行以“会同”的方式参与建立金融监管协调机制的职责以及相应的地位，但在现实操作中，“会同”难免沦为“会签”。

目前我国金融监管协调机制主要采取以下几种形式：一是国务院建立的金融旬会制度，国务院办公厅负责组织，人民银行、银监会、证监会、保监会、外汇局以及发改委、财政部等有关部门参加。旬会主要研究金融改革、发展和稳定等重大问题，也涉及金融监管中需要协调的重大事项。二是由人民银行牵头的反洗钱工作部际联席会议制度，主要是指导全国反洗钱工作，制定国家反洗钱的重要方针、政策，协调各部门、动员全社会开展反洗钱工作。三是由银监会召集成立的处置非法集资部际联席会议制度。四是证监会牵头成立的整治非法证券活动协调工作制度。五是各省市建立的金融稳定联席会议制度，主要分析各行业影响辖区金融稳定重要因素及需要关注和解决的问题，研究共同应对措施，达成工作共识，形成防范金融风险的“统一战线”。

近年来，我国金融监管协调机制在防范系统性金融风险和维护国家金融安全上起到了一定的作用，但由于缺乏有力的法律和制度保障，协调机制仅仅停留在原则性框架层面，未能实现协调作用最大化。在实践中，无论从法律建设还是制度安排上都存在着一些问题。在法律层面，缺乏一部较高层次的金融监管协调法，在目前现有的法律框架下，“一行三会”可以根据各自履行职责的需要进行沟通与协商，但这种方式没有强制约束力，影响了协调机制的运行效果。在制度层面，各监管主体的职责分工不够清晰，对监管边界的新业务和新产品因缺乏监管主体，往往处于监管空白状况，缺乏有效、权威的争议解决机制。在目标层面，参与金融协调各部门存在利益博弈问题，人民银行作为“最后贷款人”不可避免地面临货币政策和金融监管的协调问题，中央和地方监管权责不清也影响到监管政策传导效果。在信息层面，信息共享机制不健全，分业监管模式容易造成监管信息的分割，各监管主体间交流渠道不畅通，各自监管信息仍处于封闭状态。在执行层面，缺乏跨部门联合执法机制，重复监管问题比较严重，金融消费者保护、系统重要性金融机构监管等方面均未明确各监管主体的权责。

5. 我国系统重要性金融机构处置机制的建设现状

近年来，随着中国市场经济体制的逐步完善和金融改革的不断深化，金融机构处置机制建设凸显其重要意义。1997 年亚洲金融危机后，中国政府开始系统地进行金融体制改革，特别注重建立问题金融机构市场退出机制。《金融机构撤销条例》等一系列规章制度的出台，为构建金融机构市场退出法制体系、保护债权人和债务人合法权益、维护金融和社会稳定发挥了积极作用。人民银行等部门通过撤销、关闭、破产等方式，对一大批严重资不抵债的高风险中小银行业金融机构及时实施了市场退出。近年来，为构建市场化的银行业风险处置机制，人民银行牵头会同有关部门对中国建立存款保险制度相关问题进行了积极研究和探索。

2004 年以来，金融管理部门对一批高风险证券公司进行集中清理和处置，通过对整改无望及严重违法违规的证券公司采取托管、接管、关闭撤销、撤销业务许可、破产重整等措施，逐步形成了市场化的风险处置机制。通过建立证券投资者保护基金，在客户账户清理、证券类资产转让、经纪业务托管等高风险证券公司风险处置实践中形成了规范、高效和市场化的做法，并构建了行政清理与司法破产有效衔接的处置模式。

近年来，保险业的金融机构风险处置机制逐步建立健全。2009 年实施的新《保险法》对保险公司风险处置做出明确规定，规范了金融管理部门作为风险处置主体的风险处置权和处置范围，规定了限期整改、整顿、接管、破产清算等风险处置措施的基本程序，建立了保险保障基金公司，明确了风险处置的保障措施和资金来源。2011 年出台的《保险公司保险业务转让管理暂行办法》，进一步明确了金融管理部门决定转移保险公司保险业务的条件和程序，补充完善了保险公司风险处置机制。

2011 年 11 月，FSB 发布《金融机构有效处置机制的核心要素》（以下简称《核心要素》），从范围、处置部门、处置权力、客户资产处置、保障措施、处置资金来源、跨境合作法律框架、危机管理小组、单个机构跨境合作协议、可处置性评估、恢复与处置计划、信息获取和共享 12 个方面明确了有效处置机制的基本要素。同月，G20 戛纳峰会一致通过《核心要素》，在推进系统性风险处置机制国际准则的制定与执行方面取得重要进展。总体上，经过多年的实践和探索，我国市场化的金融机构风险处置机制逐步确立并不断完善。《核心要素》所提的大部分处置原则，包括明确风险处置主体、充分赋予处置主体处置金融风险的相关权力、建立市场化的处置成本分担机制、有效保护存款人和投资者利益、加强对问题金融机构责任人员责任追究机制等内容，在中国现行金融机构风险处置实践中已有不同程度的体现。但是，由于中国金融机构处置机制建设起步较晚，与《核心要素》要求相比，在有关方面仍有一些差距，包括对问题银行机构的处置工具、方式需进一步健全；持续性的评估监测机制需尽快完善；系统重要性金融机构的认定标准、评估框架及其恢复与处置计划的政策规定有待研究出台；在金融风险处置中应逐步降低对中央银行行使“最后贷款人”职能的依赖等问题。

第二节　我国系统重要性金融机构识别与监管框架设计的基本原则

一、参考国际，立足实际

目前我国作为 G20、FSB、BIS 的成员，参与制定系统重要性金融机构识别标准制定与讨论过程。目前中国银行和工商银行以及中国平安保险被选入 FSB 的全球系统重要性金融机构的名单中，成为新兴经济体国家和地区中唯一入选机构国家。在中国，高层已经开始重视对系统重要性金融机构的监管。中国人民银行行长周小川强调指出，相关机构将受到两方面的要求：一是特殊的监管要求；二是更严格的资本充足率要求。在指标选取上，可参考规模、可替代性和关联性这三个标准。考虑到国内外宏观经济环境、金融体系结构等因素。对国内系统重要性金融机构采取更加严格的管理措施，从而使政府可控。打破系统重要性机构“大而不能倒”的潜规则，建立和完善有问题金融机构的市场退出机制。

需要特别指出的是，由于历史等各种原因，我国金融机构起步较晚，与西方发达国家金融机构相比，还存在较大不同。其中，最为明显的就是对金融机构的宏观审慎监管。在西方发达国家，金融机构一直受到多个主体的较严格的宏观审慎监管，在金融体系中具有系统重要性的大型银行更不例外。所以，我们在引入相关标准时，就要在充分借鉴国际经验的基础上，更应当着眼于我国自身实际，根据自身情况制定我国相关监管政策，比方说，与国际标准相比，如果我国现行要求没有国际标准严格，那么就可以与国际接轨，提高监管要求和标准；而如果我国现行要求高于国际标准，那么就不宜过分求高求严，可以继续实施现行的监管标准和要求。

二、稳步推进，一机构一策

目前我国系统重要性金融机构识别与监管相关工作进展包括银监会于2011年4月印发《关于中国银行业实施新监管标准的指导意见》(银监发〔2011〕44号)，在资本充足率监管部分明确提出增加系统重要性银行的附加资本要求。2011年10月，银监会下发《商业银行系统重要性评估与监管指引》(征求意见稿)，目前正在反复修改与讨论，主要内容包括评估方法与程序、资本要求、监管强度、处置与恢复计划、数据系统要求等。2012年3月，人民银行下发《系统重要性金融机构评估方法与监管要求》(征求意见稿)，对系统重要性金融机构的评估范围、框架、指标和流程及相应监管要求、恢复处置计划和管理方式等进行了规定。2012年6月，银监会发布《商业银行资本管理办法（试行)》，规定被认定为全球系统重要性银行的国内银行按照国际监管要求计提1%～3.5%的附加资本，该办法将于2013年起实施。2012年8月3日，人民银行、财政部、审计署、银监会等共同成立国内的中行“危机管理工作组”(银监办发〔2012〕233号)。2014年1月6日，银监会发布《商业银行全球系统重要性评估指标披露批引》(银监发〔2014〕1号)。

建议我国对系统重要性金融机构的监管应当稳步推进，先以商业银行为主，逐步扩大到非银行系统重要性金融机构，同时坚持“一机构一策”的原则，对于系统重要性程度越高的、风险程度越高的、可处置性越低的金融机构，监管要求和措施越严格。

三、定量与定性相结合

当前国际组织和各国监管当局主要是采用管理信息系统与数据分析模型来实现对系统重要性金融机构进行评估。这些评估模型通过记录、分析历史数据，试图识别出系统重要性金融机构并对其进行分组。但是，值得注意的是，因为历史数据的局限性，即便是在此次危机中倒闭的金融机构，仅仅分析其历史数据并不能完整评估其系统重要性，实现监管的前瞻性。因此，应该重新认识定性分析的作用与功能，在使用历史数据进行定量分析的基础上，加入监管当局对该机构的定性判断。

第三节 我国系统重要性金融机构识别与监管框架设计

一、方法上建立识别体系

1. 总体要求：反映我国金融业特征

我国尚未公布系统重要性金融机构的定义、识别标准和名单。鉴于识别系统重要性金融机构既要考虑单体金融机构的特征，又要考虑我国金融业特征和整体经济金融环境，我国系统重要性金融机构的识别体系应当覆盖我国银行业、证券业和保险业的全部。

同时，随着我国金融业综合化经营步伐的加快，一些实力较强的证券公司、保险公司、金融控股公司甚至外资金融机构的附属或分支机构，在我国金融体系中的作用日益增强，系统重要性地位不断提升，未来应考虑逐步纳入国内系统重要性金融机构名单之内。

下一步，建议我国相关部门结合国际组织和各国监管机构采用相关识别标准和方法，尽快制定出国内系统重要性银行的识别与监管框架，在此基础上，择机出台证券公司、保险公司、金融控股公司等相关系统重要性金融机构的识别与监管政策和措施。

2. 数据要求：确保数据集中能力

（1）遵守国际原则。严格遵守《全球系统重要性银行有效管理信息系统和数据集中的原则》（Principles for Effective Management Information Systems and Data Aggregation，简称《原则》）。《原则》的目的是为全球系统重要性银行（G－SIFI）提升数据管理能力和改进管理信息系统框架提供一个监管指引。该指引将与危机后的其他国际金融监管改革措施一道，共同提升对全球系统重要性银行监管的强度和有效性。从内容来看，《原则》从公司治理、压力测试、风险报告分发、早期补救行为等方面对全球系统性银行的管理信息系统建设和数据集中能力提升提出了 12 项原则，目的是确保银行数据集中结果的正确性（Integrity）、精确性（Accuracy）、完整性（Completeness）和灵活性（Flexibility）。目前，很多国家对《原则》的逻辑结构和主要内容总体赞成，普遍认为这是一份很好的文件，对于危机后全球系统重要性银行加强信息管理系统建设、提升数据集中能力具有较强的指导意义。我国在系统重要性金融机构的评估数据方面要充分吸收《原则》中相关内容。

（2）提高数据集中能力。准确及时的管理信息报告是有效风险管理、审慎经营决策以及财务报告的必要组成部分。此轮危机多次证明银行风险管理的薄弱环节来源于缺乏全面、集中的重要风险管理数据，以及对风险敞口的有效监测和及时报告。因此，国际上希望针对系统重要性银行设立良好数据标准并制定统一的达标期（从 2016 年开始）。在我国，银监会于 2011 年初发布了《银行监管统计数据质量管理良好标准》，涉及组织机构及人员，制度建设，系统保障和数据标准，数据质量的监控、检查与评价，数据的报送、应用和存储等 5 方面要素、15 项原则、61 条具体标准，涵盖了监管统计数据质量管理的各个方面。同时，银监会也对一些包括境内系统重要性银行在内的一些机构开展了评估与检查，依照评估结果将银行分为符合、大体符合、较不符合和不符合 4 档，以帮助银行确定其需要关注的领域，制订行动计划，有步骤地实施改进措施。此外，随着银行并购活动的进行，银行业务不断复杂化，对于银行数据质量的监控应该是一项持续的监管工作，定期对其进行现场评估，并依据评估结果要求其进行整改，以不断提高银行数据集中能力和质量。

3. 模型验证：定期开展校验和检查

（1）加强监管层面的推动力度。建议从监管层面要系统重要性金融机构推动自身模型验证工作，尝试从技术要求、团队组成、现场与非现场验证结果、协调银行与验证团队之间的关系 4 个层面展开。其中，验证团队应由风险专家以及高级监管员和分析师组成。风险专家要定期参与现场审阅和后续跟踪工作，主要是检查银行的模型设计是否符合相关监管要求、银行开展内部模型验证的质量，以及最终确认高管层是否真正了解模型的运用情况。通常监管层面的模型验证团队由相关领域的风险专家领队，由主监管员负责协调与银行间的沟通工作。

（2）组织专门的监管团队。自2009年中国银监会《商业银行资本计量高级方法验证指引》发布以来，确定了有关模型验证的政策和原则，并在对银行高级计量法进行评估的过程中开展了模型验证工作。目前银监会成立了4个专家团队，即零售信用风险专家团队、非零售信用风险专家团队、操作风险专家团队、市场风险专家团队，每位专家都熟悉巴塞尔新资本协议，并且具备丰富的监管经验。同时，银监会也要求拟实施高级法的银行成立自己的专家团队，并由行领导任组长，由各业务条线和管理部门的专家组成。银监会监管部门机构处室的处长也是银监会专家团队的成员，负责监管团队与银行团队之间的协调沟通工作。这种安排主要是考虑到主监管员了解银行的风险偏好、熟悉银行的业务条线和高管层，能够更好地在产生偏差和误解时在双方之间进行沟通协调。银监会首先要求银行进行自查，并将自查结果报告银监会。根据相关自查结果，银监会将组织对银行的现场评估，其中模型验证是评估团队关注的重点之一。如果现场评估发现银行有重大失误，银监会则按照统一的方法论并以切合单家银行实际特点的方法开展模型验证。

下一步，我国监管机构应当充分吸收借鉴国际上的相关经验。比如，由于评估和批准第一、第二支柱下信用风险和操作风险模型的工作量非常大，德国监管当局（包括德意志银行和德国联邦金融监管局）建立了大量由定量模型测算专家组成的检查团队，定期对商业银行的模型开展校验和检查工作，主要经验和教训如下：

（1）注重验证工作的持续性。一旦监管当局完成模型校验，模型得到监管批准，相关金融机构通常不会再像以前一样努力开展内部模型校验，尽管监管部门要求他们每年必须开展一次校验。

（2）注重验证数据的真实性。德国监管当局发现相关金融机构报告的风险加权资产数额往往偏低。在发现该问题后，德国商业银行不得不在模型再校正（Model Recalibration）中重新提高风险加权资产数额。

（3）注重各支柱验证工作的平衡性。2005～2009年，为获得监管部门对第一支柱下模型（初级法和高级内评法）的批准，德国许多金融机构在第一支柱的模型开发中投入了大量的人力和物力。相应地，相关金融机构往往忽略了第二支柱下模型的校验工作，以至于德国监管当局在第二支柱下的模型审查时发现了较多的错误和缺陷。

（4）注重人力物力投入的保障性。由于第一支柱和第二支柱下的内部模型校验工作量很大，模型变化情况太多，德国许多金融机构应在内部模型校验（Model Validation）上维持足够的人力和物力。为确保金融机构维护好足够的风险模型，针对模型校验和再校验（Recalibration）的审计工作也非常关键。

4. 评估结果：动态调整完善、适时披露

（1）对评估结果进行动态完善与调整。由于 G－SIBs 评估方法和包括附加资本在内的相关政策尚未经过实践检验，所以要定期对其进行评估和完善，但评估和完善的时间间隔不宜太长。巴塞尔委员会提出每 3～5 年要对其进行评估和完善，最新一次的 MPG 讨论决定，建议每 3 年即应对 G－SIBs 评估方法和相关政策进行评估。我国应积极按照这一要求开展工作。同时，还应确定候选银行的甄选方法和机制，每 3 年对候选银行进行更新。要建立良好的评估机制。出台 G－SIBs 评估方法和政策的定期评估方案，明确哪些要素（如评估指标、临界值、分组方法）可能需要调整，哪些要素（如最高附加资本要求和各组银行对应的附加资本要求）应当保持相对固定，以及如果 G－SIBs 评估方法和政策需要调整，如何确保平稳过渡等。

（2）适时结果披露。是否披露 G－SIBs 评估数据和名单，一直是争议较大的问题。赞成披露的意见认为，披露有利于提高透明度，避免市场猜测而形成的不确定性；即使不正式披露，相关信息和结果也很难保密，如 28 家 G－SIBs 名单已经被英国《金融时报》报道；而披露计算相关指标的全球总数，也有利于大型复杂银行计算自己的 G－SIBs 分值，从而引导其调整经营战略，达到降低全球系统重要性程度的目的。反对披露的意见认为，披露之后可能会加剧进入 G－SIBs 名单银行的道德风险，有违实施 G－SIBs 政策的初衷。2011 年 7 月，FSB 全会对披露问题进行了讨论，最后决定应当本着提高透明度的原则，尽量披露相关信息，而且最好在 2011 年 11 月 G20 戛纳峰会之际披露第一批 G－SIBs 名单及其分组情况。在这一背景下，此次 MPG 会议对披露问题展开了激烈的讨论，提出了近期披露机制和长期披露机制。就我国目前而言，系统重要性金融机构相关工作才刚起步，还有很多不完善之处，近期披露相关结果不太实际，但随着监管框架的逐步搭建与完善，长期披露机制要建立起来，并且披露的范围应当适度加以扩展。

二、体系上引入行为监管

本轮国际金融危机的最大教训之一，就是缺乏对系统重要性金融机构的有效审慎监管。系统重要性金融机构实施审慎监管应从微观和宏观两个层面同时着手，微观上防范单体系统重要性金融机构风险，宏观上防范系统重要性金融机构对于整个金融体系风险。结合系统重要性金融机构所独有的五大特征，建议在实施审慎监管过程中关注以下重点：

1. 针对监管模式的框架设计

（1）借鉴双峰型监管模式，适时引入行为监管。目前中国金融监管采取的是分业监管组织架构，并没有设立独立的部门专门实施行为监管。这导致了中国从立法上缺失对金融消费者保护的规制制定权、持续监管权和处分权，以及对金融机构不恰当行为的干预权和强制措施使用权。建议在“一行三会”架构内，短期采用专门委员会而长期可尝试成立专门部门对金融机构进行行为监督，给予相应的资源保障，逐步从体制安排上划分其与审慎监督的职能，建立金融消费者保护的长效机制。

（2）关注混业金融集团，建立前瞻性监管框架。随着国内经济金融体制改革的不断深化及以系统重要性金融机构为代表的同业竞争的不断加剧，类似平安控股的混业金融集团已实质形成，中国现有的分业经营的基本格局将会被逐渐打破。加上国务院在“十一五”规划中正式提出“稳步推进金融业综合经营试点”，这些都对当前垂直管理的分业监管体制提出了严峻挑战，混业金融集团监管将成为中国未来金融监管，特别是系统重要性金融机构监管的重点。因此，借鉴 APRA 实施 Level 3 监管的做法，建议由国务院统筹安排，制定前瞻性的混业金融集团监管的顶层设计方案，明确不同监管部门的监管范围与职责。同时为避免系统性风险，该方案应重点突出对混业金融集团的市场准入条件、组织架构及透明度、母子公司业务范围、资本及风险管理等的监管要求。

（3）完善监管合作机制，有效发挥监管合力。为了降低监管成本、实现监管有效性，澳大利亚和荷兰均有自己的监管合作沟通机制，用以充当协调各监管机构监管政策的平台。建议我国各监管部门参照澳大利亚金融监管理事会的模式，将系统重要性金融机构监管纳入近日成立的金融监管协调部际联席会议的议题，就金融监管议题定期召开会议进行研究和沟通。一方面，该机制有利于交流重大的金融监管信息和关注金融体系的变化趋势，尤其是科技发展、金融创新、全球化对金融体系产生的影响。另一方面，该机制有利于整合监管资源、避免各自职责重叠，从而有效促进中国金融监管的改革。

2. 针对基本特性的框架设计

（1）强化事前结构化限制，降低负外部性。鉴于系统重要性金融机构的负外部性不仅仅来源于规模，采取事前结构化限制措施来加强对系统重要性金融机构的监管就显得尤为重要，也就是说，我们既要防止其过大，又要防止其过于复杂以及风险关联程度过高，两个极端都不好。具体地，就是要根据风险水平高低，有层次地、有针对地对高风险业务和金融创新进行限制监管，使系统重要性金融机构的关联程度和复杂性得到有效控制。危机后各国金融改革方案都不约而同地缩小或限制系统重要性金融机构的业务规模和范围，如美国“沃尔克法则”规定的限制商业银行从事高风险自营交易，将商业银行和投资银行业务分隔开来，而英国“圈护法则”则对居民和中小企业依赖的重要银行业务进行隔离保护（Ring - Fence），受隔离保护的零售银行必须与批发银行和投资银行业务隔离，可为居民和中小企业提供存贷款、支付结算等服务，但不得参与任何类型的金融衍生品交易、投资股票、企业债、可转债和基金等业务，不得承销股票和债券及参与证券化发行、交易、借贷和做市等。

（2）推行恢复和处置计划，减少道德风险和竞争不公平性。允许系统重要性金融机构在经营失败、经营不审慎时，可以倒闭、破产、退出市场是防止道德风险、维护优胜劣汰机制、发挥市场约束作用的需要。恢复和处置计划（RRP）旨在降低系统重要性金融机构道德风险，提高监管机构的处置能力，包括在金融机构陷入严重困难局面时为持续经营，继续提供具有系统相关性服务而采取的恢复计划以及在金融机构面临倒闭的情况下，采取有序方式进行重组和清算行动的处置计划。以引领欧盟银行 RRP 制定的德国金融监管局（BaFin）为例，当 BaFin 判断问题银行机构可以自行恢复其自身流动性，并能够持续经营，不会形成系统性风险时，要求银行机构立即采取改善机构资本和流动状况措施，抑制风险蔓延；当恢复计划失败时，或当该机构的问题对市场造成影响，对存款人或其他市场参与者的信心造成损害时，则执行处置计划——“资产转让令”将提供担保，强制要求该机构将资产和负债转让给另一家机构，如果转让过程中发生损失，可以给予补偿。

（3）加大过程监管和救助成本，削弱成本收益不对称性。强化过程监管主要是通过风险监管和资本要求，进一步加大系统重要性金融机构的违规成本。考虑到系统重要性金融机构的复杂和关联程度，一是应有针对性的措施来提高其风险抵御和抵补能力，比如，实施更为严格的流动性、资本和大额风险暴露监管要求，最终使其风险控制在可承受水平之内；二是积极加强非现场监测和预警，这样可以及时识别并处置风险；三是提高现场检查频率，使监管政策得到有效贯彻落实，从而使金融机构潜在的风险得到有效化解；四是进一步完善系统重要性金融机构的并表管理监管评估框架，并表监管继续强化。此外，可根据重要性的不同程度，向系统重要性金融机构征收救助基金税费。如德国财政部专门设立特别稳定基金用以用于救助问题银行，目前已有 700 亿欧元，其主要来源是通过向银行机构征收，其中资产规模超过 1000 亿欧元的大银行，征收标准为 0. 04%；资产在 200 亿欧元以下的储蓄银行，征收标准为 0. 03%。当银行危机严重，一般征收的基金不能够满足救助需要时，还可以采用特别征收措施。

3. 针对微观监管的框架设计

（1）强化公司治理和风险管理。良好的公司治理和风险管理是维护系统重要性金融机构安全、稳健运行的保证，也是有效金融监管的基础。巴塞尔委员会新出台的相关公司治理、风险管理国际标准对我国是一个很好的借鉴，各国监管实践对我国同样是一个很好的借鉴。据此，我国对系统重要性金融机构的公司治理和风险管理提出更高的监管要求，进一步强化集团层面的风险治理和管控。此外，在人员监督检查方面，加强对系统重要性金融机构董事会尽职情况的监督和检查以及董事和高管人员的任职资格审查，最终使公司治理和风险管理水平得到提升。例如，可以参照美联储的要求，我国系统重要性金融机构在董事会下设一个独立的风险委员会，并任命一名首席风险官，负责整个企业层面的风险管理。

（2）提升审慎监管标准。基于风险的资本和杠杆率要求，我国系统重要性金融机构应该编制年度资本规划，开展压力测试，并保持压力情形下所需的资本水平。仿照美联储的做法，要求系统重要性金融机构按照巴塞尔委员会开发的框架和模型方法提取基于风险的资本附加。

基于流动性要求。我国系统重要性金融机构应按照美联储 2010 年 3 月颁布的流动性风险管理指引要求，开展内部流动性风险压力测试，并设定内部流动性风险的管理限额（美联储将发布关于贯彻基于巴塞尔Ⅲ流动性规则的定量流动性监管要求的监管政策）。

此外，严格限制系统重要性金融机构对单一客户的信贷暴露与其监管资本的比例。对于最大的金融机构，单一客户信贷暴露应适用更严格的限制。

（3）压力测试要求。美联储将使用三种不同的经济金融模拟场景对全球系统重要性机构每年开展一次压力测试，并在市场上公布压力测试结果。同时，美联储还要求全球系统重要性金融机构每年自行至少进行一次压力测试并公布测试的汇总结果。我国可以借鉴这一不同场景下压力测试的做法。

（4）早期补救要求。所有系统重要性机构都应该具备早期补救（Remediation）的机制安排，以确保风险能够在较早阶段识别。我国相关部门要及早研究一系列早期补救行动的触发机制，包括资本水平、压力测试结果、风险管理中的薄弱环节等。具体的补救行动依赖于形势的严重情况，但行动内容主要是对系统重要性金融机构在信贷增长、资本分配、高管薪酬、资本筹集、资产出售等方面给予限制。

4. 针对跨国监管的框架设计

（1）从国际层面进行推动建立合作框架。伴随着金融全球化，当国际金融集团面临危机或濒临破产时，其分散在全球各个地方的分支机构或子公司的处置因受到东道国（所在地）圈护原则的影响，难以从全局出发体现集团整体利益。因此需要国家间不断加强相互沟通与理解，从国际层面构建起一个有效的跨境合作框架，前提是不牺牲任何一国的债权人利益及不损害金融稳定。例如，欧盟委员会发布了《跨国银行业危机管理的欧盟框架》，目的就是建立早期干预、处置和破产重组三大支柱，同时也包括在危机不同阶段需采取的各种对策措施。再如，IMF也提出通过建立多边谅解机制，以此为基础来建立一个强化协调框架，以推动与处置框架有关的改革工作，其中参加多边谅解的国家应遵循四项原则：参与国际处置合作、协调框架成员间责任分担的指导性标准与参数、对本国和外国债权人一视同仁、同意采取跨境协作措施等。随着我国融入国际市场的程度越来越高，应积极推动建立相关国际层面的合作框架。

（2）定期召开并参与跨国监管联席会议。目前，我国有关部门与许多境外监管机构都在机制下以及签订的谅解备忘录下建立了良好的合作机制。下一步，建议我国参考巴塞尔委员会出台的监管联席会议指引以及各国金融监管机构实践，对召开我国系统重要性金融机构跨国监管联席会议形成制度化安排，进一步规范我国系统重要性金融机构跨国监管联席会议的范围、频度、信息交流内容、保密安排等。

（3）处理跨国法律差异性问题。对于跨国经营的系统重要性金融机构，不同司法辖区的法律和监管要求往往差异很大。以恢复和处置计划为例，如何根据不同国家的法律制订切实可行的恢复和处置计划是系统重要性金融机构面临的一个重要问题。总的来说，不同国家的法律差异对恢复计划影响较小，但对处置计划影响很大。由于恢复计划针对的是经营管理层仍然对系统重要性金融机构拥有控制权的情形，所有恢复计划安排仍然属于系统重要性金融机构正常经营行为的范围，各司法辖区不同的法律和监管要求对其影响较小；而处置计划涉及不同法律制度下处置措施的可行性，因此，我国系统重要性金融机构应当严格遵循相关的法律规定。

三、技术上完善监管工具

1. 建立风险处置机制

本次危机的现实风险案例表明，系统重要性金融机构经营失败不仅会对金融体系的整体稳定性造成冲击，最终实体经济也会受到严重影响。所以，各国均加强了预判机制研究，确保经营失败的系统重要性金融机构能够得到有序处置。结合我国实际，未来需要做的是：

（1）尽早制定和发布相关规则，指导我国系统重要性程度较高的商业银行制订恢复和处置计划。摩根大通银行特别指出，作为一个新生事物，制订恢复和处置计划对于银行和监管部门来说都是一个学习的过程。自2009年以来，摩根大通银行与监管当局反复沟通交流，最终根据双方共识完成了恢复计划的制订。鉴于金融稳定理事会已明确要求全球系统重要性银行在2012年底前制订恢复和处置计划，并将其作为2013年同行评估的重要内容，要在加强对恢复和处置计划研究的基础上，尽快出台相关《商业银行系统重要性评估与监管指引》，为我国相关银行制订恢复和处置计划明确要求并提供指导。

（2）跟踪相关国家关于恢复和处置计划的监管要求，指导商业银行境外子行和分行制订恢复和处置计划。目前，美国和英国都对外资银行在其境内设立的分行或子行提出了制订恢复和处置计划的要求。今后还可能会有更多的国家提出类似的要求。要督促我国有境外分行或子行的银行对此高度关注，了解相关国家的监管要求，尽早制订恢复和处置计划。同时，考虑到相关国家可能要求银行评估其子行、分行恢复和处置计划与母行整体恢复和处置计划的一致性，要求相关商业银行在制订恢复和处置计划时应当考虑这一问题。

（3）适时建立危机管理工作组。鉴于恢复和处置计划需提交母国监管当局和东道国监管当局联合组成的危机管理工作组审议，要结合我国监管机构现行监管联席会议制度框架，适时建立我国系统重要性金融机构的危机管理工作组，满足金融稳定理事会的要求。同时，应当充分考虑保守国家秘密与商业银行商业秘密的需要，确定跨境监管合作与同行评估的策略，明确恢复和处置计划的哪些内容可以提交金融稳定理事会和东道国监管当局、哪些内容不宜提交等。

（4）处理好保密问题。金融稳定理事会要求，恢复和处置计划应报危机管理工作组审查并接受金融稳定理事会的同行评估。由于恢复和处置计划包含银行的详细组织结构、业务经营情况和相关措施安排，涉及大量敏感信息，如何保守银行的商业秘密是一个重要问题。据摩根大通银行介绍，美国的可能做法是由美联储基于信息保密需求，与相关国家监管当局签订书面协议，明确如何分享信息和相关保密要求。我国可以从中吸取借鉴。

2. 建立并表监管机制

国际金融危机后，国际监管组织和各国监管当局都认识到加强并表监管对系统重要性金融机构稳健运营的重要性。并表监管能够有效控制系统重要性金融机构的结构复杂度和内部关联度，避免监管真空，促使其稳健经营，减少失败可能性。目前，我国银监会已将5家大型银行确定为国内的系统重要性银行。下一步要在以下几个方面同时开展工作：

（1）推动完善并表监管相关法律法规。2014年8月，银监会在全面修订2008年《银行并表监管指引（试行）》的基础上，公布了《商业银行并表管理及监管指引（修订征求意见稿）》，细化风险隔离相关要求，增加恢复计划等内容，但未对系统重要性金融机构进行专门规定。此外，针对第三版《有效银行监管核心原则》，目前尚未出台研究相关政策办法，对现行的全面风险管理基本要素进行统一要求和补充。

（2）实施结构性限制措施，加强对系统重要性金融机构的非银行附属机构的监管。目前我国监管机构对我国大型银行的附属机构的母行负债依存度限制和非银行附属机构ROA、ROE底线要求有相应的监管措施和达标要求。下一步，建议效仿英美做法，适当对系统重要性金融机构高风险非银业务进行规模限制，按核心一级资本的比例限制包括私募基金投资等

“另类投资”的规模（比如不超过3%）。建立系统重要性金融机构设立附属机构的报备制。当系统重要性金融机构集团内拟在境内外设立二级以下附属机构时，应提前向银监会报备，其有权根据集团稳健经营和并表监管需要，限制或要求其调整设立意向。通过以上措施，增强监管部门对系统重要性金融机构集团内部结构和业务复杂度的监控能力。

（3）完善系统重要性金融机构指标体系和风险评估框架，切实加强系统重要性金融机构并表监管。继续完善系统重要性金融机构并表监管工具。结合我国银监会四大监管工具的最新监管要求，进一步细化系统重要性金融机构监管指标动态监测制度，制定评分标准并考核各行达标情况，进一步明确触发条件及相应监管措施。组织专人研究系统重要性金融机构并表口径的风险评估框架。着重研究如何分析跨境业务、非银业务可能给集团带来的风险、如何判断集团内部可能存在的风险传染渠道及压力情景下风险转化途径，引导监管人员围绕系统重要性金融机构整体风险评估结果，制订有针对性的监管计划。修订《非现场监管指引》。强化系统重要性金融机构并表监管理念，明确各监管环节中并表监管的具体要求，着重强调日常监管过程中对系统重要性金融机构整体结构、业务状况和风险水平等相关信息（特别是非银行附属机构相关信息）的收集、监测和深入分析。

（4）加强系统重要性金融机构并表管理能力评估，推动其完善并表管理。系统重要性金融机构自身并表管理的质量是提高系统重要性金融机构并表监管有效性的基础。要将系统重要性金融机构并表管理能力纳入对系统重要性金融机构监管评级体系，成为系统重要性金融机构管理能力评分的重要要素。监管部门可通过对系统重要性金融机构并表管理能力的现场检查、非现场监管的持续跟踪，提高对系统重要性金融机构并表管理能力的定性判断，准确发现问题并提供有针对性的具体监管意见，及时与董事会、高管层沟通，督促其完善集团治理架构、风险管理、信息系统等，促使其加强对全球综合经营的并表管理。

（5）适当调整监管资源配置，加强专家团队建设。目前我国监管人员的数量与质量，与满足系统重要性金融机构并表监管要求尚有差距，多数监管人员未接受过全面系统的专业培训和考核认证，也未就各类风险管理成立专家团队提供专业支持。目前监管人员除较为熟悉信用风险外，对市场风险、操作风险、流动性风险、国别风险、声誉风险等其他风险的分析和判断能力较为欠缺，对银行集团表外业务、跨业经营可能带来的风险进行评估的能力尤显不足。下一步，要将监管力量适度向系统重要性金融机构法人层面的监管团队倾斜；要为系统重要性金融机构监管人员提供有针对性的培训，或实行资格考试认证制度，督促监管人员加强学习和积累，逐步提高职业素能；要加强专家团队建设，为系统重要性金融机构监管一线人员提供诸如风险分析、非银业务、表外业务等方面的技术支持。

四、机制上注重监管协调

回顾以往我国在金融监管协调机制建设上的前期探索历程，虽然对防范我国系统性金融风险和维护国家金融安全上起到了积极的作用，但还远远满足不了我国金融服务实体经济发展的需要，与国际实践相比也仍有一定差距。与以往联席会议不同，近期国务院设立的金融监管协调部际联席会议制度是正式的制度安排，开启了我国金融监管协调机制建设的新篇章。为进一步全面贯彻落实党的十八届三中全会关于加快完善现代市场体系的精神，未来需要借鉴国际经验并结合我国国情，充分发挥金融监管协调部际联席会议制度功能，积极健全法律体系、探索建立工作机制、重点统筹三大关系的目标协调、持续完善信息共享平台、稳妥构建联合行动制度，切实提升我国监管协调工作规范化和制度化水平。

1. 积极健全监管协调法律体系

国际实践充分说明金融监管协调机制的建设与完善高度依赖于健全法律体系的保障。目前我国缺乏一部较高层次的金融监管协调法，现有的法律框架中仅在2003年12月《人民银行法》修正案中规定了一些原则性条款，对各监管主体的约束力不够，影响了监管协调机制的实际运行效果。同时，在我国分业监管框架下，中央和地方之间、宏微观监管部门之间都出台了各自监管规定，存在关联性法律法规的协调和一致问题。未来应以加强和改善金融监管协调为重点，择机推出一部总揽金融监管协调全局的政策法规，并在此基础上探索和完善符合我国金融监管逻辑和趋势的法律约束机制，明确“一行三会”、有关部委、地方政府之间的分工职责，要求不同监管部门在出台重大监管政策之间充分沟通，提高对关联性业务监管政策的衔接和统一，促进监管标准的协调性。

2. 探索建立监管协调工作机制

此次国务院对金融监管协调部际联席会议的工作机制进行了更加明细

的规定，要求部际联席会议“不替代国务院决策，重大事项按程序报国务院”，以及“通过季度例会或临时会议等方式开展工作”，并“建立简报制度，及时汇报、通报金融监管协调信息和工作进展情况”。这些规定相比于过去较为松散的制度安排已有了飞跃式的提升，但我们应清醒地认识到各监管主体的职责分工仍不够清晰，特别是对交叉性金融产品、跨市场金融创新业务和处于监管边界的金融机构和金融活动，缺乏协调相关部门统一认识和明确监管政策、规则和责任的具体方案。下一步，应牢牢守住不发生系统性和区域性金融风险的底线，以现有部际联席会议制度为平台，构建有效、权威的事前协商和争议解决机制，进一步厘清各监管主体的监管职能，在发挥机构监管优势的同时，更多树立功能监管理念，硬化工作制度约束，真正把监管协调落到实处。

3. 重点统筹三大关系的目标协调

从目标层面看，我国参与金融协调各部门存在利益博弈问题，货币政策与金融监管的统筹协调、宏观审慎管理和微观审慎监管的相互配合、中央与地方监管权责分工都不可避免地影响到监管政策的传导效果。其中，人民银行作为“最后贷款人”和部际联席会议的“牵头人”，涉及上述三大关系的目标协调效果，未来在金融监管协调机制中的作用将至关重要。为顺利实施货币政策，央行需要就金融监管措施可能对金融机构和金融市场产生的影响进行评估，确保货币政策有效传导。宏观审慎管理和微观审慎监管之间协调涉及“一行三会”权责分工问题，当前我国混业经营趋势日益加强和近年来互联网金融渐成气候，未来应纳入央行牵头的部际联席会议的主要议题。党的十八届三中全会提出“界定中央和地方金融监管职责和风险处置责任”，未来应在坚持中央对金融业统一监管的基础上，以区域性原则为导向明确地方在防范区域性金融风险中的监管和处置职责。

4. 持续完善监管协调信息共享平台

完善的信息完全共享机制是提高监管协调有效性的必然选择。但是目前我国监管信息共享机制不够健全，分业监管模式容易造成监管信息的分割，各监管主体间交流渠道不畅通，各自监管信息仍处于封闭状态。在实践中，各监管主体对监管信息存在一定的认识偏差，导致监管数据重复收集，增大了被监管者的负担与协调成本。下一步，要明确各监管部门信息采集范围，统一采集标准，避免监管数据的重复统计和统计遗漏，对于多方需求的共同信息应实现采集和传达方式一致性。加快金融业统计体系建设，形成集中、统一、高效的金融信息来源，实现金融统计数据在各部门间动态实时共享，从而避免决策口径的偏差。借鉴国际做法，赋予宏观审慎管理部门信息索取权，各微观审慎监管部门有义务提供与防范系统性金融风险相关信息，包括行业数据、现场监管和非现场监管信息等，为宏观审慎分析提供基础。

5. 稳妥构建监管协调联合行动制度

联合行动制度是金融监管协调的较高层次，较信息共享更具有实质意义。特别是一些交叉性金融产品和跨市场金融创新的领域，仅仅依靠就某一金融事项各监管部门联合发文的现有做法是远远不够的。从国际实践来看，金融消费者权益保护、系统重要性金融机构监管、危机处置等一系列工作都需要将各监管主体纳入协调机制，并在联合行动具体执行过程中，充分发挥央行的牵头作用。当前，“一行三会”均自行探索不同的统一执法方式，比如人民银行牵头的反洗钱工作部际联席会议制度、银监会召集成立的处置非法集资部际联席会议制度、证监会牵头成立的整治非法证券活动协调工作制度，尚未从整个金融业角度出发统筹考虑建立统一的跨部门联合行动制度，导致监管实践中重复监管和监管缺位问题比较严重，金融消费者保护、系统重要性金融机构监管等方面均未明确各监管主体的权责。未来应进一步明确各监管主体的职责分工，确保对处于监管边界的金融监管行动一致性，减少监管真空和监管重复，形成监管合力。

综上所述，金融监管协调机制建设涉及各个方面，是一项系统性工程。相对于世界上其他国家，我国金融监管协调机制建设还存在不小的差距，应当在深入研究我国现实的基础上，全面落实党的十八届三中全会要求，针对实践中存在的突出问题，借鉴国外行之有效的有益经验，建立适合我国国情、协调框架合理、机制保障有力的金融监管协调机制。

第四节 小结

通过上述具体的监管框架设计，本书发现，设计我国系统重要性金融机构识别与监管框架是一项复杂并富有挑战性的系统工程。一方面，系统重要性金融机构是一个新概念，在我国还是一个比较新鲜事物，既不属于基于功能分类，又不属于基于机构分类，相应地对于系统重要性金融机构进行识别并实施监管不能直接套用功能型监管或机构型监管的理念。另一方面，我国金融业发展至今，也进行了一些监管，这些监管措施有的取得了较好的效果，有的则没有，但大多属于微观监管、事后监管。比如动态拨备的宏观审慎工具，在本质上属于事后型的工具，宏观监管措施还不多。显然，单靠微观审慎监管不可能防范各类的系统性风险，必须将宏观和微观审慎监管进行有机结合。这也无疑增加了监管体系设计的难度。

第十章 结论与展望

第一节 结 论

本书的主要结论包括以下三个方面：

1. 关于定义和特征

本书尝试对系统重要性金融机构定义为“那些具有一定规模、市场重要性以及相关度，以至于破产或出现问题时会对全球或本国金融体系造成严重紊乱和经济后果的金融机构”。

本书认为系统重要性金融机构是国际资本高度相关和快速流动时代的产物。与以往的金融危机不同，本轮国际金融危机起源于华尔街，肇端于发达国家。综观本轮危机的演进历程，一些大型复杂的金融机构无疑是第一张多米诺骨牌，是危机得以潜伏、爆发、传递和恶化的重大根源。

从产生根源上，系统性风险主要源头分为两个维度，即时间维度（顺周期效应）和空间维度（传染性）。而系统重要性金融机构主要是通过空间维度传导系统性风险，本次危机证明这些机构产生和积累系统性风险，并进一步触发和推进金融危机。

本书创造性地归纳总结出系统重要性金融机构的五大基本特征：巨大的负外部性、普遍的道德风险、竞争不公平性、成本收益不对称、动态变化性；结合这五大基本特征，从冲击力度、诱发维度、国际影响三个角度出发探讨对系统重要性金融机构实施监管的原因，以及分析五大监管重点。

2. 关于识别体系

本书认为识别方法不宜过于简单或复杂。对系统重要性金融机构的识别方法应结合实际需要，不宜过分求难或求简，注重识别因素和识别结果的准确性和应用性。现阶段建议采用指标法以分值形式得出识别结果，以“定量+定性”的方法，即以定量模型部分控制关键因素的基础上，辅之定性判断加以调整，给予各国监管当局一定的灵活性。

识别指标应体现动态性和实践性。考虑到系统重要性的识别本身受到时间因素、会计制度、政策环境、监管要求等多方面的影响，识别指标需要体现动态性和实践性，对于常规的且受各方面影响较小的指标可作为基础指标，其他的可作为特性指标，如部分巴塞尔Ⅲ的指标等。

指标权重应体现客观性。系统重要性金融机构的识别指标来自于影响系统重要性的各个维度，客观上赋权时应当体现出差异化，减少人为主观性对评估体系的干扰，以反映出各项指标对系统重要性金融机构的影响的实际状况。

识别结果披露应更全面。系统重要性金融机构的识别结果的披露应当制度化，为了进一步提高透明度，避免市场猜测而形成的不确定性，并借助市场力量对系统重要性金融机构进行监督，目前披露的相关信息应当更加全面，包括排序的结果、具体指标的得分等。同时，较为全面公开地披露识别相关内容可便于各系统重要性金融机构以及其他金融机构计算自己的系统重要性，对自身经营战略及模式选择进行调整，降低自身系统重要性程度。

3. 关于监管体系

本书认为系统重要性金融机构监管是全新概念。对系统重要性金融机构的监管不能直接套用传统的功能型监管或机构型监管理念。系统重要性金融机构概念的提出既不是完全基于功能，又不是完全基于机构类型进行的分类，是一个全新概念。系统重要性金融机构审慎监管是对金融监管空间维度上的有力补充。宏观审慎监管的时间维度——顺周期性研究的起点早、范围大、内容广。这与危机前国际和国内监管者较为注重单体金融机构的风险有关系。

对系统重要性金融机构监管需注重宏观监管与微观监管的有机结合。一方面加强对单家系统重要性金融机构微观审慎监管；另一方面从系统性风险的角度加强宏观审慎监管，注重系统重要性金融机构的风险集中和顺周期问题。

同时，对系统重要性金融机构监管应结合本国金融结构和监管环境。

与以往研究不同，本书并没有孤立研究系统重要性金融机构的问题，而是将其置于各国金融结构和监管改革的背景下进行分析研究。在逐一论述和归纳了美国、英国、澳大利亚、荷兰等国的金融业结构特点的基础上，以本次金融危机为节点，深入分析各国监管模式及政策变化的侧重之处。本书从对事前、事中、事后监管对系统重要性金融机构监管重要性为起点，分别结合现有国际监管实践，并阐述了相关监管政策的关键之处。认为系统重要性金融机构是一国金融业的代表，对其进行监管必然会涉及监管机构对于本国金融业结构的判断和调整问题，系统重要性金融机构的特征和监管机构对其监管实践与本国金融业历史变迁和金融改革演变有着千丝万缕的联系，对系统重要性金融机构监管应该事前、事中、事后监管并重，寻求三者的有效结合。

我国系统重要性金融机构监管框架设计应在充分借鉴国外经验的基础上，结合我国国情，因地制宜地稳步推进，把握一机构一策，总体框架设计方案要在以下几个方面进行重点建设：一是方法上建立评估体系；二是体系上引入行为监管；三是技术上完善监管工具；四是机制上注重监管协调。

我国系统重要性金融机构识别与监管体系应实现我国金融业特点的全覆盖。目前我国金融体系是以商业银行为主体，但随着未来金融业综合化经营的推进，非银行类金融机构、金融控股公司，甚至外资金融机构将会在我国金融体系中发挥更加重要的作用，因此，对于我国系统重要性金融机构识别与监管体系应实现对银行业、证券业、保险业的全覆盖。

第二节　展　望

鉴于系统重要性金融机构在支持各国金融服务和实体经济的重要作用，未来的研究主要从以下三个方面展开：

（1）通过对历次金融危机的纵向分析，研究系统重要性金融机构特殊的，引发系统性危机的风险传导机制。本次金融危机与以往金融危机有着实质性的不同，系统重要性金融机构不再是金融稳定器的同义词，反而成了系统性风险和金融危机的制造者和传递者。这些机构自身所独有的风险传染性和负外部性，对危机中各阶段的影响是不同的，这也为监管机构因时因地采取相应的强化监管和风险矫正措施提供了依据。

（2）通过对危机后各国金融监管改革的横向比较，分析各国系统重要性金融机构监管改革中面临的不同背景、重点和挑战。研究这些不同点，有助于了解本次危机洗牌后，各国如何寻求金融监管和创新的均衡点，在新一轮国际金融监管改革中把握先机，达到维护本国金融体系长期稳健发展的目的。

（3）结合我国金融业特点，探索性地研究设计我国系统重要性金融机构审慎监管框架。总体来说，这一框架设计需要关注三个维度。一是微观上，关注如何提高单体机构的抗风险能力和降低其道德风险；二是中观上，结合我国金融业发展阶段，分别对银行业、证券业和保险业的金融机构的系统重要性问题进行研究；三是宏观上，研究设计一套相对成熟的、符合我国实际并与国际规则相接轨的监管框架，有利于我国系统重要性金融机构对内发挥支持我国金融体系的重要作用，对外代表我国金融业参与国际竞争和争取国际话语权的引领作用。

参考文献

巴曙松:《加强对影子银行系统的监管》,《中国金融》,2009 年第 14 期。

陈亮:《后危机时期的金融宏观审慎监管框架研究》,河南大学硕士学位论文,2011 年 5 月。

范小云、王道平、刘澜飚:《规模、关联性与中国系统重要性银行的衡量》,《金融研究》,2011 年第 11 期。

付刚:《宏观审慎管理与系统性金融风险防范思考》,《金融发展研究》,2010 年第 10 期。

宫小琳、卞江:《中国宏观金融中的国民经济部门间传染机制》,《经济研究》,2010 年第 7 期。

龚明华、张晓朴、文竹:《影子银行的风险与监管》,《中国金融》,2011 年第 3 期。

郭宏宇:《美国对系统重要性金融机构的监管:问题与启示》,《银行家》,2011 年第 7 期。

何德旭、娄峰:《中国金融稳定指数的构建及测度分析》,《中国社会科学院研究生院学报》,2011 年第 4 期。

何德旭、饶云清、饶波:《美国金融监管制度改革的新趋势及启示》,《上海金融》,2011 年第 1 期。

何德旭、吴伯磊、谢晨:《系统性风险与宏观审慎监管:理论框架及相关建议》,《中国社会科学院研究生院学报》,2010 年第 6 期。

何德旭、郑联盛:《宏观审慎监管:内涵界定与政策框架》,《湖北经济学院学报》,2011 年第 4 期。

何德旭、郑联盛:《影子银行体系与金融体系稳定性》,《经济管理》,2009 年第 11 期。

何德旭、钟震:《系统重要性金融机构与宏观审慎监管:国际比较及政策选择》，《金融评论》，2013 年第 5 期。
何德旭、钟震：《论系统重要性金融机构与宏观审慎监管》，《上海金融》，2013 年第 11 期。
贾彦东：《金融机构的系统重要性分析——金融网络中的系统风险衡量与成本分担》，《金融研究》，2011 年第 10 期。
姜震：《影子银行的监管问题研究》，哈尔滨工程大学硕士学位论文，2010 年 5 月。
李建军、田光宁：《影子银行体系监管改革的顶层设计问题探析》，《宏观经济研究》，2011 年第 8 期。
李琦、李林静：《浅析金融机构“大而不倒”的现状与防治》，《金融天地》，2011 年第 6 期。
李文泓、吴祖鸿：《系统重要性金融机构监管：目标和政策框架》，《中国金融》，2011 年第 3 期。
刘凯：《系统性金融风险测度方法及对中国的启示》，《银行家》，2010 年第 7 期。
刘扬：《宏观审慎监管框架下中国金融监管的政策选择：基于巴塞尔协议Ⅲ的视角》，《南方金融》，2011 年第 7 期。
刘振冬、张莫：《银监会强调防控“影子银行”风险》，《经济参考报》，2011 年 5 月 10 日。
马君潞、范小云、曹元涛：《中国银行间市场双边传染的风险估测及其系统性特征分析》，《经济研究》，2007 年第 1 期。
毛奉君：《系统重要性金融机构监管问题研究》，《国际金融研究》，2011 年第 9 期。
潘林伟、吴娅玲：《系统重要性金融机构监管的国际经验及对我国的启示》，《南方金融》，2011 年第 5 期。
庞华玮：《寻找“影子银行”》，《中国经营报》，2011 年 8 月 20 日。
强培铮：《“影子银行体系”对货币政策传导机制的影响分析》，《东方企业文化》，2011 年第 14 期。
孙芙蓉：《强化系统重要性金融机构的监管——访瑞士金融市场监管局首席执行长帕特里克拉夫劳伯》，《中国金融》，2011 年第 8 期。
王克明：《综合商社——日本的“影子银行”》，《信息经济与技术》，1995 年第 6 期。

王力伟：《宏观审慎监管研究的最新进展：从理论基础到政策工具》，《国际金融研究》，2010 年第 11 期。

王胜邦：《如何识别系统重要性金融机构》，《财经国家周刊》，2010 年 12 月 21 日。

王素珍：《宏观审慎：概念、国际实践和启示》，《金融教育研究》，2011 年第 1 期。

王湑：《系统重要性金融机构国际监管改革进展及对我国的启示》，《金融发展评论》，2011 年第 8 期。

吴敏、张强：《中国系统重要性银行评估研究——来自 2006 ~ 2010 年中国上市银行的证据》，《第六届（2011）中国管理学年会——金融分会场论文集》，2011 年 9 月。

肖扬：《我国系统重要性金融机构道德风险的法律监管研究》，安徽大学硕士学位论文，2013 年 5 月。

严婷：《系统重要性金融机构监管框架的确立》，《金融博览》，2010 年第 12 期。

张琦：《系统重要性银行监管的实践及政策建议》，《中国金融》，2011 年第 19 期。

张启阳：《韩国央行宏观审慎政策系统性风险评估模型及对我国的启示》，《金融发展评论》，2013 年第 10 期。

张显球：《系统重要性金融机构的含义及其风险防范》，《金融时报》，2011 年 1 月 31 日。

张雪兰、何德旭：《西方宏观审慎监管若干重要问题的研究进展》，《国外社会科学》，2011 年第 5 期。

郑境辉：《系统重要性金融机构的评估及审慎管理框架研究——以我国银行业为例》，《福建金融》，2013 年第 11 期。

郑联盛：《大而不倒、系统重要性与金融宏观审慎管理》，中科院国际金融研究中心，2011 年 8 月。

郑联盛：《欧洲主权债务问题：演进、影响与启示》，《国际经济评论》，2010 年第 8 期。

中国人民银行合肥中心支行金融稳定处课题组：《金融稳定理事会关于加强影子银行监管的政策建议及对我国的启示》，《金融发展评论》，2011 年第 8 期。

中国银监会：《危机以来国际金融监管改革综述》，2011 年。
中国银监会：《中国银监会关于中国银行业实施新监管标准的指导意见》，2011 年。
钟伟、谢婷：《影子银行系统的风险及监管改革》，《中国金融》，2011 年第 12 期。
钟震：《系统重要性金融机构监管国际改革的路径：理念、主体与政策》，《江苏师范大学学报（哲学社会科学版）》，2014 年第 1 期。
钟震：《系统重要性金融机构的基本特征与审慎监管——基于金融危机视角的反思》，《江海学刊》，2013 年第 2 期。
钟震、董小君：《双峰型监管模式的现状、思路和挑战——基于系统重要性金融机构监管视角》，《宏观经济研究》，2013 年第 2 期。
钟震：《宏观审慎监管相关研究综述》，《经济理论与经济管理》，2012 年第 7 期。
钟震：《危机后国际金融机构薪酬监管体系的发展及启示》，《金融与经济》，2012 年第 1 期。
周莉萍：《影子银行体系的机制及其脆弱性》，《银行家》，2010 年第 12 期。
周小川：《金融政策对金融危机的响应——宏观审慎政策框架的形成背景、内在逻辑和主要内容》，《金融研究》，2011 年第 1 期。
Acharya V., Richardson M., Restoring Financial Stability: How to Repair a Failed System, Wiley, 2009.
Acharya V., Pedersen L., Philippon T. et al., "Measuring Systemic Risk", FRB of Cleveland Working Paper No. 10-02, 2010.
Adrian T., Brunnermeier M., "CoVaR", FRB of New York Staff Report No. 348, 2009.
Allen F., Babus A., "Networks in Finance", Wharton Financial Institution Center Working Paper, 2008.
Allen F., Gale D., "Financial Contagion", Journal of Political Economy, 2000: 1-33.
Baker D., Mcarthur T., "The Value of the 'Too Big to Fail' Big Bank Subsidy", CEPR Issue Brief, 2009.
Barrell R., Davis E. P., Karim D. et al., "Calibrating Macroprudential Policy", NIESR, September, 2010.

BCBS, "Basel Ⅲ: A Global Regulatory Framework for More Resilient Banks and Banking Systems", Bank for International Settlements, 2010.

BCBS, "Group of Governors and Heads of Supervision announces Higher Global Minimum Capital Standards", Bank for International Settlements, 2010.

BCBS, "Strengthening the Resilience of the Banking Sector – consultative Document", Bank for International Settlements, 2009.

Beau D., Clerc L., Mojon B., "Macro – prudential Policy and the Conduct of Monetary Policy", Banque de France Occasional papers, 2011.

Bernanke B. S., "Dodd – Frank Implementation: Monitoring Systemic Risk and Promoting Financial Stability", Statement before the Committee on Banking, Housing, and Urban Affairs, U. S. Senate. IMF, 2011.

Bernanke B. S., "Federal Reserve Policies in the Financial Crisis", Speech to the Greater Austin Chamber of Commerce, Austin, Texas, 2008.

Bernanke B. S., "Regulatory Reform: Milestones", IMF, 2011.

Bernanke B. S., "Testimony before the US Financial Crisis Inquiry Commission", IMF, 2010.

Bhattacharya S., Patel U. R., "Reform Strategies in the Indian Financial Sector", New Delhi, India: International Monetary Fund and National Council of Applied Economic Research, 2003.

BIS, IMF, OECD, "Report on Consolidation in the Financial Sector", 2001.

BIS, "Annual Report 2009", Bank for International Settlements, 2009.

BIS, "Assessment of the Macroeconomic Impact of Higher Loss Absorbency for Global Systemically Important Banks", Bank for International Settlements, 2011.

BIS, "Global Systemically Important Banks: Assessment Methodology and the Additional Loss Absorbency Requirement", Bank for International Settlements, 2011.

Borio C., "The Macroprudential Approach to Regulation and Supervision: Where Do we Stand?", New Frontiers in Regulation and Official Oversight of the Financial System, Central Banking Publications, Forthcoming, 2008.

Borio C., "Towards a Macroprudential Framework for Financial Supervision and regulation?", CESifo Economic Studies, 2003, 49 (2): 181.

Brewer E. , Jagtiani J. , "How Much Would Banks be Willing to Pay to Become 'Too – Big – to – Fail' and to Capture Other Benefits?", Research Division, Federal Reserve Bank of Kansas City, 2007.

Chan – Lau J. A. , Sy A. N. R. , "Distance – to – default in Banking: A Bridge too Far?", Journal of Banking Regulation, 2007, 9 (1): 14 – 24.

Clement P. , "The Term 'Macroprudential': Origins and Evolution", BIS Quarterly Review, 2010: 59 – 67.

Crockett A. , "Marrying the Micro – and Macroprudential Dimensions of Financial Stability", BIS Speeches, 2000.

Degryse H. , Nguyen G. , "Interbank Exposures: An Empirical Examination of Contagion Risk in the Belgian Banking System", International Journal of Central Banking, 2007, 3 (2): 121 – 123.

Drehmann M. , Tarashev N. , "Measuring the Systemic Importance of Interconnected Banks", 2011.

Drehmann M. , Tarashev N. , "Systemic Importance: Some Simple Indicators", BIS Quarterly Review, March, 2011.

Duffie D. , Eckner A. , Horel G. et al. , "Frailty Correlated Default", The Journal of Finance, 2009, 64 (5): 2089 – 2123.

Elsinger H. , Lehar A. , Summer M. , "Risk Assessment for Banking Systems", Management Science, 2006, 52 (9): 1301 – 1314.

Fama, Eugene, "Taking 'Too Big to Fail' off the Table", University of Chicago, 2010.

Freixas X. , Parigi B. M. , Rochet J. C. , "Systemic Risk, Interbank Relations, and Liquidity Provision by the Central Bank", Journal of Money, Credit and Banking, 2000: 611 – 638.

FSA, "The Failure of the Royal Bank of Scotland", Available at < http: //www. fsa. gov. uk/static/pubs/other/rbs. pdf >, Novemerber 2011.

FSA, "The Turner Review: A Regulatory Response to the Global Banking Crisis", Available at < http: //www. fsa. gov. uk/pubs/other/turner_ review. pdf >, March 2009.

FSA, "Journey to the FCA", Available at < http: www. fsa. gov. uk/pubs/other/journey – to – the – fca – standard. pdf >, October 2012.

FSB, “J Reducing the Moral Hazard Posed by Systemically Important Financial Institutions”, FSB, 2010.

FSB, “Update of Group of Global Systemically Important Banks (G – SIBs)”, FSB, 2012.

Furfine C. H., “Interbank exposures: Quantifying the Risk of Contagion”, Journal of Money, Credit and Banking, 2003: 111 – 128.

Galati G., Moessner R., “Macroprudential Policy – a Literature Review”, BIS Working Paper No. 337, 2011.

Gauthier C., Lehar A., Souissi M. et al., “Macroprudential regulation and Systemic Capital Requirements”, Bank of Canada, 2010.

Goldstein, Morris, Verson N., “Too Big to Fail: The Transatlantic Debate: Paper for Conference on Transatlantic Relationships in an Era of Growing Economic Multipolarity”, Peterson Institute for International Economics, October 2010.

Gray D., Malone S. W., “Macrofinancial Risk Analysis”, Wiley, 2008.

Haldane, Andrew, “The MYM100 Billion Question: Speech to Institute of Regulation and Risk”, Hongkong, March 2010.

Hanson S., Kashyap A., Stein J., “A Macroprudential Approach to Financial Regulation”, Journal of Economic Perspectives, 2010 (25): 3 – 28.

Herring R. J., J. C., “The Corporate Structure of International Financial Conglomerates: Complexity and its Implications for Safety and Soundness”, Oxford University, 2010.

Hildebrand P. M., “Is Basel Ⅱ Enough? The Benefits of a Leverage Ratio”, Lecture Presented at the London School of Economics, 2008.

Hm – Treasury, “Banking Reform: Delivering Stability and Supporting a Sustainable Economy”, Available at < http: //www. hm – treasury. gov. uk/d/whitepaper_ banking_ reform_ 140512. pdf >, June 2012.

IMF, BIS, FSB, “Guidance to Assess the Systemic Importance of Financial Institutions, Markets and Instruments: Initial Considerations”, Report to G20, 2009.

Longworth D., “A Survey of Macroprudential Policy Issues”, Mimeo, Carleton University, 2011.

Mathisen J. , Pellechio A. J. , "Using the Balance Sheet Approach in Surveillance: Framework, Data Sources, and Data Availability", International Monetary Fund, 2006.

McGuire P, Tarashev N. , "International banking with the Euro [J]. BIS Quarterly Review", 2007: 47 – 61.

Mistrulli P E. , "Assessing Financial Contagion in the Interbank Market: Maximum Entropy Versus Observed Interbank Lending Patterns", Journal of Banking & Finance, 2011, 35 (5): 1114 – 1127.

Mistrulli P. , "Interbank Lending Patterns and Financial Contagion", Rome, Italy: Banca Dtalia, 2005.

Newman M. E. J. , Watts D. J. , "The Structure and Dynamics of Networks", Princeton Univ Press, 2006.

Nolle D. E. U. S. , "Domestic and International Financial Reform Policy: Are G20 Commitments and the Dodd – Frank Act in Sync?", 2011.

Otker – Robe I. , Narain A. , Ilyina A. et al. , "The Too – Important – to – Fail Conundrum: Impossible to Ignore and Difficult to Resolve", 2011.

Remsperger H. , "Financial Stability Issues – a View from the Bundesbank", Auszüge aus Presseartikeln, 2007: 13 – 17.

Segoviano M. , Goodhart C. , "Bank Stability Measures", IMF, WP/09/4, 2009.

Sheldon G. , Maurer M. , "Interbank Lending and Systemic Risk: An Empirical Analysis for Switzerland", Revue Suisse D Economie Politique Et De Statistique, 1998 (134): 685 – 704.

Soussa F. , "Too Big to Fail: Moral Hazard and Unfair Competition?", Financial Stability and Central Banks, 2000: 5.

Stern G. H. , Feldman R. J. , "Too Big to Fail: The Hazards of Bank Bailouts", Brookings Inst Pr, 2004.

Strauss – Kahn D. , "National, European, or Global?", Paris, 2009.

Taylor M. W. , "Road from Twin Peaks – and the Way Back", Connecticut Insurance Law Journal, 2009, 16 (1) : 61 – 95.

Thomson J. B. , "On Systemically Important Financial Institutions and Progressive Systemic Mitigation", Federal Reserve Bank of Cleveland, 2010.

Turner A. , "Large Systemically Important Banks: Addressing the Too – Big – to – Fail Problem, Availableat < http: //www. fsa. gov. uk/pages/Library/Communication/Speeches/2009/1102_ at. shtml > , 2009.

Upper C. , Settlements B. F. I. , "Using Counterfactual Simulations to Assess the Danger of Contagion in Interbank Markets", BIS, 2007.

Upper C. , Worms A. , "Estimating Bilateral Exposures in the German Interbank Market: Is there a Danger of Contagion?", European Economic Review, 2004, 48 (4): 827 – 849.

US, "Dodd – Frank Wall Street Reform and Consumer Protection Act", 2010.

US Treasury Department, "Blueprint for a Modernized Financial Regulatory Structure", Available at < http: //www. treas. gov/press/releases/reports/Blueprint. pdf > , March 2008.

Volz M. , Wedow M. , "Does Banks' Size Distort Market Prices? Evidence for Too – Big – to – Fail in the CDS Market", Bundesbank Discussion Paper, Series 2, No. 06, 2009.

Von Peter G. , "International Banking Centres: A Network Perspective", BIS Quarterly Review Working Paper, 2007.

Wasserman S. , Faust K. , Iacobucci D. , "Social Network Analysis", 1994.

Zhou C. , "Are banks too big to fail? Measuring Systemic Importance of Financial Institutions", International Journal of Central Banking, 2010, 6 (4): 205 – 250.

索 引

T

W

X

Y

Z

后　记

本书是我在中国人民银行金融研究所从事博士后研究期间，在我的博士论文的基础上修改完成的。在此首先要向我的博士后指导老师李东荣副行长以及博士指导老师何德旭教授表示最衷心的感谢！

感谢中国博士后科研基金会、全国博士后管理委员会、中国社科院博士后管理委员会、经济管理出版社对本书研究在经费和出版上的大力支持！

谨以此书献给我的父母、丈夫、亲友还有我尚未出生的孩子，他们无怨无悔的付出和不求回报的支持是我前进的原动力。

由于我的能力、时间与工具的限制，本书的纰漏与失误在所难免，今后将持续关注和改进。

钟震

2014 年 9 月